KB198109

무
武
의 나라, 일본

무 武 의 나라, 일본

신의 나라에서 무의 나라로
자의식의 변천사를 돌아본다

사에키 신이치 지음 ― 김현경 옮김

마르코폴로

목차

제4장
'무국'에서 '군국'으로

한국어판 서문

『'무의 나라' 일본: 자국의식과 그 함정』한국어 번역판의 간행이 이루어지게 되었다. 내 저서의 한국어 번역으로는『전장의 정신사』(김병두 옮김, 『무사도는 없다』, 리빙북스, 2011년 10월)에 이은 것으로 매우 기쁘게 생각한다.

이 책은 일본인이 자기 나라를 어떻게 의식해 왔는가 하는 자의식의 문제를 '무국'이라는 의식을 중심으로 고찰한 것이다. 자국을 '무'가 강한 나라라고 자랑하는 의식은 '문'을 중시하는 동아시아에서는 예외적인 것이다. 일본에서도 고대에는 거의 보이지 않았지만, 16세기 말 무렵부터 강해졌고 20세기 전반까지 일본인을 지배했다. 그러나 오늘날 대부분의 일본인은 온화한 민족이라는 자의식을 갖고 있으며, 일찍이 자국이 '무'의 강력함을 자랑했다는 사실조차 잊고 있다. 그렇지만 한편으로는 자신들을 '무사의 자손'이라고 의식하는 경향은 오늘날의 일본인들에게도 강하게 남아 있다. 이는 일본인이 무의식적으로 안고 있는 모순이다.

　이 책을 쓴 지 5년 정도가 경과하여, 책의 내용 중에는 약간 철이 지나 버린 정보도 있다. '머리말'에서 일본의 사극은 무사를 다룬 것들뿐이고 『겐지 모노가타리』 같은 것은 거의 다루어지지 않는다고 적었지만, 2024년 NHK 대하드라마는 『겐지 모노가타리』의 저자인 무라사키시키부(紫式部)를 주인공으로 삼았다. 이렇게 '무국'다움이 더욱더 옅어져 가는 것은 나에게는 바람직하게 느껴지지만, 그렇다고 해서 과거의 자국이 '무국'이었음을 잊어버리는 것은 결코 기뻐할 만한 일은 아니다.

　이 책은 일본인이 일찍이 '무국'이라는 자의식을 지녔음을 다시금 확인하고 그 기원과 전개 과정을 고찰하는 것이다. 그러한 역사를 잊어버린 일본인이 과거의 자국에 대하여 다시 생각해 보기를 바라며 쓴 것으로, 그런 의미에서는 일본인을 대상으로 한 책이다. 하지만 자기 나라에 대한 국민들의 의식은 변화하는 것이며, 자국의 과거에 대한 국민들의 이해는 반드시 정확하지는 않다는 문제는 어느 나라에나 존재하는 것이 아닐까? 그런 의미에서는 이 책이 다룬 일본의 사례는 외국 독자들에게도 참고가 될 만한 점이 있다고 생각한다.

　이 책을 읽는 한국 분들이 일본의 역사를 생각하는 데 있어, 또한 자국의 역사나 전통에 대하여 생각하면서 이 책의 내용을 조금이라도 참고해 주신다면 저자로서는 매우 기쁜 일일 것이다.

2024년 3월
사에키 신이치

머리말

일본인의 자의식

현대 일본인은 자기 나라를 어떤 나라라고 생각하고 있을까? 최근 들어 자국을 '예의 바른', '온화한', '자기 주장을 하지 않는', 다시 말해 평화적이고 온건하며 점잖은 나라라고 생각하는 사람들이 많다는 것을 강하게 느낀다. 자기 이미지라는 것은 타자가 본 객관적인 이미지와는 때때로 어긋나기 마련이지만, 최근 20년 동안의 일본인에 대한 이미지로서는 그다지 이상한 것은 아니라고 여겨진다. 일본인이 평화적이고 온건하다는 자기 이미지, 자의식을 갖게 된 것은 사실 나쁜 일은 아니라고 생각한다. 70여 년의 평화로운 세월을 거치면서 일본인은 마침내 그러한 자기 이미지를 가질 수 있게 되었다고 해도 틀린 말은 아닐 것이다.

그러나 그러한 자기 이미지는 얼마나 과거로 거슬러 올라갈 수 있는 것일까? 국가와 민족, 인간 집단의 이미지는 바뀌기 쉬운 것이

다. 예를 들면 쓰쓰이 야스타카(筒井康隆)의 『농협, 달에 가다(農協月へ行く)』(1973)를 읽으면, 겨우 4, 50년 전의 일본인이 해외여행을 가면 늘 단체로 시끄럽게 돌아다니며, 장소를 가리지 않고 제멋대로 행동하고, 문화적인 가치는 이해하려고도 하지 않는 난처한 녀석들이라고 눈총을 받았음을 떠올리게 된다. 이는 나의 세대로서는 '떠올리는' 일이지만, 이제는 그런 과거를 전혀 알지 못하거나 깨끗하게 잊은 채, 다른 나라 사람들에게 눈총을 주는 일본인도 적지 않다. 이는 물론 일본인에 국한된 일은 아니다. 인간은 자국이나 자기 민족의 과거를 자신의 좁은 체험에 바탕을 두고 생각해 버리기 마련이다. 자기 자신이 살아온 짧은 기간의 체험과 기억을 바탕으로, 먼 과거를 똑같다고 유추해 버리는 것이다. 거기에는 '이랬으면 좋겠다', '이런 것이라면 좋겠네'라는 희망사항을 바탕으로 하는 기억의 미화가 더해지는 경우도 많다.

경제 성장에 들떠 온 세계를 으스대며 돌아다니기 전에는 한때 작고 가난한 나라로서의 자기 이미지가 있었을 것이고, 그보다 더 예전에는 강대한 무력으로 아시아를 제패하고 대동아공영권(大東亞共榮圈)의 맹주를 지향했던 대일본제국이 있었다. 그것은 평화적이고 온건한 자기 이미지와는 대조적인 것일 텐데, 그 기억은 오늘날 일본인의 자의식 속에 어느 정도로 혹은 어떠한 형태로 남아 있는 것일까?

평화와 사무라이

오늘날의 일본인은 또 한편으로는 '사무라이'라는 자기 이미지를 갖고 있다. 야구 일본대표의 명칭은 '사무라이 저팬'이고, 남자 축구 일본대표는 '사무라이 블루'다. 사극을 예로 들자면 NHK의 대하드라마를 비롯하여 전국시대나 에도시대의 무사들을 다루는 경우가 압도적으로 많다. 『겐지 모노가타리(源氏物語)[1]』 등의 왕조문학(王朝文學)[2]은 거의 다루어지지 않고, 역사 드라마에 '오쿠게상(お公家さん: 궁정 귀족)'이 등장하는 경우에는 희화화되는 일도 빈번하다. 요컨대 자신들의 조상으로 무사를 의식하는 경향이 강한 것이다.

평화적이고 온건한 이미지와 힘센 무사의 이미지, 아마도 여기에는 현대 일본인이 안고 있는 자기 이미지의 뒤틀림이 있는 것 같다. 무사는 전투를 제일로 여기는 사람들이었다. 그런 무사를 중심으로 일본인은 16세기 말엽부터 스스로를 '무국(武國)', 즉 무(武)의 나라로 규정하기 시작한다. 그러한 의식의 연장선상에서 20세기 전반에 존재했던 것이 '군국(軍國)' 일본이었다. '군국' 일본이 무력에 의지하여 타국을 침략했다는 명백한 사실은 현대 일본인의 의식에 얼마만큼 선명하게 남겨져 있을까?

---

1 헤이안시대에 무라사키시키부(紫式部)가 집필한 소설 작품으로 11세기 무렵에 성립했다. 히카루 겐지(光源氏)라는 주인공을 중심으로 헤이안 귀족들의 궁정 생활을 묘사했다.

2 여기서 왕조란 막부(무사 정권) 이전에 천황을 정점으로 한 조정이 다스리는 정치 체제 및 그 시기를 말하며, 특히 천황과 귀족들의 궁정 사회가 고도로 발달한 헤이안시대의 조정을 가리키기 위해 사용된다. 왕조문학은 그러한 헤이안시대에 출현한 문학을 가리킨다. 왕조 개념에 관해서는 김현경, 「일본 고대사 연구의 '왕조(王朝)' 개념」, 『한국고대사연구』 110, 2023을 참조.

반면, 16세기보다 더 이전으로 거슬러 올라가보면 자신들의 나라가 무사를 중심으로 한 '무국'이라고는 생각지도 않았던 사람들이 대부분이었으며, 이를 의식하는 사람은 '군국'을 의식하는 사람보다도 더 적을 것이다. 실제로 자의식은 늘 변화하며, 현재의 자신들로부터 유추하는 일은 과거의 자국을 생각하는 데 도움이 되지 않는다. 일본인이 줄곧 변하지 않는 자의식을 유지했을 리도 없지만, 그렇게 의식하는 사람이 얼마나 있을까?

본서(本書)[3]에서 고찰하고자 하는 것은 다음의 두 가지이다. 첫째, 일본은 '무국', 즉 싸움에 강한 나라라는 자의식이 최근까지 있었다는 점이다. '무국'이라는 자의식은 16세기 말엽부터 성장하여, 20세기 전반에는 정점에 도달했다. 하지만 둘째로 생각할 점은 이런 자의식이 15세기 무렵까지는 그다지 드러나지 않았다는 것이다. 일본인은 왜, 어떠한 과정을 거쳐 '무국'이라는 자의식을 키워나갔는가? 또 그것은 어떠한 의식이었는가?

이와 같은 고찰은 '전통'이란 무엇이냐는 질문으로 이어질 터이다. 우리들이 '전통'이라고 여기는 것은 정말로 예로부터 이어져 오는 그런 것일까? 혹은 얼마나 이어져 내려오면 그것을 '전통'이라 부를 수 있는 것일까? 애초에 우리들은 자국의 과거를 100% 정확하게 이해한 것일까?

---

3 혼란을 피하기 위해 『무의 나라, 일본』을 가리킬 때는 '본서', 책에서 언급되는 서적들에 대해서는 '이 책', '그 책' 등의 표현을 사용했다.

'신국' 의식과 '무국' 의식

오늘날의 일본인이 잊어버린 '무국'이라는 자의식에 대하여 생각해 보자. 일본이 뛰어난 무력을 지닌 무의 나라라는 의식은 고대 일본인에게는 거의 존재하지 않았다. 그것은 자신은 '무'에 살고 '무'에 죽는 존재라고 자각하는 무사들이 점차 정권의 중추에 자리잡게 됨에 따라 나라 전체의 의식이 되어 갔다. 그렇게 자국을 '무국'이라고 자랑스럽게 여기는 의식은 16세기 말엽이 되어야 비로소 확인할 수 있는데, 그 전에는 거의 보이지 않는다. 그 전의 일본인의 자의식으로 확인되는 것은 '신국(神國)'이며, 그 '신국' 의식도 현대 일본인이 생각하는 것과는 크게 달랐다. 일본인은 옛날부터 어떠한 자의식을 가졌을까? 우선은 '신국' 의식에 대하여 고찰하고, 그 다음에 '무'에 관한 의식에 대하여, 그리고 '무국' 의식을 창출해 나가는 과정에 대하여 살펴보기로 하겠다. 덧붙이자면 본서에서는 고전 서적들을 많이 인용하는데, 독자들이 읽기 쉽도록 현대어로 번역했다. 또한 기본적으로 한자는 현재 통용되는 글자체로, 가타카나는 히라가나로 바꾸었다.[4] 단, 키워드 인용이나 본래 어감을 살리고자 하는 경우에는 문제되는 부분을 따옴표로 묶고 원래 단어나 표기를 남겨두거나, 괄호 안에 현대어 번역을 적어 넣는 등의 방법을 강구했다. 알기 쉬운 문장인 경우에는 가나 표기나 글자체를 바꾸기만 하고 인용하기도 했다.

---

4   일본의 신자체(통용되는 글자체)는 한국의 한자 표기에 맞추어 바꾸었다.

제1장 '신국' 일본

제1절
'신국'이란 무엇인가

좋은 나라, 강한 나라

일본, 좋은 나라, 맑은 나라.
세계에 하나뿐인 신의 나라.
일본, 좋은 나라, 강한 나라.
세계에 빛나는 위대한 나라.

— 『착한 아이 하』 19, 「일본국」

'신국'이라고 하면 어떤 이미지가 떠오르는가? 위에 인용한 것은 문부성(文部省)이 1941년에 발행하고, 태평양전쟁 때 사용되었던 소학교 2학년용 교과서 『착한 아이(ヨイコドモ) 하(下)』의 한 구절이다. 일본을 '신국'이라고 보는 사고방식이란 이처럼 일본을 특별히 '위대한 나라', '강한 나라'로 여기는 사고방식이며, 천황을 신으로 숭상

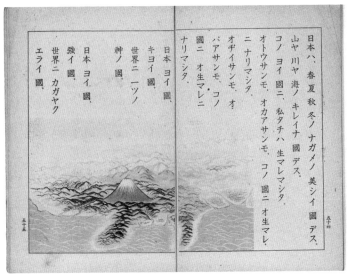

日本ハ、春夏秋冬ノ ナガメノ 美シイ 國 デス。

山ヤ川ヤ海ノ キレイナ 國 デス。

コノ ヨイ 國ニ 私タチハ 生マレマシタ。

オトウサンモ、 オカアサンモ、 コノ 國ニ オ生マレ

ニ ナリマシタ。

オヂイサンモ、 オ

バアサンモ、 コノ

國ニ オ生マレニ

ナリマシタ。

日本ヨイ 國、

キヨイ 國、

世界ニ 一ツノ

神ノ 國。

日本 ヨイ 國、

強イ 國、

世界ニ カガヤク

エライ 國。

五十四 五十五

『착한 아이 하』 19, 「일본국」

『착한 아이 하』의 권두, 진무 천황

하는 사상이라는 이미지를 떠올리는 사람이 많지 않을까?

　분명 20세기 전반의 일본은 그 이미지 그대로이다. 이 『착한 아이』는 책의 첫머리가 진무 천황(神武天皇)의 활 위에 금빛 솔개가 내려앉고, 진무의 군대가 적을 압도하는 그림으로 시작되며, 제19장에서는 후지산을 중심으로 한 산들의 삽화 위에 앞서 인용한 문장이 적혀 있다. 그리고 마지막 제20장에서는 일본이 세계에 위엄을 드러내는 모습을 표현한 삽화 위에,

　우리들은 선생님께 다양한 이야기를 들었습니다. 천황 폐하의 은혜로우심을 알 수 있었습니다. 천황 폐하를 받드는 나라 일본은 온 세계에서 가장 고귀한 나라임을 알았습니다.

라는 글이 적혀 있다. 여기에는 일본을 '신의 나라'로 보는 신국 사상과 극단적인 자국 우월의식과 천황 숭배, 그리고 일본을 '강한 나라'로 보는 무국 의식이 일체가 되어 표현되어 있는 것이다. 그렇지만 신국 사상과 자국 우월의식, 천황 숭배, 무국 의식에 대해서는 각각 별개의 문제로 생각하는 편이 좋다고 필자는 생각한다. 신국 사상은 무국 의식과는 원래 그다지 연관되지 않았고, 자국 우월의식이나 천황 숭배하고도 늘 겹치지는 않았다. 자국 우월의식과

5　『고사기』, 『일본서기』 등에 기록된 일본의 제1대 천황으로 실존 가능성이 낮은 전설상의 인물이다.

6　『일본서기』에 따르면 진무 천황이 동쪽으로 정벌에 나설 때 나가스네히코와 싸웠는데, 이때 진무의 활 끝에 금색 솔개가 앉았고, 나가스네히코의 군사들은 솔개의 몸에서 나는 빛에 눈이 부셔서 진무의 군대가 승리할 수 있었다.

천황 숭배, 신국 사상 그리고 무국 의식이 일체화하여 국민 전체를 물들인 것은 일본의 역사에서는 20세기 전반뿐이었다고 해도 틀린 말은 아닐 것이다. 20세기 전반은 일본의 역사상 지극히 특수한 시기였다.

하지만 '신국'이라는 의식 그 자체는 결코 새로운 것이 아니다. 일본인의 자의식으로서 고대부터 근대에 이르기까지 공통되는 점이 있다고 한다면 신국 사상 내지 신국 의식뿐이라고 말할 수 있다. 다만 그 내용이 고대와 근대에서 너무나도 다른 것이다. 그렇다면 고대의 '신국' 의식이란 어떠한 것일까? 우선 '신국'이라는 단어가 처음 출현하는 『일본서기(日本書紀)』의 진구 황후(神功皇后) 설화부터 살펴보자(진구 황후 설화는 『고사기(古事記)』에도 나오지만, 『일본서기』에 비해 간략하며, '신국'이라는 단어는 나오지 않는다).

진구 황후 설화

『일본서기』에 따르면 제14대 천황으로 알려진 주아이 천황(仲哀天皇)은 규슈(九州)의 구마소(熊襲)를 토벌하려고 할 때 어떤 신의 신탁을 받았다(이 신은 스미요시 묘진(住吉明神)이었다고 나중에 밝혀진다).

구마소는 가난한 나라이니, 그보다도 '이 나라보다 더 낫고 보물이 있는 나라', '눈부신 금, 은, 채색'이 가득한 나라가 있다. 그 나라는 '다쿠부스마(닥나무 이불) 신라국'이다. 만일 나에게 제사를 지낸다면 그 나라는 저절로 복속할 것이다.

　요컨대 한반도의 신라를 공격하라는 것이다. 그러나 주아이 천황은 이 신탁을 의심하였고, 구마소를 공격했지만 뜻을 이루지 못한 채, 병으로 사망하고 만다. 주아이의 아내였던 진구 황후는 다시 신을 제사지내고, 임신한 몸으로 서방 정벌에 나선다. 황후는 산달을 앞둔 상태였지만 태어나려고 하는 아이에게 "일을 마치고 돌아온 뒤에 태어나거라"라고 명하면서 출발했다. 황후의 배가 서쪽으로 향하자, 바람의 신은 바람을 일으키고, 바다의 신은 파도를 일으켰으며, 큰 물고기가 떠올라서 배를 도와주는 식으로 힘들이지 않고 신라에 이르렀다. 그리고 황후의 배와 함께 '조수의 물결[潮浪]'이 신라의 국토를 잠기게 했다고 한다. 지진해일과 같은 이미지일 것이다. 신라왕은 전율하여 이렇게 말했다.

　　내가 듣기로는 동쪽에 신국이 있어, 일본이라고 한다. 또 성스러운 왕이 있어, 천황이라고 한다. 분명 그 나라의 신병(神兵)일 것이다.

　동쪽에 있는 '신국'의 '신병'이 공격해 왔다고 신라왕이 깨달았다는 것이다. 마침내 신라는 항복하였고, 그때부터 매년 조공할 것을 맹세했다고 『일본서기』에 서술되어 있다. 이것이 일본 문헌에 '신국'이라는 말이 처음 출현한 사례이다. 지진해일을 일으켜 타국을 정복했다는 식의 이야기를 그대로 역사적 사실이라고 생각하는 독자도 현대에는 거의 없겠지만, 이는 신화의 일종이며 사실이 아니다. 4세기 말엽부터, 아직 '일본'이라는 국호를 칭하기 이전인 야마토 조정이 한반도에 출병하여 싸웠던 것은 사실이지만, 이 설화는 그 시대의 기억을 바탕으로 생성된 것이라기보다는 현실적으로 신라가 한반도의 가장 큰 대립국이라는 의식이 생기면서 만들어졌다는 것이 현재의 통설이라고 할 수 있겠다. 일본과 신라의 국교는 6세기 무렵부터 시작되는 것으로 보이는데, 663년의 백촌강(白村江, 백강) 전투에서 백제부흥군과 연합한 일본은 당·신라 연합군에 패배한다. 이 직전에 당나라에게 공격당하여 멸망한 백제를 부흥시키려는 계획이 실패함에 따라, 이후 신라는 한반도를 통일한다. 일본은 대륙과 반도로부터 올 반격에 대비하여 방어 태세를 구축했다. 그 후 8세기에 성립된 책이 『고사기』와 『일본서기』인 것이다.

진구 황후 설화의 변용

어찌되었든 여기서 일본을 신비로울만큼 뛰어난 나라로 묘사하는 '신국'이라는 관념이 등장한다. 그리하여 진구 황후 설화가 일본인에게 계속 강한 영향을 끼쳤던 것도 사실이다. 진구 황후는 귀국하고 나서 오진 천황(應神天皇)을 낳았다고 하며, 오진 천황은 나중에 하치만신(八幡神)이 되었다고 사람들이 믿게 되었으므로, 이 설화는 하치만의 연기(緣起)[7]에 많이 인용된다. 또한 신라가 일본에 복속되었음을 말해주고, 타국에 대한 일본의 우월함을 나타내는 이야기로 헤이안시대 말기 무렵부터 크게 변화하면서, 다양한 서적에

---

7 신이나 부처의 유래와 영험함에 대한 기록을 말한다.

인용되어 일본인에게 계속해서 큰 영향을 끼치게 된다. 그러한 변화 중 하나는, 겐쇼(顯昭)의 『고금집주(古今集注)』, 『수중초(袖中抄)』, 『고사담(古事談)』, 『헤이케 모노가타리(平家物語)』, 『미즈카가미(水鏡)』 등등 헤이안시대 말기부터 가마쿠라시대까지 등장하는 많은 작품들에서 진구 황후를 인도했다고 하는 신이 스미요시 묘진 이외에도 히에(日吉)·스와(諏訪)·가스가(春日) 묘진 등으로 다양하게 첨가된다는 점이다. 또한 이 설화는 아마도 가마쿠라시대 초기 무렵에 크게 변화했다. (변화의 시기를 몽골의 일본 침략 이후로 보는 것은 올바르지 않다. - 사에키 신이치) 변화한 형태는 가마쿠라시대 전기의 『궁사연사초(宮寺緣事抄)』나 몽골의 일본 침략 이전에 성립된 『하치만궁 순배기(八幡宮巡拜記)』 등에도 보이지만, 유명한 것은 가마쿠라 시대 후기의 『하치만 우동훈(八幡愚童訓)』 갑본(甲本)이다(이 책은 하치만신의 연기이다. 제목이 같으나 내용이 다른 책과 구별하기 위해 '갑본', '갑종' 등으로 불리는 것이 일반적이다.).

　『하치만 우동훈』 갑본의 진구 황후 설화는 장대하다. 주아이 천황 대에 이국(異國)으로부터 '진륜(塵輪)'이 쳐들어 왔다. 몸이 새빨갛고 머리가 8개 있으며, 검은 구름을 타고 왔다는 괴물이다. 주아이 천황은 진륜과 싸워서 이를 쓰러뜨렸지만, 누가 쏜지 모르는 화살에 맞아 자신도 죽고 만다. 천황은 이국을 정벌하라는 유언을 남겼고, 나아가 진구 황후에게 이국을 정벌하라는 신탁을 내려 출정이 결정된다. 남편의 복수에 불타는 진구 황후는 여동생 도요히메(豊姬)를 용궁으로 보내 '히루타마(旱珠, 乾珠)·미쓰타마(滿珠)'라는 보물 구슬을 얻어 쓰시마(對馬)로부터 적국으로 향한다('히루타마·미쓰타마'는 우미사치〈海幸〉·야마사치〈山幸〉의 신화에 등장하는 보물 구슬을 전용한 것이리라). 황후는 히루타마를 사용하여 조수를 빠지게 한 다음 적이 건너서 공격해 오게 만들었다. 그리고 미쓰타마를 사용하여 다시 물이 차오르게 하여 적을 무찔렀다. 그래서 적국의 왕은 항복하였고, "우리들은 일본국의 개가 되어, 일본을 수호하겠다"고 맹세하였으므로, 황후는 활고자로 '신라국 대왕은 일본의 개다'라고 큰 반석에 적었다고 한다(이 책에서 말하는 적국은 '이국'이라고 적혀 있는 경우가 많은데, 도중에는 '고려(高麗)', 이 장면에서는 '신라'라고 표기되며, 그 후에는 '신라·백제·고려'를 정복했다고도 기재되었다. 한반도를 의식하고 있는 것은 분명하지만, 중세 일본인의 애매한 인식을 반영한 것이리라).

『일본서기』나 『고사기』에 보이는 진구 황후 설화에 비하여 이국에 대한 적대심과 우월감이 강하게 표현되어 있다. 이는 『하치만 우동훈』갑본이 몽골의 침략을 하치만신의 위력으로 격퇴한 일을 중심 주제로 삼았기 때문이다.

---

8 우미사치는 바다에서 나는 음식, 야마사치는 산에서 얻는 음식을 말한다. 『고사기』와 『일본서기』에 따르면, 바다에서 물고기 잡기를 잘하는 형 우미사치히코와 산에서 사냥을 잘 하는 동생 야마사치히코가 있었다. 어느 날 두 사람은 서로의 도구를 교환하였는데, 야마사치히코는 낚시를 나갔다가 그만 형의 낚싯바늘을 잃어버리고 말았다. 우미사치히코는 동생에게 화를 냈고, 동생이 자신의 칼로 새 바늘을 많이 만들어주었지만 자신의 원래 바늘을 돌려달라고 막무가내였다. 바닷가에서 슬퍼하던 우미사치히코는 바다의 신의 도움을 받아,바늘을 찾아냈고, 썰물을 만드는 구슬과 밀물을 만드는 구슬을 받았다. 우미사치히코는 밀물을 만드는 구슬을 이용하여 형을 물에 빠뜨리고, 용서를 구하는 형을 썰물을 만드는 구슬을 써서 살려주었다고 한다.

9 활에서 시위를 거는 양 끝 부분을 가리킨다.

진구 황후 설화의 영향

이와 같이 변용된 진구 황후 설화는 하치만 연기 종류를 중심으로 많은 서적들에 계승된다. 히데요시(秀吉)의 조선 출병도 당시부터 진구 황후의 예를 본받은 것이고, 그 후에도 진구 황후의 뒤를 이은 쾌거로 평가되어 왔음은 제3장에서 살펴볼 것이다. 에도시대(江戶時代)에는 하치만 연기 종류뿐만 아니라『회본 삼한군기(繪本三韓軍記)』나『진구 황후 삼한퇴치도회(神功皇后三韓退治圖繪)』등과 같은 통속적인 이야기책, 그림책 종류가 간행되어 한층 더 사람들에게 친숙해진다. 한편으로는 요시다 쇼인(吉田松陰)과 같은 지식인들이 진구 황후와 히데요시를 나란히 놓고 칭송하기도 한다(제4장 제2절). 근대에도 예를 들면 일본의 지폐에 처음으로 인쇄된 초상화는 진구 황후의 초상이다. 메이지 14년(1881)에 발행된 1엔권 지폐(진구 황후 지폐)이다. 진구 황후 설화는 근대에는 단순한 이야기가 아니라 현실적으로 한국을 병합하는 근거로 쓰였다. 현대에 잊혀졌다지만, 진구 황후 설화는 오랜 세월에 걸쳐 일본인에게 큰 영향을 끼쳐 왔던 것이다. 그런 의미에서 '신국 사상'이 이러한 자국 우월의식과 배외주의를 동반하는 것으로서 이해될 수 있겠다. 하지만『고사기』,『일본서기』나『하치만 우동훈』갑본을 비롯한 중세의 이야기 문학에서는 이웃 나라를 정복하는 주체가 진구 황후라는 여성과 신들의 신비로운 힘, 히루타마·미쓰타마의 주술적인 힘에 의해서였지,

---

10   임진왜란을 가리킨다. 본서에서는 저자의 표현을 그대로 번역하겠다.

일본의 무사들이 활약하는 이야기는 아니라는 점에 주의해야 한다. 또한 이 이야기에 보이는 '신국' 의식은 헤이안시대 '신국'의 용법과는 다소 이질적이며, 고대에 국한된 느낌이 든다. 그러한 양상을 다음 절에서 살펴보겠다.

제2절
헤이안·가마쿠라시대의 신국 의식

신이 지켜주는 나라

진구 황후 설화의 인상은 강렬하지만, '신국'이라는 말은 『일본서기』에 처음으로 등장한 뒤에는 그다지 빈번히 사용되지는 않았다. 헤이안시대에는 자주 사용된 단어는 아니었던 것 같다. 그리고 그용례는 진구 황후 설화와 같은 격렬한 자국 우월의식을 보여주는 식이 아니다. 예를 들면 『일본서기』 이후 최초의 용례로 보이는 『일본삼대실록(日本三代實錄)』 조간(貞觀) 11년(869) 12월 14일조의 사례는 다음과 같다. 이 해 6월 이래, 지금의 하카타 연안 부근으로 신라의 해적선이 와서 세(稅)를 운반하는 배를 습격하여 견(絹)과 면(綿)을 빼앗아 도망가는 사건이 몇 번이고 일어났다. 또, 히고국(肥後國: 지금의 구마모토현)과 무쓰국(陸奧國: 도호쿠 지방)에서는 지진이 일어나는 등 재해가 많이 발생했다. 이를 어떻게든 해달라며 이세 대신궁(伊

勢大神宮)에 봉폐(奉幣)하고 기도하는 고문(告文: 신에게 드리는 말씀을 적은 문서)에 다음과 같이 쓰여 있다.

> 우리 일본국은 '신명의 나라[神明之國]'입니다. 신명의 도움과 지킴을 받는다면 어째서 다른 나라에게 침략당하는 사건이 일어나겠습니까? (중략) 우리나라가 '신국'으로서 신을 숭상하고 황송해하며 삼가 온 전통을 부디 헛되게 하지 말아 주십시오.

요약하자면 외국 선박의 침략과 지진 등의 재해로부터 지켜달라는 것인데, 그 근거로서 '신명의 나라', '신국'이라는 단어가 나온다. 일본은 예로부터 신에게 빎으로써 재해로부터 안전해진 나라이므로, 이렇게 진심으로 봉폐하며 기도하고 있는 만큼 꼭 소원을 들어 주시기 바란다는 것이다. 신라가 얽혀 있다고는 하지만, 여기서는 딱히 자국 우월의식이 드러나지는 않는다. '신국'이란 신이 지켜주는 나라라는 의식이 표현되어 있다.

신을 모시는 나라

다음으로 『우다 천황 어기(宇多天皇御記)』('우다 천황 신기〈宇多天皇宸記〉라고도 함) 닌나(仁和) 4년(888) 10월 19일조를 살펴보자. 한 해 전에 즉위한 우다 천황이 직접 적었다고 여겨지는 일기다.

---

11 폐물을 바치는 행위.

12 이하 인용문에서 말하는 '우리나라'는 일본을 가리킨다.

우리나라는 '신국'이다. 그렇기 때문에 매일 아침 사방에 계시는 대중소(大中小)의 천신지기(天神地祇)를 경배한다. 이제부터 하루도 경배를 게을리하지 않겠다.

천황은 백성을 대표하여 신에게 제사를 지내는 존재다. 일본에는 팔백만(八百萬)이라 불리는 것처럼 사방팔방 도처에 다양한 신들이 있으며, 그들에게 매일 아침 빼놓지 않고 예배하는 것이 천황의 중요한 책무라고 인식했다. 천황을 신으로 숭배하는 것이 아니라, 여기저기 존재하는 신들을 천황이 숭배하는 것인데, 물론 천황 한 사람만이 신을 숭배하는 책무를 지는 것은 아니다. 다이라노 노부노리(平信範)의 일기인 『병범기(兵範記)』의 닌안(仁安) 3년(1168) 12월 29일조에는 "우리나라(일본 - 옮긴이 주)는 신국이다. 나라의 큰일로서 제사보다 중요한 것은 없다"는 후지와라노 모로나가(藤原師長)의 발언이 기록되었다. 그 다음에는 '그렇지만 최근에는 신사(神事)에 어긋난 예[違例]가 많고, 이래서는 신의 감응(感應)을 기대할 수 없다'는 문장이 이어진다. '이제부터는 제대로 제사에 힘써야 한다'는 것이다. 신을 모시는 일은 국가의 최대 책무이며, 천황을 중심으로 한 조정이 성심성의껏 제사를 지내기 때문에 국가가 유지되고 있다는 것이다. 많은 신들의 제사를 지냄으로써 신들이 나라를 지켜주게끔 하는 것이 천황과 조정의 책무였다. 이는 세심한 주의를 기울여 빠뜨림 없이 수행해야 하는 대단히 중요한 일이었다.

또한 가마쿠라시대 중기에 성립된 『고금저문집(古今著聞集)』은 제일 첫머리인 권1의 제1화에서 다음과 같이 서술하고 있다.

> 무릇 일본은 '신국'이다. 크고 작은 신들과 그 일족, 혹은 그 화
> 신(化身) 등이 계시며, 사람들의 소원을 반드시 들어 주신다. 진
> 구 황후가 삼한을 정복할 때도 하늘과 땅의 신들이 모두 나타
> 나셨다. 그래서 황송하게도 22사(社)의 존귀한 신들을 선정하여
> 영원히 국가를 지켜주시도록 하고 있다. 천황부터 서민에 이르
> 기까지 모두 신의 덕(德)을 우러르고 있다.

진구 황후 설화도 인용되어 있는데, 이는 무수한 신들이 나타나
서 지켜 주었다는 내용이다. 조정은 그러한 신들 모두에게 예를 다
하고 싶지만, 국가의 재정도 어려워져서 모든 신을 다 제사지낼 수
는 없다. 그래서 헤이안시대 중기 이후, 이세(伊勢)·이와시미즈(石清
水)·가모(賀茂)·마쓰노오(松尾)·히라노(平野)·이나리(稲荷)·가스가(春日)
등 대표적인 스물두 신들을 골라서 조정이 봉폐 등을 행한 것이 22
개의 신사(神社), 즉 '22사'이다. 이처럼 천황뿐만이 아니라 귀족도
서민도 모두가 각지에 계시는 온갖 신들을 존숭(尊崇)하고 있었다.
'신국'이란 그러한 관념이었다.

신들이 충만한 나라

이처럼 헤이안시대부터 가마쿠라시대 중기 무렵까지 '신국'이라
는 단어는 많은 신들이 살고 있는 나라, 신들을 제사지냄으로써 보

호받는 나라라는 뜻이다. 이 국토의 도처에 신들이 충만해 있고, 사람들의 소원에 부응해 준다는 이미지는 예를 들면 다음과 같은 이야기를 통해서도 이해할 수 있다. 가마쿠라시대 후반에 성립된 것으로 보이는 엔교본(延慶本) 『헤이케 모노가타리』 권2에는 기카이가시마(鬼界島)라는 섬 이야기가 나온다. 헤이 호간(平判官) 야스요리(康賴), 소장(少將) 후지와라노 나리쓰네(藤原成經), 슌칸(俊寬) 승도(僧都)는 시시가타니(鹿谷) 사건으로 인해 기카이가시마로 유배되었다. 현재는 가고시마현 가와나베(川邊)의 미시마(三島)에 속하는 작은 섬으로, 당시 귀족들에게는 땅의 끝이라고도 할 만한 고도(孤島)였다. 유배객들은 어떻게 해서든 수도로 돌아가고 싶어 했다. 야스요리는 거기서 현지 사람들이 '이와도노(岩殿)'라고 이름붙이고 제사를 지내는 '에비스 사부로도노(エビス三郞殿)'라는 신을 자신도 숭상하며 참배하리라고 말한다.

이 섬은 땅의 끝이라고는 하나 '부상(扶桑) 신국'에 속하는 섬이니, 역시 신이 살고 있을 터이다.

'부상'은 일본의 별칭이다. 기카이가시마는 일본과 외국의 경계에 있다고 여겨졌는데, 그럼에도 일본이라는 신국의 변두리에 있는 만큼 당연히 신이 있을 것이다. 그러니 그 신에게 참배하여 수도로 돌아갈 수 있도록 빌어야 하지 않겠느냐는 뜻이다.

하지만 슌칸은 다음과 같이 반대했다.

일본은 '신국'이라고 하여, 옛날 모노노베노 모리야(物部守屋)라는 대신(大臣)이 신명장(神名帳: 신들의 목록)을 만들었던 바, 존숭해야 할 신들이 13,000이나 있었다고 합니다. 그러나 그중에 '기카이가시마의 이와도노' 같은 신이 있었다고는 들어본 적이 없군요.

13,000이라는 숫자는 전국 신들의 총수(總數)로서 중세 서적에 자주 보인다. 그만큼 많은 신들을 수록하고 있는 목록에서도 빠질 정도로 '기카이가시마의 이와도노' 같은 신은 참배할 가치가 없다는 것이다. 그러나 야스요리는 이 신에게 참배하였고, 그 일대의 지형이 구마노(熊野)와 닮았다고 하여 구마노의 신을 권청(勸請)하고 열심히 참배를 반복했다. 그 기도가 통하여 야스요리와 나리쓰네는 사면을 받았다. 하지만 신앙심이 없는 슌칸은 홀로 남겨지고 만다. 떠나가는 배를 바라보며 해변에서 '발을 동동' 구르며 슬피 우는 명장면이 연출되는 것이다. (덧붙이자면 위의 야스요리와 슌칸의 문답은 오늘날 일반적인 이야기판[語り本] 『헤이케 모노가타리』에는 없다.) 이 이야기에서처럼 '신국'이란 우선 신이 잔뜩 있는 나라, 온갖 장소에 신들이 충만한 나라를 말한다. 그리고 그 신에게 빌면 소원을 이룰 수 있는 은혜로운 나라인 것이다.

야만스럽고 미개한 '신국'

하지만 헤이안시대 후반부터 가마쿠라시대에 걸쳐, 점차 '신국' 이란 말을 많이 사용하게 된 일본인의 자의식이 그다지 낙천적인

것은 아니었다. 최근에 사토 히로오(佐藤弘夫) 등이 지적하듯이 당대
에서 자국을 '신국'으로 생각하는 의식이 반드시 건방진 자국 우월
의식은 아니다.

'신국'에는 부정적인 용법도 있었다. 헤이안시대 후기에 성립
된 『금석물어집(今昔物語集)』권3 제26화를 살펴보자. 무대는 일본
이 아니라 천축(天竺: 인도)에서 있었던 이야기이다. 석가(釋迦)가 불
교를 널리 퍼뜨리고자 하여 각지에 제자들을 파견했다. 10대 제자
중 한 명인 가전연(迦旃延: 카트야야나)은 계빈국(罽賓國: 건타라국〈乾陀
羅國〉. 간다라 지방을 가리킴)으로 보내졌다. 그 때 가전연은 말했다.

> 그 나라는 '신국'으로 아직 일찍이 불법(佛法)의 이름도 들은 적
> 이 없는 곳이다. 낮이나 밤이나 수렵과 어로로 세월을 보내는
> 그런 야만적인 나라이다. 어떻게 교화를 하면 좋겠는가?

여기서는 '신국'이라는 단어는 불교가 전파되지 않은 야만적인
땅, 외도(外道)의 땅이라는 의미로 사용되고 있다. 가전연은 불법에
귀의한 미녀가 왕후로 입궁하면서 국왕을 교화해 순조롭게 이 나
라를 훌륭한 불교국가로 만들 수 있었는데, '신국'은 이와 같은 야만
과 미개함을 의미하는 단어로 쓴 것이다.

'신국'이라는 단어 자체가 그렇게까지 부정적인 의미로 사용되
는 사례는 드물지만, 헤이안·가마쿠라시대의 일본은 불교국가이
고, 불교는 인도에서 태어난 세계종교였다. 세계는 '삼국(인도·중국·
일본)'으로 구성된다고 하는 당시 일본인의 세계관에 비추어 볼 때,

일본은 세계의 한 구석에 있는 속산변토(粟散邊土: 좁쌀을 뿌려놓은 듯한 작은 변경의 나라)이며, 인도에서 중국을 거쳐 마지막으로 불교가 전해진, 뒤처진 나라였다.『하치만 우동훈』갑본의 진구 황후 설화는 앞서 보았듯이 '신라국의 대왕은 일본의 개다'라는 말을 남긴 자국 우월의식으로 가득찬 텍스트다. 그러나 고라 명신(高良明神)이 적에게 자기 이름을 밝힐 때 "일본은 '미소(微少)하고 비열(卑劣)한 졸국(拙國)'이긴 하지만, 동시에 '귀중하고 현철(賢哲)한 신국'이기도 하다"라고 말했다. '신국'의 우월함을 말하기 전에 먼저 '졸국'이라는 단서를 달아야 했다. 불교적이고 글로벌한 시점으로부터 태어난 열등감은 그 정도로까지 당대 일본인에게 스며들어 있었으며, '신국'은 오만한 자국 우월의식이라기보다도 오히려 일본인의 열등감을 위로하는 데 도움이 되는 개념이었다.

신국과 변토의 균형

가마쿠라시대 초기, 가모노 조메이(鴨長明)가 쓴『발심집(發心集)』의 발문을 살펴보자. ('발문'은 후기를 말한다. 덧붙이자면 이 발문은 후대 사람이 증보한 것으로, 조메이가 쓴 것이 아니라는 설도 있지만, 가마쿠라시대 일본인의 사고방식을 보여준다는 점은 틀림 없다.)『발심집』에는 다음과 같이 적혀 있다.

일본에서는 존귀한 부처들이 어리석은 인간들의 수준에 맞추어 '천한 귀신'과 한패가 되셨고, 마물(魔物)을 거느리며 불법을

수호하여 사람들에게 신앙심을 일으켰다. 이는 오로지 사람들을 구제하는 교묘한 방편으로 말미암은 것이다.

'부처가 천한 귀신과 한패가 된다'고 함은 신이라는 존재는 부처가 형체를 바꾸어 나타난 것이라고 하는 본지수적설(本地垂迹說)의 사고방식이다. 진정 존귀한 것은 부처이고 그에 비하면 신은 천한 존재인데, 일본인은 그러한 신의 힘에 의해 지켜지고 있다고 한다.

우리나라는 신의 도움이 없다면 어찌 백성들이 평안히 살아가며 국토를 평온하게 보전할 수 있겠는가? 변방에 있는 소국이니까 나라의 힘은 약하고 사람들의 마음도 어리석은 것이리라. 만약 신의 도움이 없다면 마물에 의해 괴롭힘을 당하거나 거대한 타국의 왕에게 점령당하여 무서워서 살아있다는 느낌도 들지 않았을 것이 아닌가?

일본은 어리석고 약한 소국이지만, 신의 보호를 받고 있다. 신의 보호가 없다면 비참한 상황에 놓였을 것이라는 말인데, 여기서 논리가 반전된다.

저 인도는 세계의 중심으로, 석가가 탄생한 나라이지만, 이제는 불법의 수호신의 힘이 쇠하여 불법이 멸망해 버렸다고 한다. 그 유명한 기원정사(祇園精舍)도 주춧돌만이 남아있는 참상 그대로

다. 그렇지만 일본은 옛날 이자나기·이자나미[13] 시절부터 지금에
이르기까지 오랫동안 '신의 나라'로서 신의 보호를 받고 있다.
'신라·고려·지나(支那)·백제'(원문 그대로 옮김) 등의 유력한 나라들도
휘하에 거느리며, 이 말법의 시대에 불법이 왕성하게 퍼져나가
고 있다. 만일 모반(謀反)을 일으키는 자가 있다면 바로 멸망시키
고, 마물이 불법을 쇠하게 하려고 하면 귀왕(鬼王)이 되어 대처
해 주시는 것이 신이 하시는 일이다.

이처럼 진실로 존귀한 것은 신보다도 부처라고 말하면서도, 실
제로는 일본은 신의 의해 수호되고 있으며, 불법도 성행하고 있다.
그래서 불교의 본고장이면서도 이제는 불법이 쇠퇴해버린 인도나
그 밖의 나라들과 비교해도 불법이 가장 뛰어난 나라가 되어 있다
는 것이 『발심집』의 논리였다.

불교의 가치는 물론 더할 수 없이 높다. 하지만 부처님은 너무
나도 존귀하여 그 모습 그대로는 더러운 속세에 그다지 관여해 주
시지 않는다. 그러므로 현실 차원에서 우리들을 지켜 주는 것은 신
인 것이다. 그리고 신은 본래는 부처이므로, 신이 불교를 지켜 준다.
그런 이유로 일본에서는 불교가 신의 보호를 받고 있으며, 바로 신
의 힘 때문에 불교적으로도 뛰어난 나라가 되었다는 식으로 변토
(邊土) 의식을 극복하고 있는 것이다.

---

13 일본 신화에 등장하는 신들로 이자나기는 남신, 이자나미는 여신이다. 두 신이 결혼하여 일
    본 국토의 신들을 낳았다고 전한다.

『헤이케 모노가타리』의 「교훈장」

속산변토 의식과 신국 의식으로 균형을 잡는 정신 구조는 가마쿠라시대에는 일반적인 것이었다. 『헤이케 모노가타리』의 「교훈장(教訓狀)」은 시시가타니 사건 때문에 고시라카와원(後白河院)[14]을 유폐시키려고 마음을 먹게 된 다이라노 기요모리(平清盛)에게 충신이자 맏아들 다이라노 시게모리(平重盛)가 간언하고, 기요모리의 옷 안으로 갑옷이 보인다는 유명한 장면인데, 여기에도 같은 단어가 등장한다. 여러 사본들에 보이는 표현은 기본적으로 동일한데, 일반적으로 잘 알려진 가쿠이치본(覺一本)에 나오는 시게모리의 논리를 요약해 보겠다.

> 일본은 '변지속산(邊地粟散)'의 땅이기는 합니다만, 아마테라스 오미카미(天照大神)의 자손인 천황과 아마노코야네노 미코토(天兒屋根尊)의 자손인 후지와라씨(藤原氏)가 나라를 다스리게 되고 나서 태정대신(太政大臣)이 갑옷을 착용한다는 예의에 어긋나는 행동이 있었겠습니까? 또한 신하된 자가 조정을 거역해서는 안 됩니다. 조정으로부터 막대한 은혜를 입고 있으면서 법황(法皇)의 신체를 위험에 빠뜨리려고 하는 식의 일은 황실의 조상신인 아마테라스 오미카미와 하치만 대보살이 용서하지 않을 것입니다. 일본은 '신국'입니다. '신은 예의에 어긋난 것을 받아들이시

---

14 고시라카와 상황. 원(院)은 양위한 천황인 상황(上皇)의 거처, 나아가 그 거처에 머무는 상황 개인을 가리킨다.

지 않는다'고 하며, 신은 무례함을 용납하지 않으십니다.

'신은 예의에 어긋난 것을 받아들이시지 않는다'는 중세에 자주 사용되는 표현이다. 앞서 보았듯이, '신국'이란 세심한 주의를 기울여 빠뜨림 없이 신을 제사지내야 하는 나라이며, 신에 대하여 예의에 어긋남이 있어서는 안되는 것이다.

여기서 '일본은 변지속산(속산변토와 같음)의 땅이기는 하지만 신국이다'라는 논리가 '신국에 걸맞은 바른 행동을 해야 한다'고 하는 방향으로 향해 있다. 기요모리의 경우 전직 태정대신이라는 사람들의 모범이 되어야 하는 입장인데도 스스로 갑옷을 몸에 걸치고 법황을 무력으로 유폐하려고 하는 건 황실의 조상인 신에게 변명이 되지 않는 일이라는 것이다. 이처럼 '속산변토'와 '신국'은 중세 일본인에게 있어 하나의 세트를 이루고 있었다고 할 수 있을 것이다. '일본은 속산변토이지만 신국이다'라는 식의 표현으로 정신적인 밸런스를 유지하고 있는 양상을 엿볼 수 있다.

황실 옹호, 자국 우월의식과의 연관

더욱이 『헤이케 모노가타리』「교훈장」에서는, '신국'은 아마테라스 오미카미의 자손인 천황과 아마노코야네노 미코토의 자손인 후지와라씨가 다스리는 나라이면서 아마테라스 오미카미와 하치만 대보살에 의해 수호되는 국가라는 인식이 나타나고 있다(앞서 서술하였듯이 하치만 대보살은 오진 천황을 가리킨다고도 이야기되며, 이 시대에는 아마테라스 오미카미와 함께 황조신으로 여겨졌다). 가마쿠라시대에는 이처럼 '신국'은 신의 자손으로서의 천황(그리고 후지와라씨)을 옹호하는 개념도 되었다.

『육대승사기(六代勝事記)』는 『헤이케 모노가타리』 등에 널리 영향을 끼친 가마쿠라시대 초기의 사론(史論)인데, 그 마지막에 가까운 부분에도 조큐(承久)의 난의 결과로 고토바(後鳥羽)·쓰치미카도(土御門)·준토쿠(順德) 세 상황(上皇)이 먼 곳으로 유배형에 처해진 일에 대하여,

> 일본은 '신국'이다. 황위를 잇고 있는 것은 아마테라스 오미카미의 자손이다. 그런데도 어째서 3대의 상황이 한 번에 먼 곳으로 유배를 가게 되는 일이 일어나는 것일까?

라는 의문을 적고 있다. '신국'이란 아마테라스 오미카미의 자손이 다스리는 나라라는 의미로도 사용되었던 것이다. 또한 앞서 언급한 『발심집』에도 '신라·고려·지나·백제 등의 유력한 나라들도 따르게' 한다고 적혀 있는데, '신국'이라는 의식은 속산변토의 열등감을 극복하고자 하는 나머지, 때로는 자국을 과대평가하는 말로 이어지는 경우도 있었다. 예를 들면 지쇼(治承) 4년(1180)의 역란(逆亂), 즉 모치히토 왕(以仁王)의 난에 이어서 미나모토노 요리토모(源賴朝)가 거병하는 국가의 위기에 대처하기 위해, 원(院) 안에서 행해진 법회(法會)의 표백(表白: 승려의 연설) 기록이 『전법륜초(轉法輪抄)』라는 서적에 남아 있다. 거기에는,

일본은 '신국'이며, 신을 숭상하는 일을 조정의 책무로 삼고 있다. 동시에 우리나라는 '불지(佛地)'이며, 부처를 공경하는 일을 국가의 정치로 삼고 있다.

라고 선언한 뒤, 신불(神佛)을 공경하고 모심으로써 일본은 예로부터 누구로부터도 침략받은 일이 없었다고 적혀 있다. 그리고 '숙신(肅愼)', '고려', '신라', '오회(吳會)' 같은 여러 나라들을 복종시켰다거나 『후한서(後漢書)』에서도 일본을 '군자국(君子國)'이라 불렀다는 등의 자국 찬미가 이어지고 있다. '숙신'은 북방 퉁구스족으로 추정되며, '오회'는 중국의 오(吳) 또는 회계(會稽) 지방을 말하는 것일까? 어느 쪽이든 일본에 복속된 사실은 없지만, 『일본서기』 등에 기록된 인근 타국들과 다른 민족들의 이름을 열거한 것이리라. 『후한서』 부분은 『후한서』 동이열전(東夷列傳)의 앞 부분에 '동방에 군자국이 있다'고 하는 전승이 수록된 걸 일본을 두고 하는 이야기라고 이해한 것이다. 헤이안시대 말기에 이러한 과대한 자국 평가를 동반하며 '신국'이란 말이 사용되기도 하였던 것이다.

주변 여러 나라들을 복종시켰다든가, 『후한서』에서 '군자국'이라고 불리고 있다든가 하는 기술은 이 표백의 독창적 아이디어가 아니고, 모두 미요시노 기요유키(三善清行)의 「의견 12개조(意見十二箇條)」(『본조문수(本朝文粹)』 권2에 수록됨) 서론에 보이는 문장을 인용한 것이다. 「의견 12개조」는 엔기(延喜) 14년(914)에 제출된 정치 개혁 제안서이며, 국가 재정의 쇠퇴에 대한 대책을 서술한 것이다. 그 전제로서 일본이 예로부터 훌륭한 나라라고 적은 것이 이 부분이고, 본래는 신국 사상과는 관련이 없다. '군자국' 운운하는 것은 원래 『후한서』 동이열전이 아마도 『산해경(山海經)』이라는 상상력이 풍부한 서적에 의거하여 동방에 있다는 전설적인 '군자국'의 존재를 언급한 것인데, 그것을 아전인수적인 해석을 통해 일본과 연관지은 것으로 보인다(덧붙이자면 『속일본기(續日本紀)』 게이운(慶雲) 원년(704) 7월조에도 당나라 사람이 일본의 사자에 대하여 일본을 '군자국'이라 불렀다고 하는 기술이 있다). 중국의 정사(正史) 속에서 일본을 칭찬한 기술을 발견해 내려고 한 학자의 노력의 산물이라 해야 할 것이다. '일본은 중국의 정사에서도 "군자국"이라고 칭찬을 받고 있다'고 하는 담론은 후대에도 계승되어 간다(제2장 제1절 참조). 자국을 뛰어난 나라로 생각하고 싶다, 타국으로부터도 칭송받는다는 이야기를 듣고 싶다는 심정은 어느 시대에나 어느 국민에게나 있을 것이다. 특별히 신국 사상의 산물인 것은 아니다.

이처럼 '신국'이라는 의식은 가마쿠라시대 전기 무렵까지도 황실 옹호나 건방진 자국 우월의식과 함께 이야기되는 경우도 있었다. 그러나 '신국'은 원래 국토에 많은 수의 신들이 있고, 그 신들에게 진심으로 빌면 지켜 주신다고 하는 관념을 중심으로 한 단어였다고 생각한다. 천황을 신으로 숭상한다는 식의 사상은 원래 '신국'이라는 관념과는 조금 다른 것이었고, 또 '신국' 사상이 자국 우월의식과 본격적으로 연관지어지는 것은 몽골의 침략 이후의 일이 아닐까 생각한다.

신에게 의지하기

몽골의 침략 이야기로 들어가기 전에 '신국' 의식 하에서 사람들이 어떻게 현실에 대처하였는지에 대하여 조금 더 생각해 두고자한다. 본서의 주제인 '무국' 의식의 문제와 관련되기 때문이다.

후지와라노 스케후사(藤原資房)의 일기인 『춘기(春記)』 조랴쿠(長曆) 4년(1040) 8월 23일조에 다음과 같은 기사가 있다. 그보다 한 달전에 이세 신궁의 도요우케노미야(豊受宮: 외궁〈外宮〉) 정전(正殿) 등이태풍으로 넘어져 무너졌고, 사람들에게 큰 충격을 주었다. 그 때의발언이다.

> 이 나라는 '신국'이므로 원래부터 경계는 엄중하지 않고, 신의
> 도움에 의지하고 있었다. 그런데 세상이 말세가 되어, 대신궁(大
> 神宮)에 이와 같은 일이 일어난다. 이를 보면 이제는 신의 도움
> 같은 것은 없겠음을 알겠다. 이 얼마나 슬픈 일인가?

신국의 중심인 이세 신궁의 정전이 무너진다는 것은 있을 수 없는 일이며, 원래부터 경계 따위는 하지 않았다. 신에게 맡겨 두면된다고 생각하고 있었다. 그렇지만 말세가 되어 신의 도움은 사라지고 말았다. 신만을 의지하던 사람들은 이러지도 저러지도 못했다는 것이다.

이는 신사의 건물이 무너졌다는 이야기이므로, 신에게 의지하는 것도 당연할지도 모른다. 하지만 똑같은 사고방식은 이웃

나라와의 관계에서도 나타난다. 헤이안시대 말기, 현인(賢人)이라
고 불렸던 태정대신 후지와라노 고레미치(藤原伊通)가 니조 천황
(二條天皇)에게 바친 『대괴비초(大槐秘抄)』에는 다음과 같은 구절이
나온다.

> 다자이노소치(大宰帥)와 다자이노다이니(大宰大貳)로 '무용(武勇)
> 을 떨치는 사람'이 취임하면 반드시 이국이 사건을 일으킨다.
> 오노노 요시후루(小野好古)가 다자이노다이니였을 때도, 후지와
> 라노 다카이에(藤原隆家)가 다자이노소치였을 때도 이국이 문제
> 를 일으켰다. 그들은 단지 자기 자신의 무용을 선호하였을 뿐
> 이다. 이제 다이라노 기요모리가 다자이노다이니가 되어서 어
> 떻게 되려나 생각했는데 역시 고려에서 사건이 일어났다고 한
> 다. 고려는 옛날에 진구 황후가 직접 가서 토벌하셨던 나라이
> 다. (중략) 고려는 대국인데도 그것을 토벌한 것이므로, 필시 일
> 본에 대하여 설욕하고 싶다고 생각하였을 것이다. 그러나 일본
> 은 신국이라고 하므로 고려뿐만 아니라 이웃 나라는 모두 두려
> 워하며 쳐들어 오지 않는 것이다.

다자이노소치·다자이노다이니는 다자이후(大宰府)의 장관과 차
관으로, 당시 일본으로서는 대외관계 최전선의 책임자이다. 그 관
직에 무예를 좋아하는 자가 취임하면 대외적인 사건이 일어난다
는 것이다.

오노노 요시후루가 다자이노다이니에 재임 중일 때는 덴교(天

慶) 8년(945)에 당나라 사람이 히젠(肥前)으로 내항해 왔고, 덴교 9년(946)에 국적 불명의 외국 배가 쓰시마(對馬)로 내항하는 사건이 있었다. 후지와라노 다카이에가 다자이노곤노소치(大宰權帥)에 재임 중이던 간닌(寬仁) 3년(1019)에는 도이(刀伊: 여진 사람)가 쳐들어 왔다. 기요모리의 다자이노다이니 재임 중에 일어난 사건은 분명하지는 않지만, 에이랴쿠(永曆) 원년(1160)에 쓰시마의 일본인이 고려에 붙잡힌 사건을 가리키는 것일까? 하지만 이 사건들은 아무리 생각해도 오노노 요시후루, 후지와라노 다카이에나 다이라노 기요모리의 책임은 아닐 것이다. 무예를 좋아하는 자가 최전선에 있으면 사건이 일어나기 쉽다는 것은 어떤 측면에서는 진리이겠지만, 이는 그러한 이성적인 판단이 아니라, 일본이 타국에게 위협받지 않고 무사할 수 있는 이유는 신국이기 때문이며, 현실의 무력에 의한 것은 아니라는 사고방식이 보이는 것이 아닐까? '신국' 의식이란 사람의 힘에 의존하지 않아도 신에게 성심성의껏 기원을 드리고 있으면 신이 어떻게든 해결해 주는 나라라는 사고방식을 동반하는 것을 말한다. 『대괴비초』의 예는 신국 의식이 자국 우월의식과 연결된 사례라고도 할 수 있겠지만, 그것이 '무국'이란 의식과는 다소 거리가 있음을 확인해 두고자 한다.

신의 힘과 '무인의 공적'

이와 같은 방법에 대해서는, 전근대 사람들의 사고방식으로서 신의 힘과 인간의 무력을 명확히 구별할 수 있는가 하는 의문도 있을지 모른다. 그것은 지당한 의문이다. 예를 들면 전쟁에 이겼을 경우, 현실 전쟁의 배후에서 인간의 눈에는 보이지 않는 신의 힘이 작동했다고 믿는 일도 많았을 것이라 생각된다. 그런 경우 어디까지가 무력이고 어디까지가 신의 힘인지를 구별하여 생각하는 일은 없었을 것이다.

이 점에 대해서는 약간 후대의 사례를 들고 싶다. 무로마치시대(室町時代)의 오토기조시(御伽草子)인 『온조시 시마와타리(御曹子島渡)』는 젊은 시절 후지와라노 히데히라(藤原秀衡)의 밑에서 지냈던 미나모토노 요시쓰네(源義經)가 지시마(千鳥)의 왕으로부터 병법이 적힌 두루마리를 얻는 이야기이다('온조시'의 한자 표기는 원래 '御曹司'로 쓰는 것이 정확하지만, 이 작품의 제목에서는 '御曹子'로 표기되었다.). 그 이야기의 첫머리에서 요시쓰네는 병법이 적힌 두루마리를 손에 넣어야겠다고 결심한 것은,

일본국은 신국이므로, 무인의 공적만으로는 이루기 어렵다.
(일본은 신국이므로, 무력만으로는 천하를 얻을 수 없다.)

고 하는 후지와라노 히데히라의 권유 때문이었다. 이 권유를 따라 요시쓰네는 상반신은 말이지만 하반신은 인간이라는 마인(馬人)이 사는 섬과 여성만 사는 뇨고가시마(女護島), 소인(小人)이 사는 소인도(小人島) 등 이상한 섬들을 돌아다니는 『걸리버 여행기』 같은 여

---

15 주로 무로마치시대에 유행하였던 설화 문학의 일종이다.
16 귀족의 자제, 도련님을 뜻하는 말로 여기서는 겐지 무사 가문의 도련님인 요시쓰네를 가리킨다.

행을 거쳐, '지시마의 수도'에 이르러 신장이 16장(丈), 즉 48m이고, 손발은 8개, 뿔이 30개가 나 있는 '가네히라 대왕'으로부터 '대일(大日)의 법(法)'이라는 비전(秘典)의 두루마리를 빼앗아 왔고, 그 두루마리의 위력에 의해 마침내 헤이케(平家)를 멸망시키고 일본을 정복했다는 공상적인 이야기이다.

이 이야기에 나타나고 있는 것은 '신국'에서는 현실의 무력만이 아니라 주술적인 마력(魔力)이 효과를 발휘하는 것이라는 관념이라고 할 수 있겠다. 『온조시 시마와타리』는 성립 연대가 분명하지 않지만, 아마도 15~16세기 작품일 것이다. 나중에 서술하겠지만 이 시대에는 이미 '무국 일본'에 가까운 관념도 자라나고 있었을 터이다. 그러나 그런 시대에도 '신국'이라는 관념은 '무인의 공적'만으로는 일이 잘 성취되지 않고, 인간을 넘어선 존재의 힘을 필요로 하는 나라라는 의식을 동반했다.

『온조시 시마와타리』에서 마인도(馬人島) (국문학연구자료관 소장 『오토기조시』)

제3절
몽골의 일본 침략과 자국관

'뭇 나라들보다 뛰어난 나라'

가마쿠라시대 후반, 분에이(文永) 5년(1268) 이후, 몽골의 사신이 여러 차례 일본으로 와서 국교를 맺기를 요청했지만, 일본은 교섭을 거부했다. 분에이 11년(1274), 몽골군이 침략했으나 곧 철수했다(분에이 전쟁[文永の役]). 몽골군은 그 후 고안(弘安) 4년(1281)에 다시 습격했는데 폭풍우로 인해 괴멸되었다(고안 전쟁[弘安の役]).

일본인이 갖는 자의식의 역사를 생각할 때 중요한 전환점이 바로 몽골의 일본 침략이라는 데 의견이 일치한다. 이 사건에 관한 일본인의 대응, 그에 따른 의식의 변화를 다루는 것만으로도 거뜬히 책 한 권은 쓸 수 있을 정도이며, 실제로 이미 많은 연구가 축적되어 있다. 한정된 분량으로 일본인의 자의식 문제에 대하여 고찰하고자 하는 본서는 우선 도간 에안(東巖慧安, 1225~1277)[17]이라는 한 승려에 초점을 맞추고자 한다.

도간 에안은 임제종(臨濟宗) 선승(禪僧)이다. 처음에는 천태교학(天台敎學)을 공부하였고 송나라로 입국하려 했지만, 선종과 만나면서 송나라 유학의 꿈을 그만두고 교토에 머물렀다. 그는 분에이 8년(1271) 9월에 「도간 에안 원문(願文)」(야마시로〈山城〉 쇼덴지〈正傳寺〉 문서. 『가마쿠라 유문(鎌倉遺文)』10880호 문서)을 적었다. 이 원문은 말미에 '말세의 끝의 끝까지 일본은 뭇 나라들보다 뛰어난 나라[末の世の 末の末まで わが國は よろづの國に すぐれたる國]'라는 와카(和歌)[18]가 적혀 있다. 몽골군이 실제로 습격해 오기 전부터 무례한 이국에 대한 적개심을 불태우며 '우리 일본은 영원히 세계에서 가장 뛰어난 나라'라고 자국 우월의식이 가득한 노래를 읊은 것이다. 이 노래 때문에 도간 에안의 문서는 오래 전부터 주목받아 왔다. 최근에도, 예를 들면 남기학은 '군사 강국으로서의 자기의식'을 나타내는 것이라고 지적했다. 몽골의 침략으로 일본인이 내셔널리즘을 고양시켰음은 앞서 본 『하치만 우동훈』갑본 등에서도 확인할 수 있는데, 그 전형적인 양태를 보여주는 인물로 여겨지는 것이다. 도간 에안의 문서는 많은 주목을 받았으나 실제 원문에 입각하여 충분한 독해가 이루어지지 않은 것 같다. 여기서는 그 내용을 검토해 보겠다. 단,

---

17 도간(東巖)은 도호(道號)이며, 에안(慧安)은 법휘(法諱)이다. 법휘란 승려가 된 뒤에 처음 받는 이름이며, 그 후 적절한 수행 단계를 거친 뒤에 스승이나 선배로부터 수여받는 호칭이 도호이다. 선종 불교에서는 법휘 두 글자 앞에 도호 두 글자를 붙인 4자 연칭(連稱)이 승려의 정식 호칭으로 사용된다.

18 와카(和歌)는 일본 고유의 정형시를 가리키며, 그 중에서도 특히 5·7·5·7·7의 5구 31음으로 된 단가(短歌)를 지칭하는 경우가 많다.

그 전에 확인해 두고 싶은 것은, 현존하는 가마쿠라시대의 문서들을 수집한 『가마쿠라 유문』에는 위의 노래를 포함하는 「도간 에안 원문」(10880호) 외에도 10557호 「도간 에안 원문」, 10558호 「도간 에안 원문 안(案)¹⁹」, 10559호 「도간 에안 의견장(意見狀)」이 수록되어 있다는 점이다(모두 분에이 6년의 것으로 추정됨. 야마시로 쇼덴지 문서). 이 중에 앞의 두 문서는 신국 사상의 표현 면에서는 10880호 원문과 공통되며, 10559호 「도간 에안 의견장」은 일본의 '무'가 우월하다고 말하는 점 등에서 10880호 원문과 공통된다. 특히 유명한 것은 10880호 원문이지만, 도간 에안의 사상을 정확히 이해하기 위해서는 이 문서들 전체를 검토할 필요가 있으므로, 이제부터는 이들 문서에서도 적절히 필요한 부분을 인용하겠다. 이하 단순히 「원문」이라고 부르는 것은 10880호 원문, 「의견장」은 10559호 「도간 에안 의견장」을 가리킨다.

일본의 무구와 무사의 우월함

「원문」의 원문(原文)은 길지만, 적절히 요약하겠다.

하치만 대보살을 비롯한 일본 안의 모든 신들에게 아룁니다. 일본국은 하늘과 땅의 신들이 나라를 다스리고, 신들의 일족과 낭등(郎等)²⁰들이 모든 토지·산천·수륙·허공에 충만해 있는 나라입니

---

19 안(案)은 안문(案文)이라고도 하며, 정문(正文), 즉 문서 원본을 베껴 적은 것을 말한다.

20 낭등(郎等)의 일본어 발음은 로토(ろうとう) 혹은 로도(ろうどう)이며, 주인을 섬기는 종자

다. 도처에 부처의 수적(垂迹)인 신의 위광(威光)이 미치지 않는 곳이 없고, 신이 모든 적을 물리쳐 주십니다. 옛날 진구 황후라는 여제(女帝)가 다른 나라의 원적(怨敵)을 막으려고 결심하니, 나라 안의 모든 신들이 따라서 히루타마·미쓰타마를 사용하여 적을 항복시켰습니다. 이제는 하치만 대보살께서 나라를 지켜주실 것입니다. 신불의 힘은 위대합니다. 온갖 소원을 이루어주는 여의보주(如意寶珠)나 금강석(金剛石: 다이아몬드)으로 된 검처럼, 또 금강역사(金剛力士, 인왕(仁王)) 같이 어떠한 적이라도 쳐 부수고 맙니다. 몽골 따위는 사자에 맞서는 새끼고양이와 같습니다.

여기까지의 내용은, 일본이 신국이고 불교의 공덕에 의해 튼튼하게 지켜지는 나라이므로, 몽골 따위는 적수가 되지 않는다고 호언장담하고 있다. 자국을 자랑하는 강렬한 표현은 그때까지는 없었던 것이지만, 불교적인 신국 사상을 기반으로 하면서 진구 황후 설화를 인용하여 일본은 신불의 수호를 받고 있다고 말하는 논리 구조 자체는 기존의 전통을 계승했다고 할 수 있다.

하지만 그 후 도간 에안이 '또 이야기를 전해들었다. 몽골 사람이 말하기를……'이라고 하여, 몽골 사람이 일본을 보는 관점을 전달하는 내용은 종래의 신국 사상과 연관된 표현과는 달라서 눈길을 끈다.

(從者), 가신(家臣), 부하 등을 가리킨다.

(몽골 사람은 이렇게 생각하고 있다.) 일본의 무구(武具)는 다른 어떤 나라의 것보다도 뛰어나다. 인간도 힘이 있어, 괴물이나 신이라도 맞설 수가 없다. 그렇지만 나라 안은 미천하며, 올바른 도리가 행해지지 않는다. 지위가 높은 사람은 비하하고, 지위가 낮은 사람은 우쭐거리며, 모든 백성이 어지러워 제왕과 신하의 구분도 없다. 도리가 없고 나라가 어지러우므로 수월하게 손에 넣을 수 있을 것이다. 첫 전투에 승리하면 잔당을 격파하는 것은 간단하다. 우선 고려를 쳐부수고 그 다음에 일본을 공격하자. 일본의 병사를 부리면 인도와 중국을 정복하는 일도 뜻하는 대로 될 것이다.

몽골 사람은 강한 일본 병사들을 손에 넣고 싶어한다고 한다. 「의견장」에서는 몽골 국왕이 자기 나라에 '날쌔고 튼튼한 무사'가 적은 것을 고민하고 있으며, 일본의 무구와 무사는 다른 나라보다도 뛰어나므로 욕심낸다고 말한다. '우리나라(몽골)는 계략이 뛰어나며, 그 나라(일본)는 "무골(武骨)"이 뛰어나다. 이 두 가지 힘을 합치면 어떤 나라라도 항복시킬 수 있다'고 몽골의 국왕이 생각했다. 도간 에안은 어디서 이와 같은 이야기를 '전해들었다'는 것일까?

도간 에안의 자의식과 망상

송나라 유학을 뜻에 두었지만 끝내 이루지 못했다는 도간 에안이 몽골의 정보를 어디서 얻었는지는 알 수 없다. 약간의 정보는 입수했겠지만, 여기서 제시하는 몽골 사람의 일본관은 실제로 몽골 사람의 생각이라기보다는 기본적으로 도간 에안 자신의 자국관을 투영한 것이리라.

도간 에안은 몽골 사람이 정복한 지역의 사람들을 부린다며, 일본으로 온 사신이 고려인이었던 것이 그 증거라고 말한다. 분명 일본으로 파견된 사신은 고려인이었다. 또 처음으로 사신을 보냈을 당시에는 몽골은 아직 완전히 남송(南宋)을 정복하지 못하였으므로, 일본을 발판으로 삼아 남송을 공격한다는 노림수도 있었을지도 모른다. 게다가 그 후에는 정복한 지역의 고려인과 한인(漢人)을 일본 공격에 동원한 것도 사실이다. 따라서 만약 일본이 정복당했다면 일본인이 실제 대륙으로 동원되었을 가능성도 있을 것이다. 이런 점에서는 도간 에안의 기록에도 제대로 된 정보가 일부 있다.

하지만 몽골 국왕이 자국의 병사가 약하다고 고민하며, 세계 최강의 일본 무사만 손에 넣는다면 그들을 통해 인도와 중국을 정복할 수 있다고 생각한다는 식의 '전해들은 이야기'는 몽골 사람이 들으면 웃을 수밖에 없을 것이다. 세계사에서 드문 기세로 판도를 확장했던 몽골의 국왕이 일본 무사의 강함을 부러워했다는 주장은 어떻게 보아도 자의식 과잉의 망상이다. 아마도 도간 에안은 일본 무사의 강함을 스스로 확신하면서 몽골 사람도 그런 인식을 공유하고 있다고 믿어버린 것이다.

이 자국관에서 우선 주목할 점은 일본의 무구가 뛰어나다는 인식이다. 「원문」에서는 '일본의 활과 화살, 병장기, 무구는 다른 나라를 뛰어넘을 정도로 우수하다'라고 무구 전반에 대하여 이야기하고 있는데, 「의견장」에는 '활과 화살은 견줄 만한 것이 없고, 갑옷과 투구는 귀신을 두렵게 한다'고 되어 있다. 둘 다 활과 화살은 특히 뛰어나다고 공통적으로 인식한 듯하다. 다음 장에서 서술하겠지만, 이 시대 일본의 전투는 활과 화살, 특히 말 위에서 활을 쏘는 '궁마(弓馬)의 기량'을 중심으로 한 것이었다. 가마쿠라시대 초기 무렵부터 일본의 활과 화살은 크고 강력하며, 그것을 다루는 무사의 능력은 다른 나라보다도 뛰어나다는 인식이 확산되기 시작했다. 이 점은 다음 장에서 『마쓰라노미야 모노가타리(松浦宮物語)』나 『우지 슈이 모노가타리(宇治拾遺物語)』 등을 통하여 자세하게 살펴보겠다. 도간 에안이 일본 무사의 힘을 높이 평가하는 것은 그러한 인식을 기초로 하였을 것이다.

　다만 한 가지 더 생각할 점은 조큐의 난 이후의 정치 체제이다. 도간 에안의 「원문」(1271년)은 조큐의 난(1221년)으로부터 딱 50년 뒤의 문서에 해당한다. 원래는 막부가 조정의 명령을 따라야 하는데, 막부가 강력해져서 조정은 무슨 일을 하려고 해도 무사의 안색을 살펴야 한다. 그런 식의 체제는 이상하다고 하는 인식은 그로부터 60년 뒤에 막부를 타도하고자 거병한 고다이고 천황(後醍醐天皇)에게 이어진다. 도간 에안은 이러한 체제를 창출해낸 일본 무사의 강력함을 절실히 느꼈고 동시에 그것이 일본의 약점이라고 파악한 듯하다.

'무'는 국가를 어지럽힌다

몽골 국왕이 꼭 손에 넣고 싶다고 바랄 정도로 일본의 무사가 강하다면 일본 정복은 쉽지 않은 과업일 텐데, 어째서 몽골 사람은 일본 정복 따위는 쉬운 일로 여겼을까? 그것은 일본이 '무'의 강함으로 인해 나라가 어지럽기 때문이라고 도간 에안은 말한다. 「원문」의 '(일본에서는) 제왕과 신하의 구분도 없다. 도리가 없고 나라가 어지러우므로 수월하게 손에 넣을 수 있다'라는 부분은 「의견장」에도 거의 같은 내용이 반복된다. 일본은 '무'가 뛰어난데 그 때문에 질서가 혼란해서 쉽게 정복할 수 있다는 것이다. 게다가 「의견장」에서는 일본의 질서가 그처럼 어지러운 이유를 '그 나라는 무도(武道) 때문에 윗사람은 비하하고 지위가 낮은 자는 우쭐거리며……'라고 기술한다. '무도'야말로 일본이 어지러운 원인이라는 것이다. 이는 조큐의 난과 그 후의 정치 상황에 대한 도간 에안의 관점을 반영한 것이리라. 요컨대 가마쿠라의 무가정권(武家政權)이 고토바원(後鳥羽院) 등을 유배형에 처하는 등 교토의 조정을 압도하고 권력을 쥔 일을 두고 도간 에안은 '제왕과 신하의 구분도 없고, 도리가 없으며, 나라가 어지럽다'고 파악하고 있었는데, 그 인식을 몽골 사람도 공유하고 있다고 확신했다. 「의견장」에는 그 후 '일본에서는 큰 문제도 작은 문제도 반드시 무가(武家)에게 명을 내린다'고 되어 있다. 온갖 문제에 무가가 개입하는 것을 일본의 특수성으로 파악하는 표현이다. 「원문」에도 「의견장」에도 '무가는 조정의 제일가는 귀중한 보물이며, 자국 사람도 타국 사람도 두려워하며, 활

과 화살, 칼에 대해 소문을 듣는 이들은 모두 덜덜 떤다'고 기술했
다. 그런데 도간 에안의 생각으로는, 일본의 무사가 매우 강력하기
는 하나 어디까지나 도구일 뿐, 정치에 참견하고 조정의 결정을 좌
우해서는 안 된다고 보았다. 비천한 무사는 존귀한 조정에 복종해
야 하며, 또 실제로 복종할 것이 분명하다는 생각은 고토바 천황(後
鳥羽天皇)과 고다이고 천황에게 공통되는 신념이며, 어떤 측면에서
는 망상이기도 했다. 막부는 무례한 이국을 쫓아 버리되 조정에 복
종하라는 주장은 막말(幕末)[21]의 존황양이론자(尊皇攘夷論者)[22]를 연상
시키지만, 도간 에안의 시선은 결코 '초망(草莽)[23]'의 시선과는 다르다.
존귀한 조정이 모든 것을 결정하고 비천한 무사는 복종해야 한다
는, 윗사람이 아랫사람을 내려다보는 시선이다. 만약 무사가 조정
에 복종하지 아니하여 몽골에게 정복당한다면, 당나라나 천축으
로 이리저리 뛰어다녀야 하고 코끼리나 사자, 호랑이 등을 만나 큰
고초를 겪게 된다며 무사들을 겁주는 듯한 문장도 「의견장」에 나
온다.

　정리하자면 도간 에안은 '무'의 강함은 반드시 긍정의 요소만
이 아니라, 나라를 위태롭게 한다고 인식했다. 따라서 앞서 인용한
'몽골 따위는 사자에게 맞서는 새끼고양이' 운운하는 문장은 『가
마쿠라 유문』 10558호 「원문 안」에도 보인다. 이 「원문 안」에서는

21　에도 막부 말기인 1850~60년대를 가리킨다.

22　존황양이는 존왕양이(尊王攘夷)라고도 한다. 군주인 천황을 받들고 외국 오랑캐를 물리치
　　고자 하는 사상을 말한다.

23　초망은 재야, 민간인을 가리킨다.

신국 사상은 표현되어 있어도 '무'의 강함에 대해서는 언급되어 있지 않다. 도간 에안의 자신감이 신국 사상에서 유래함은 이 점에서도 명확하다. 이처럼 도간 에안은 일본의 '무'의 강함을 인정하면서도 마냥 좋은 일로만 받아들이지 않는다. '무'의 강함은 장점과 단점이 모두 있고, 경우에 따라서는 오히려 일본의 가장 큰 약점이 될 수 있는 요소로 판단한다. 절대로 '무'를 자국의 자부심의 핵심으로 삼지는 않는다. 강렬한 자국 우월의식은 어디까지나 신불의 수호에 대한 확신에서 유래한다. 이 시대의 일본은 '무의 나라'가 아니라 역시 '신국'인 것이었다.

'신풍'으로 총괄되는 몽골의 침략

위에서 보았던 도간 에안의 문서는 모두 분에이 전쟁(분에이 11년 〈1274〉) 이전에 도착한 몽골의 국서(國書)에 대한 반응이며, 분에이·고안 전쟁을 실제로 경험했던 기록은 아니었다. 그렇다면 몽골군과의 전쟁이 끝난 뒤에 일본인은 전쟁의 경험을 어떻게 정리하였을까? 예를 들면 진구 황후 설화에서 살펴본 『하치만 우동훈』 갑본에는 다음과 같이 적혀 있다.

이적을 멸망시키고 일본을 도와주신 것은 하치만 대보살께서 일본을 지켜주셨기 때문이다. 큰 바람을 불게 하여 적을 무찌르고, 수만 명의 적을 눈 깜짝할 사이에 해치워 버린 것은 신의 위력이 그리 한 것이지, 사람의 힘은 전혀 관계가 없다.

밑줄 친 부분의 원문은 '신위가 해낸 바이며, 사람의 힘은 전혀 쓰이지 않았다[神威の致す所にて, 人力かつて煩はず]'이다. 『하치만 우동훈』 갑본은 분에이·고안 두 전쟁에서 모두 일본 무사의 활약을 적지 않게 묘사하면서도, 전쟁의 승리는 사람의 힘이 아니라 신들의 '신위(神威)'가 한 일이라는 것이다. 물론 『하치만 우동훈』은 하치만 신의 덕을 설파한 책이므로 그 신의 위력이 강조되는 것은 당연하지만, 이러한 평가는 여기에만 한정되지 않는다. 남북조 내란이 한창이던 1340년을 전후한 시기에 남조(南朝)의 중신 기타바타케 지카후사(北畠親房)는 전투를 하는 사이사이 『신황정통기(神皇正統記)』를 집필하면서, 몽골에 의한 일본 침략의 전말을 다음과 같이 평가했다.

> 쓰쿠시(筑紫)에서 큰 전투가 벌어졌다. 신이 위력을 발휘하고 모습을 나타내어 적을 막아주셨다. 갑자기 큰 바람이 불어 수십만 척의 적선은 모두 침몰하고 파멸했다. 말세라고는 하지만 신의 위덕(威德)이란 이토록 신기한 것이다.

『신황정통기』는 일본의 역사를 아마테라스 오미카미의 자손이 황위를 계승하는 것으로 설명하며 남조의 정통성을 주장한 책인데, 거의 같은 시대에, 어쩌면 조금 후대에 쓰여진 역사서로 『보력간기(保曆間記)』가 있다. 『보력간기』의 저자는 알려져 있지 않지만 북조(北朝)측의 무사로 추정된다. 자연히 저자는 기타바타케 지카후사와는 정반대 입장에서 남북조 내란을 겪었으나, 그 『보력간기』도『신황정통기』와 비슷한 시각에서 몽골의 일본 침략을 다루고 있다.

> 고안 4년(1281) 윤7월 1일, 몽골이 수천 척의 배를 타고 공격해 왔다. 큰 바람이 불어 배는 모두 파손되었다. 우리나라의 여러 신들이 모습을 드러내어 싸워 주신 것이라고 한다. 경사스러운 일이다.

나아가 조금 더 나중 시기인 14세기 후반에 성립된『태평기(太平記)』도 권39에서 몽골의 침략을 회고한다.

> 애초에 원나라의 300만 기(騎)나 되는 군세가 일시에 멸망한 것은 전혀 우리나라의 무용에 의한 일이 아니다. 그저 3750여 신사에 모신, 크고 작은 조상신들의 눈에 보이지 않는 도우심에 의한 것이 아닐까?

무사들의 현실 속 전투를 묘사하는 군기 모노가타리(軍記物語)인『태평기』도 몽골과의 전쟁에서 일본이 거둔 승리를 인간의 무용이 아니라, 오로지 신의 힘에 의한 결과로 파악한다. 이와 같이 입장도 성격도 다른 여러 서적들이 이구동성으로 몽골을 격퇴할 수 있었던 것은 신들 덕택이라고 평가했다.

분에이 전쟁과 무사의 활약

고안 전쟁은 차치하더라도 분에이 전쟁에서 몽골군이 퇴각한 이유는 역사학계에서도 충분히 해명되지는 않고 있다. 폭풍우 때문이 아닐까 하는 설이 있었지만, 분에이 11년(1274)의 몽골 침략은 음력 10월에 일어난 일로, 태풍이 오는 계절이 아니기에 오늘날에는 폭풍우 원인설에 회의적인 견해가 많다. 적어도 고안 전쟁처럼 뚜렷한 '신풍(神風)'[24]이 불어서 몽골군이 괴멸하지는 않았을 것이다. 몽골군의 철수가 예정된 행동이었는지, 아니면 어떠한 곤란을 느껴서 물러난 것인지 간에 자발적으로 퇴각했을 가능성이 크다. 따라서 분에이 전쟁에 관한 한 어떤 관점을 취하느냐에 따라 일본 무사가 분전하여 몽골을 격퇴했다는 서사를 그려내는 것도 불가능하지는 않다. 『하치만 우동훈』 갑본은 일본의 무사는 잘 싸웠다고 묘사하면서도, 일본군이 견디지 못하고 후퇴한 뒤에 날이 밝자 어째선지 급하게 몽골군이 철수했다고 말한다. 그 후에는 다음과 같이 기록되어 있다.

> 무력이 다하여 이제 안 되겠다고 생각하였을 때, 하코자키 궁(箱崎宮)으로부터 하얀색 옷차림의 한 무리가 갑자기 출현하여 화살을 쏘려는가 싶더니 파도 사이에서 불이 타오르는 것처럼 보여서, 몽골군은 서둘러 도망갔다. 일본의 무사가 전장에 남아

---

24 신의 위력으로 인해 일어나는 바람. 일본어로는 '신푸(しんぷう)' 또는 '가미카제(かみかぜ)'로 발음한다.

있었다면 하치만 대보살의 공덕이 아니라, 자신의 공명(功名)이라
고 주장했을 것이다. 그러나 일본의 무사는 한 사람도 남김없이
도망쳐 버렸는데도 그 후에 적군도 달아났으니, 이는 신께서 하
신 일임을 알 수 있었다.

결국 공적은 신이 한 일로 귀결된다. 이 책은 고안 전쟁에 대해
서도 구사노 지로(草野次郎), 고노 미치아리(河野通有) 등의 활약을 묘
사하면서도, 앞서 언급한 것처럼 '신의 위력이 그리 한 것이지, 사람
의 힘은 전혀 관계가 없다'는 결론에 도달한다.

가마쿠라 무사들의 관심과 시점

앞에서도 언급하였듯이 하치만의 연기인 『하치만 우동훈』이
무사의 활약보다도 하치만 대보살 등의 신위를 핵심 모티프로 삼
는 것은 당연하다고 할 수 있다. 무사들의 변명은 어떠했을까?

『몽고습래회사(蒙古襲來繪詞)』는 히고(肥後, 지금의 구마모토현)의 무
사 다케자키 스에나가(竹崎季長)의 공훈과 은상을 그려낸 두루마리
그림으로 유명하다. 따라서 이 두루마리 그림은 그 제작 목적에 걸
맞게 다케자키 스에나가 자신의 공훈을 증명하는 데 집중했다. 또
한 고노씨(河野氏)의 가기(家記)인 『예장기(豫章記)』는 그보다 늦은 시
기인 15세기 무렵에 성립되기는 했지만, 대대로 전해져 내려온 고
노 미치아리의 용맹하며 과감하게 분전하는 모습을 기록하고 있
다. 그러나 이 책도 고노씨의 용맹함을 말할 뿐이며 그로 인해 일

본이 승리했다고 서술하지는 않았다. 이 서적들은 개별 무사들의 활약을 묘사할 뿐이다. 일본군 전체의 승리를 다루고 있지는 않다. 이 시대 무사들의 관심은 전쟁 자체라기보다는 자신의 공명에 있었고, 다른 사람을 앞질러 공명을 다투는 격렬한 에너지의 총화가 전체 전투력이 되었던 만큼, 전쟁 전체를 조감(鳥瞰)하는 시야가 결여되어 있었다. 예를 들면 『헤이케 모노가타리』의 이치노타니(一ノ谷) 전투에서 구마가이 나오자네(熊谷直實)는 배속된 부대로부터 어둠을 틈타 멋대로 빠져나왔다고 한다(권9, 선두 다툼[一二の懸]). 구마가이는 요시쓰네의 부대에 배속되었지만, 그 부대에 있으면 집단 난전이 예상되어 개인의 공명이 눈에 띄지 않을 우려가 크므로, 선봉에 서서 눈부신 공명을 세울 수 있는 서쪽 기도구치(木戶口)로[25] 향했다. 여기에는 아군 전체가 어떻게 하면 적군에게 승리할 것인가 하는 관점은 거의 찾아볼 수 없다. 자신이 돋보이는 게 우선이라는 개인주의인 것이다. 자기 멋대로인 무사들을 자유자재로 조종하여 아군을 승리로 이끄는 제갈공명이나 야마모토 간스케(山本勘助) 같[26]은 군략가(軍略家)는 아직 존재하지 않았다. 예를 들면 구마가이 나오자네가 그 휘하에서 이탈하였던 요시쓰네 자신도 야시마(屋島) 전투 출발 전날 밤에 가지와라 가게토키(梶原景時)와 사카로(逆櫓: 배를 후퇴시키기 위한 노) 논쟁을 전개했다. 해전에서는 사카로를 준비해야 한다는 가지와라 가게토키의 주장에 반대하여 "도망칠 준비 따

---

25 기도구치는 지붕이 없이 양쪽에 기둥을 세워 만든 문으로, 성이나 목책의 입구로 사용했다.

26 야마모토 간스케(1493~1561)는 일본 전국시대의 무장으로, 다케다 신겐(武田信玄)을 섬긴 군사(軍師)로서 병법이 뛰어난 인물로 알려져 있다.

위 필요 없다"고 요시쓰네는 답하였고, "그러면 무턱대고 돌진하는 멧돼지 무사가 아닌가"라고 가게토키가 반론하자, "멧돼지(일본어로 이노시시)인지 사슴(일본어로 가노시시)인지 모르겠지만 싸움이란 것은 그저 오로지 곧바로 공격하고 또 공격하여 이기는 게 기분 좋은 것이다"라고 잘라 말했다. 그리하여 같은 편끼리 싸울 뻔하였지만, 요시쓰네 쪽이 더 무사들의 공감을 모았다고 한다(가쿠이치본〈覺一本〉 권11, 「사카로」). 몽골군과의 싸움에서 무사들이 싸우는 모습을 전체적으로 조망하고, 현실적인 차원에서 승리로 향하는 과정을 이야기하는 작품이 없었던 이유 중 하나는 그러한 부분에 있었는지도 모른다.

신국 사상과 몽골의 침략

이렇게 해서 몽골군을 격퇴할 수 있었던 이유는 오로지 신들의 신위로 설명되었다. 그 이유로는 보다 큰 위기였던 고안 전쟁이 실제로 태풍에 의해 결판이 났던 점과 앞서 서술한 것처럼 현실적인 싸움을 종합적으로 이야기하는 관점이 미성숙했다는 점 등을 들 수 있다. 하지만 정말 중요한 이유는, 도간 에안에 대하여 살펴보았던 것처럼, 일본인이 원래 신의 힘에 의지하는 신국 사상을 강하게 갖고 있었던 점에 있지 않을까. 실제로 도간 에안은 「원문」(10880호) 속에서 '신들이시여, 구름이 되고 바람이 되어, 천둥이 되고 비가 되어서, 국가의 적을 쳐부수어 주십시오'라고 빌었다. 도간 에안 자신은 고안 전쟁 때까지 기다리지 못하고 겐지(建治) 3년(1277)에 세상을 떠났지만, 똑같은 기도를 올리던 자들이 있었을 것이다. 그리고 그들은 고안 전쟁의 결말은 자신들의 기도가 통했다고 받아들일 수밖에 없었으리라. 일본은 신들이 지켜주는 나라이고, 외적과 재해로부터 지켜주는 것은 사람의 힘을 넘어선 신의 힘이라는 사고방식은 몽골의 일본 침략 때 불었던 '신풍'으로 인해 우발적으로 생겨난 것이 아니다. 오히려 원래 신이 지켜주는 나라라는 '신국' 사상이 밑바탕에 있었기 때문에 '신풍' 관념이 널리 받아들여졌던 것이다. '신국'의 싸움에서 열쇠를 쥐는 것은 역시 '무인의 공적'보다도 신의 힘이었다. '신풍'이 후대에도 명맥을 유지해 20세기의 전쟁에까지 영향을 끼쳤으니, 불행하고 또 반성할 일일텐데, 이렇듯 문제의 근원은 훨씬 오래 전부터 존재했다.

그런 의미에서 일본인의 신국 사상은 몽골의 침략에 의해 변화했다기보다는 강화되고 증폭되었다고 해야 할 것이다. 단, 몽골의 침략에 의해 자국 우월의식이 강해진 것은 분명하다. 고대 이래의 신국사상은 속산변토 의식을 남겨두면서도 점차 자국 우월의식과 결부되는 경향을 띠는 것처럼 변해 간다. 그와 동시에, 다음 장에서 살펴보는 것처럼, 이 무렵부터 일본의 '무'의 우월함이 주장되기에 이르렀고, '무'의 중요성을 설파하는 언설(言說)도 증가한다. 하지만 가마쿠라시대의 문헌에 보이는 것은 모두 '무'의 우월함을 가지고 자국에 대한 자긍심의 핵심으로 삼으려는 의식은 아니고, 일본의 '무'의 우월함에 대한 인식은 결코 몽골의 침략 때문에 생겨난것이 아니다. '무국' 의식에 도달하는 과정은 신국 사상이나 몽골의 침략과는 다른 각도에서 바라봐야 한다. 그렇다면 일본의 '무'를 자랑하는 의식은 어디서부터 어떻게 생겨난 것일까? 다음 장에서 고찰해 보자.

제2장 '활과 화살'에 대한
자부심과 '무'의 가치

제1절
활과 화살에 대한 자부심

『마쓰라노미야 모노가타리』

일본인이 '무'에 뛰어나다는 언설은 의외의 지점에서 나타난다. 가인(歌人)으로 유명한 후지와라노 사다이에(藤原定家)의 작품으로 추정되는 『마쓰라노미야 모노가타리(松浦宮物語)』이다. 이 작품은 견당사(遣唐使)[27]의 부사(副使)로서 당나라에 건너간 벤노쇼쇼(辨少將)[28] 다치바나노 우지타다(橘氏忠)라는 가공의 인물이 이국을 무대로 연애하고 활약하는 모습을 그린 공상 문학이다. 우지타다는 시문(詩文)과 금(琴)의 재능이 뛰어난 17세의 아름다운 청년이며, 첫사랑에 실패한 후 당나라로 건너간다. 당나라에서는 금의 스승이 된 화양공주(華陽公主)와 사랑을 하지만, 공주는 일본에서의

---

27 당나라로 파견하는 사절을 말한다.
28 변관(辨官)과 근위소장(近衛少將)의 관직을 겸한 인물에 대한 호칭.

재회를 약속하며 승천한다. 얼마 지나지 않아 황제가 세상을 떠나고, 당나라는 황위 계승을 둘러싸고 내란에 빠지며, 어린 황제와 그 모후는 수도를 떠난다. 그래서 우지타다는 모후를 도와 크게 활약하고, 적을 쓰러뜨려 평화를 되찾는다. 그 후 소(簫)라는 피리를 부는 신비로운 여성과 부부가 되기로 약속하는데, 이 여성은 어린 황제의 모후로, 전세의 천상계에서부터 우지타다와 깊은 인연이 있었다. 모후로부터 거울을 선물받고 귀국한 우지타다는 하세데라(泊瀬寺)라는 절에서 공주와 재회하고 부부의 연을 맺는다. 그런데 거울 속에는 당나라 황제의 모후가 있어서, 우지타다는 두 여인 사이에서 사랑의 고민이 끊이지 않았다는 내용이다.

이처럼 『마쓰라노미야 모노가타리』는 일본과 당나라를 왕래하는 공상 연애담이며, 음악을 매개로 하여 서로가 일본과 이국을 오가는 사랑 이야기라는 점에서 헤이안시대의 『우쓰호 모노가타리(うつほ物語)』나 『하마마쓰 중납언 모노가타리(濱松中納言物語)』의 영향을 받았다고 해석된다. 작품은 12세기 말에 쓰여진 것으로 추정되는데, 이야기의 무대는 8세기 무렵으로 설정되어 있다. 견당사는 9세기 말에 폐지되었지만,[29] 아직 일본의 견당사가 왕성하게 대륙의 문화를 도입하던 시대, 즉 작자인 후지와라노 사다이에가 생존하던 시대보다 수백 년도 더 앞선 시대를 무대로 하고 있다.

---

29 최근에는 견당사가 공식적으로 '폐지'되었기보다는 혼란한 당나라의 상황 때문에 파견이 중단되었다가 당나라 멸망으로 인해 자연스럽게 끝이 난 것으로 보는 견해도 있다.

　이국으로 건너간 현명하며 아름다운 주인공이 그 땅의 미녀와 사랑을 하면서, 대제국을 존망의 위기에서 구원한다. 세계사의 큰 무대에서 일본인의 활약을 그려내는 공상 역사 이야기다. 이는 예를 들자면 에도시대에 프랑스로 건너간 일본인이 파리지엔과[30] 차례차례 연애하면서 한편으로는 마리 앙투아네트를 구하고 대활약한다는 식의 공상역사소설을 현대의 일본 작가가 쓰는 것 같다고도 할 수 있겠다. 다만, 에도시대의 일본인이 프랑스로 건너간다는 설정은 조금 현실성이 떨어지지만, 우수한 일본인들이 많이 당나라에 파견되고 있었던 시대적 배경은 있었던 사실이며 실제로 아베노 나카마로(阿倍仲麻呂) 같은 견당사가 당나라에서 출세한 사례도 있었다. 그런 의미에서 후지와라노 사다이에가 살던 시기에 비해 한참 옛날 시대이기는 해도 전혀 황당무계한 설정이라고 단언할 수 없다.

　여하튼 이 이야기의 큰 틀은 이국으로 건너간 청년 미남의 연애 이야기이며, 주인공의 주된 재능은 시가(詩歌)를 읊고 악기를 연주하는 데 있다. 그러한 의미에서는 『우쓰호 모노가타리』등 왕조 모노가타리(王朝物語)의 틀 속에서 주인공이 무력을 발휘하여 싸우는 장면이 새로운 취향으로 추가되고 있는 점은 특히 주목할 만하다.

30　Parisienne. 파리에 사는 여성들.

일본은 무사의 나라

『마쓰라노미야 모노가타리』의 세계에서는 우지타다가 당나라로 건너간 지 얼마 되지 않아 당나라 황제가 세상을 떠나자, 황제의 동생 '연왕(燕王)'이 황후와 어린 황태자(새 황제)를 밀어내고 황제자리에 오르려고 하면서 내란 상태가 된다. 적군이 몰려오고 새 황제와 모후는 하는 수 없이 수도를 떠난다(이 부분의 사건 전개는 전한(前漢) 소제(昭帝) 시대 연왕 단(旦)의 반란과 당나라 현종(玄宗) 황제 시대 안록산(安祿山)의 난을 모델로 하면서 사다이에 자신이 가까이서 목격한 헤이케의 교토 탈출 당시 보고 들은 일 등도 집어 넣어서 기술된 것으로 보인다). 불리한 상황에 빠진 모후는 가신들에게 싸울 것을 호소하지만 '사람의 형상을 하고 호랑이의 마음을 가졌다'는 적의 맹장 우문회(宇文會)를 두려워하여 사기가 오르지 않는다.

그리하여 모후는 이국에서 온 우지타다에 의지하여 다음과 같은 말로 울면서 도움을 청했다.

화국(和國)[31]은 쓰와모노(兵)의 나라로서, 작기는 하나 신의 지킴이 강하고 사람의 마음이 현명하다. 남다른 꾀를 내고 힘을 다하시오. (일본은 무사의 나라이고, 소국이기는 하지만 신의 수호가 강력하며 사람의 마음도 현명하다고 합니다. 특별한 전법을 생각해 내어 힘을 다해 주세요.)

---

31 화국(和國)의 일본어 발음은 와코쿠(わこく)이며, 왜국(倭國)이라고 표기하기도 한다. 즉, 일본국의 다른 호칭이다.

'작기는 하나 신의 지킴이 강하고'라는 표현은 속산변토 의식과 신국 의식이 일체화되어 당시의 자국 인식을 나타내며, 여기에 '일본은 무사의 나라'라는 말이 더해진 것이 주목된다. 일본을 무가 뛰어난 나라로 여기는 표현이 여기서 등장하는 것이다.

아름다운 모후의 간청에 우지타다는 '본국에서 활과 화살이 향하는 쪽을 알지 못한다(저는 본국에서는 활과 화살을 어디로 쏘면 좋을지조차 알지 못했습니다)'고 말하면서도 일본의 부처와 신께 빌며 적과 맞섰다. 모후가 낸 계책에 따라 멀리 바다가 내다보이는 깊은 산속 나무그늘에 복병을 배치하고 어두운 밤을 틈타 산 아래를 지나가는 적을 기습했다. 적장 우문회는 우지타다의 화살을 맞고도 주춤하지 않고 역습해 왔다. 하지만 그때 우지타다의 주위에 우지타다와 완전 똑같은 모습을 한 자들이 4명 나타났다. 놀란 적들이 멈춰서자 같은 모습을 한 자들이 5명 더 나타났고, 다같이 우문회 등 8명의 적장에게 덤벼들어 단칼에 베어 버렸다. 이를 본 반란군은 두려워하며 도망갔고, 관군은 궁지를 벗어났다. 우지타다와 같은 모습을 한 무사들이 출현한 것은 스미요시 명신(住吉明神)의 가호(加護)였음이 나중에 밝혀진다. 그래서 모후는 수도로 돌아가기로 결단했다. 여전히 연왕의 군세를 두려워하는 자들도 많았지만, 우지타다는 선두에 서서 싸웠다. 중국에서는 본 적도 없는 큰 활과 화살을 등에 지고 진군하는 우지타다를 보고, 적은 두려워하며 도망갔고 아군은 속속 군에 복귀했다. 연왕의 편에서 싸웠던 이민족 병사들이 독화살로 방어하려고 하였으나 우지타다의 활과 화살의 위력이 더 우수했다.

적의 짧은 활과 화살로는 닿지 않을 정도로 먼 곳에서 우지타다는 이 나라 사람이 본 적도 없는 긴 화살을 쏘았다. 적이 방패처럼 의지했던 두꺼운 나무판을 우지타다의 화살은 마른 나뭇잎처럼 꿰뚫어 버렸고 그 안쪽에 있는 병사에 명중했다. 그래서 적은 두려움에 떨며 도망쳤다. 그렇지만 또다시 우지타다와 똑같이 생긴 사람들이 나타나 도망가는 적을 남김없이 쫓아 버렸다.

이러한 우지타다의 큰 활약으로 관군은 마침내 반란군을 제압하였고, 당나라는 평화를 되찾을 수 있었다.

'무'의 자의식이 싹트다

당나라의 황후가 '일본은 무사의 나라'라고 선언한다는 인식은 어디에서 생겨난 것일까? 인식의 배경에 대하여 기존의 주석서에서는 두 가지 견해가 확인된다. 하나는 지쇼 4년(1180)의 요리토모 거병으로 시작되는 당시의 역사적 정세를 드는 하기타니 보쿠(萩谷朴)의 주해(注解)(『마쓰라노미야 전주석〈松浦宮全注釋〉』)이다. 또 하나는 진구 황후 설화나 오토모노 사테히코(大伴狹手彦)의 고려 정벌, 백촌강 전투 등 『일본서기』에 보이는 한반도·대륙과의 전쟁을 드는 히구치 요시마로(樋口芳麻呂)의 주해(『신편일본고전문학전집 마쓰라노미야 모노가타리·무묘조시〈無名草子〉』)이다.

필자는 하기타니의 주(注)에 찬성하고자 한다. 사다이에가 『일본서기』의 기사를 알고 있었으리라 충분히 생각되지만, 그 기사들은 뛰어난 군략과 무예를 발휘하여 싸우는 전투 묘사의 전거로서는 그다지 적절하지 않아 보인다. 앞서 보았듯이 진구 황후 설화는 신위에 의한 지진해일을 묘사하는 이야기이며, 백촌강은 패배한 전투다.

『마쓰라노미야 모노가타리』에서 위에 언급한 장면 다음에 전개되는 전투 묘사는 오히려 이 이기보다 앞서 일어난 지쇼·주에이(壽永)의 난(겐페이〈源平〉 쟁란)에 대해 전해 내려오는 정보와 유사한 점이 있다. 예를 들면 모후와 어린 황제의 수도 탈출은 헤이케의 교토 탈출과 닮았음은 이미 언급했다. 복병이 승리하는 전투 장면에서는 산 앞에 바다가 펼쳐지는데, 이는 중국 장안에 가까운 '촉산(蜀山)'이라는 무대 설정과는 전혀 맞지 않는다. 오히려 이치노타니 전투의 무대가 된 후쿠하라(福原, 고베〈神戸〉) 일대의 지형이 연상되기 때문에, 하기타니는 그에 관하여 전해 들은 정보가 응용되었던 것이 아닐까 추측한다.

게다가 스미요시 명신의 등장을 묘사하는 점이 진구 황후를 신라 정복으로 이끈 고대의 설화에서 비롯되었다고 생각할 수도 있지만, 스미요시 명신은 겐페이 쟁란에서도 겐지(源氏)를 승리로 이끌었으므로, 같은 시대의 경험이 반영되었다고 볼 수도 있다.

사다이에는 요리토모가 거병한 당초에 '홍기정융(紅旗征戎)은 내 일이 아니다'(전쟁 따위 내 알 바 아니다)라는 유명한 말을 『명월기(明月記)』 지쇼 4년(1180) 9월조에 남겼는데, 실은 전란의 상황에 왕성한 관심을 갖고 있었는지도 모른다.

요컨대『마쓰라노미야 모노가타리』의 전투 장면에는 이 작품의 성립 직전에 있었던 실제 사건의 경험과 전해들은 이야기가 뒤섞여 있을 가능성이 크고, 그렇다면 자연히 '일본은 무사의 나라'라는 인식에도 그러한 현실 경험이 반영되었다고 볼 수도 있다.

또한 '무사의 나라'라는 인식이『일본서기』로부터 촉발되었다는 주장은,『일본서기』가 고대·중세를 통틀어 일본 사람들에게 널리 지속적으로 영향을 끼쳤음에도 불구하고『마쓰라노미야 모노가타리』이전에는 이러한 인식이 나타나지 않았던 점을 설명하기 어렵다. 그에 반해『마쓰라노미야 모노가타리』와 가까운 시기에 일본 '무사'의 강함을 언급하는 예가 하나 더 발견된다. 나중에 살펴볼『우지 슈이 모노가타리』가 바로 그것이다. 필자는 이러한 기술이 헤이안시대 말기 내란의 경험과 연관된다고 본다. 일본인이 자국을 '무'가 뛰어난 나라로 생각하는 자의식은 이 시기에 싹텄다고 볼 수 있지 않을까?

활과 화살에 대한 자부심

'무사의 나라'로 평가된 일본의 우지타다는 어떻게 활약하였는지 정리해 두자. 우선 모후의 말로는 '사람의 마음도 현명하다'고 하며 '남다른 꾀'를 요구하는데, '꾀'의 측면에서는 우지타다의 활약은 명확하지 않다. 산간에 복병을 두고 야습을 거는 계책은 모후가 제안한 것으로 기술되었으며, 우지타다가 낸 계책은 분명히 드러나지 않는다.

몽골 병사의 짧은 활(『몽고습래회사』, 궁내청 산노마루 쇼조칸 소장)

　또 다른 활약 장면은 우문회와의 대결인데, 이 대결에서 이길 수 있었던 것은 스미요시 명신의 힘에 의해 분신이 출현했기 때문이다. 스미요시 명신은 진구 황후를 신라 정복으로 인도한 신이며, 또 겐페이 쟁란 당시 야시마 전투에서 겐지를 승리로 이끌었다고도 한다. 어느 쪽이든 간에 신의 가호에 의한 승리이며, 신국 사상의 연장선상에 있다고 할 수 있겠다. 그에 비해 우지타다 자신의 무공으로서 눈길을 끄는 것은 활과 화살의 위력이다. 우지타다는 '일본에서는 활과 화살을 다루는 방법도 잘 몰랐다'는 식의 말을 하면서도 대륙 사람들의 짧은 활과 화살로는 도저히 대적할 수 없을 것 같은 강한 활을 쏘고, 일본 특유의 큰 화살이 적의 방어를 깨부수었다는 것이다. 활을 잘 쏘는 편도 아니었을 우지타다가 적을 두려움에 떨게 하는 강궁(强弓)을 쏘았다는 것은 아마도 설정으로 보이지만, 어쩌면 일본에서는 평범한 사수(射手)에 지나지 않았던 우지타라라도 중국에서는 크게 활약할 정도로 일본의 활과 화살은 강하다고 읽힐 수도 있나.

이 강궁에 관해서 아주 가까운 시기에 유사한 예가 있다. 조큐 3년(1221) 무렵에 쓰여졌다는 『우지 슈이 모노가타리』다. 제155화(권12의 19화) 「무네유키(宗行)의 낭등이 호랑이를 쏜 일」은 다음과 같은 이야기이다. 이키노카미(壹岐守)[32] 무네유키의 낭등이 신라로 건너가서 사람들이 식인 호랑이를 두려워하는 것을 알고 대신 호랑이를 잡겠다고 선언한다. 낭등은 '신라 사람은 "무사의 도"가 뒤떨어져 있는 게 아닌가? 일본인은 목숨을 아끼지 않고 싸우므로 호랑이 따위는 두려워하지 않고 사살해 주겠다'고 호언장담하며 현지 사람들에게 호랑이의 생태에 대하여 물었다. 그에 따르면 호랑이가 사람을 덮칠 때는 먼저 고양이가 쥐를 노리듯이 넙죽 엎드렸다가 잠시 후 입을 크게 벌리고 덤벼든다고 한다. 그 말을 들은 남자는 호랑이가 자신을 노리고 덮쳐 오는 것을 기다려 그 순간에 화살을 쏘아서 호랑이의 아래턱에서 목 뒤쪽으로 화살을 관통시켜 퇴치했다. 신라 사람들은 기뻐하며 그 남자를 칭찬했다. 특히 주목할 만한 점은 이 남자의 다음과 같은 발언이다.

이 나라(신라) 사람은 1척(약 30cm) 정도 되는 화살에 송곳 끝같은 작고 독을 묻힌 화살촉을 달아 쏜다. 그렇기 때문에 화살을

---

32 이키국(壹岐國)의 지방관 중 장관(長官)이다.

*맞은 상대는 독에 마비되어 죽음에 이르나 즉사하는 것은 아니
다. 일본인은 자신의 목숨을 아끼지 않고 큰 화살로 쏘기 때문
에 화살을 맞은 상대를 즉사시킬 수 있다.*

『마쓰라노미야 모노가타리』와 마찬가지로 큰 화살의 파괴력
을 자랑하고 있는데, 여기에 목숨을 아끼지 않는 용감함이 더해
져 일본인은 '무사의 도'에 뛰어나다는 자찬의 근거가 된다. 신라
사람들은 '무사의 도'에서는 일본인을 당해낼 수 없다며 두려워했
다고 한다.

이 시대의 '무사의 도'란 도덕이 아니고 주로 무예의 기능, 즉
용맹함과 지모(智謀)와 같은 구체적인 전투 능력을 의미한다. 이 또
한 그 전형적인 용례라고 해야 할 것이다. 게다가 이어지는 제156
화 「견당사의 아들이 호랑이에게 잡아먹힌 일」에서도 아들을 호
랑이에게 잡아먹힌 견당사가 태도(太刀)로 호랑이를 죽이고 아들
의 유해를 되찾았으므로 현지 사람들이 '일본국은 "무예 방면"에
서는 비할 바가 없는 나라이다'라고 평가했다.

중국과 비교한 활과 화살의 자랑

『마쓰라노미야 모노가타리』는 창작된 이야기, 즉 순수한 픽션
이다. 『우지 슈이 모노가타리』는 설화집으로, 어느 정도의 사실에
바탕을 두었을 가능성은 있지만 사실 그대로를 기술한 것은 아니
다. 게다가 일본인의 장대한 활과 화살의 위력 묘사에는 자기 나라

자랑이라고도 할 만한 심리도 작용했다. 그렇다고 이러한 활과 화살에 대한 자랑에 근거가 없지는 않다. 일본 활은 긴 것이 특징이고, 활이 길면 당연히 화살도 길다. 한편 중국에서는 비교적 짧은 활을 사용했다. 『몽고습래회사』에서 묘사된 몽골 병사의 활도 일본 무사의 것에 비해 짧다. 짧은 활은 긴 활에 비해 쏘기가 용이하고 다루기 쉽다. 또한 중국에서는 일찍부터 노(弩: 크로스보우, 보우건)가 발달했다. 활보다도 더 중시되었다고도 한다(W. 맥닐). 노는 방아쇠를 당겨 화살을 발사하는 형태의 활이다. 화살을 시위에 매겨서 잡아당기는 데 보통 활만큼의 팔힘을 필요로 하지 않기 때문에 특별한 수련 없이 다룰 수 있지만, 제작하려면 고도의 기능을 요한다고 한다.

활과 화살의 차이는 전쟁의 기본적인 양상의 차이로 이어진다. 중국에 짧은 활이 많고 또한 노가 일찍부터 발달한 이유는 한족(漢族) 문관 관료제를 바탕으로 징병에 의해 대량으로 동원된 병사들로 구성된 군대에 적합했기 때문으로 추정된다(W. 맥닐). 중국에서는 일찍부터 대규모 전투가 반복되었고, 수십만 명 되는 병사를 대량으로 징용하여 전장으로 내모는 징병제도가 형성되었다.

예를 들면 잘 알려진 고사성어 '새옹지마(塞翁之馬)'는 원래 『회남자(淮南子)』「인간훈(人間訓)」(전한 때 성립됨)에 보이는 이야기에서 유래한다. 새옹(塞翁)이라는 노인이 키우던 말이 도망쳤는데 훌륭한 말을 데리고 돌아와서 기뻐하였더니, 그 말을 탄 새옹의 아들이 낙마하여 다리가 부러지고 말았는데, 결국은 부상 덕분에 징병을 피하고 목숨을 건졌다는 이야기이다. 중국에서는 이처럼 기원전부터 징병제가 발달했다. 징병을 피하는 이야기로는 자신의 팔을 꺾어서 병역을 기피하는 '신풍절비옹(新豊折臂翁)' 이야기(『백씨문집(白氏文集)』) 등도 유명하다.

한(漢)민족의 군대란 그러한 병사들로 구성되는 대부대였다. 전투에는 완전히 풋내기인 농민 등을 한꺼번에 징용하여 단기간의 훈련으로 전사로 키워내어 전장에 보내는 것이므로, 다루기 쉬운 무기를 대량으로 준비할 필요가 있다. 그러기 위한 생산력(공업력)도 군사력의 일부였고, 또한 징이나 북을 이용하여 다수의 병사를 조종하는 조직적인 용병술과 대군단을 효과적으로 싸우게 하는 방책을 짜는 전술·전략도 일찍부터 발달했다. 이런 배경에서 『손자(孫子)』, 『오자(吳子)』 등 고도로 이론적인 병법서도 생겨났다. 하지만 병사 개인이 반드시 전투의 전문가는 아니며 무구도 특별하지 않았다.

『마쓰라노미야 모노가타리』에서는 연왕의 편에 선 북방 이민족이 독화살을 사용하는 묘사가 있으며, 『우지 슈이 모노가타리』에서는 신라 사람들이 독화살을 사용한다고 되어 있다. 독화살은 수렵민족이 사용하는 경우가 많다. 일본열도에서는 북방의 에조(蝦夷)가 사용했다고 알려졌으며, 그 기술은 아이누에게 계승되었다. 몽골군도 독화살을 사용했다고 전한다(『하치만 우동훈』 갑본). 그런 의미에서는 연왕의 편에 선 '호국(胡國)의 오랑캐'가 독화살을 썼다는 『마쓰라노미야 모노가타리』의 기술은 비교적 정확한 지식을 반영하고 있는지도 모른다('호(胡)'는 북방·서방의 이민족을 가리키는데, 일본에서는 북방 이민족으로 이해되는 경우가 많은 듯하다.). 한편 신라 사람들이 독화살을 사용했는지는 명확하지 않다. 일본인들은 독화살을 쓰지 않았고, 에조와 싸운 경험 등에 따라 외국인은 독화살을 사용한다고 생각한 듯하다. 『우지 슈이 모노가타리』의 기록은 그러한 이미지에 의존한 서술인지도 모른다.

일본의 전쟁

그런데 중국의 대규모 전쟁에 비해 일본 고대국가의 규모는 작았고 전쟁도 소규모였다. 율령제도를 받아들여 전시(戰時)에 여러 구니(國)의 병사를 모으는 형태는 갖추었지만, 전쟁은 주로 전투 전문가로서의 무사가 담당했다. 무사는 가직(家職)으로서 이어받은 무예, 개개인의 '궁마의 기량'을 단련하고 있었다. 말 위에서 긴 활을 다루려면 매우 고도의 훈련을 필요로 한다. 그러한 소수 정예

아사리 요이치의 화살 멀리 쏘기(『헤이케 모노가타리 에마키〈平家物語繪卷〉』 하야시바라 미술관〈林原美術館〉본)

무사들이 개개인의 무예 능력을 겨루듯이 싸우는 것이 헤이안시대의 전쟁이었다. 다만 자주 오해받듯이 무사들이 일대일 결투만 벌이지는 않았다. 소규모 집단전에서는 개개인의 능력이 승패를 좌우했다.

덧붙여서 말하자면, 무예와 더불어 용감함도 중시되었다. 소수 인원이 벌이는 전투에서는 무모한 용기가 효과를 나타낸다. 일본은 선봉에 서는 행위를 공명으로서 중시했기에, 이와 더불어 목숨을 아끼지 않는 행동을 칭찬하는 평가 기준이 만들어졌다. 예를 들면『헤이케 모노가타리』에서 가장 위대한 영웅 미나모토노 요시쓰네는 가지와라 가게토키와의 사카로 논쟁에서 "싸움이란 것은 그저 곧바로 공격하고 또 공격하여 이겨야 기분 좋은 것이다"라고 내뱉은 장면은 앞 장에서도 소개했다. 여기에는 다수의 병력을 장수의 지령대로 정연하게 나아가고 물러가게 함으로써 대회전(大會戰)에서 승리한다는 식의 발상은 없다. 중요한 것은 오로지 개개인의 용기와 무예다.

『우지 슈이 모노가타리』가 일본 무사의 특색 중 하나로 자신의 목숨을 아끼지 않는 용감함을 거론한 데는 이와 같은 배경이 있었다. 만일 국가 간 전면전이 벌어진다면 소수의 용감한 무사들이 제각기 돌격하는 군대보다도 다수의 병사가 뛰어난 장수의 지휘 하에 가지런하게 행동하는 군대 쪽이 유리하겠지만, 백촌강 전투 이후로 무로마치시대에 이르기까지 일본은 운 좋게도 몽골의 침략을 제외하고 강대국과의 큰 전쟁을 치르지 않았다.

큰 화살을 쏘는 무사들

화제를 다시 활과 화살 이야기로 돌려보자. 두꺼운 판자를 부수거나 호랑이를 한순간에 쓰러뜨리는 일본인의 큰 화살이 묘사되는 사정이란 어떠한 것이었나? 고대부터 중세 전기까지 일본의 전투는 활과 화살을 주된 무기로 삼았다. '활잡이[弓矢取り]', '궁전(弓箭)의 도(道)', '궁마의 도' 같은 말에서도 나타나듯이 일본의 무사들은 활쏘기, 특히 기사(騎射: 말 위에서 활을 쏘는 일) 능력을 무사의 힘으로 여겼다.

당대에 활쏘기 능력의 중요한 기준은 '큰 화살', 즉 얼마나 긴 화살을 쏠 수 있는가 하는 점에 있었다. 예를 들면 가쿠이치본 『헤이케 모노가타리』 권5 「후지가와(富士川)」에서 동국(東國) 정벌의 대장군(大將軍)이었던 다이라노 고레모리(平維盛)가 사이토 사네모리(齋藤實盛)에게 "자네 정도로 강궁을 쏘는 강자가 간토(關東) 8개 구니에는 몇 명 정도 있는가?" 하고 물었더니, 사네모리가 "그 질문은 저를 큰 화살을 쏘는 자로 생각하시는 것입니까? 제 화살은 겨우 13속(束) 정도입니다. 이 정도 화살을 쏘는 자는 간토에는 얼마든지 있습니다. 간토에서 큰 화살을 쏜다고 불리는 자는 적어도 15속 화살을 쏘는 자입니다"라고 대답하는 장면이 나온다. '1속'이란 한 손으로 화살을 쥐었을 때 한 줌의 길이다. 개인마다 차이가 크지만 대체로 10cm 정도일 것이다. 손가락 하나 길이를 '1복(伏)'(일본어로 히토쓰부세)이라고 하며, 4복(일본어로 요쓰부세)이 1속이다. 쏘는 화살이 길면 길수록 강궁이며, 강한 무사라는 것이 된다. 화살의 크기(길이)는 평범해도 부채 과녁을 쏘아 맞히는 정확함을 장점으로 지닌 나스 요이치(那須與一) 같은 무사도 있지만, 야구 투수가 일단은 구속으로 평가받듯이 무사들은 화살의 크기를 가장 중요한 평가기준으로 삼았다.

가쿠이치본 『헤이케 모노가타리』 권11 「화살 멀리 쏘기[遠矢]」는 단노우라(壇ノ浦) 전투의 초반전을 다룬다. 겐지 편인 미우라(三浦) 일족의 젊은 대장 와다 요시모리(和田義盛)가 헤이케의 배를 향하여 13속 2복 짜리 화살을 매겨 3정(町)(약 330m) 남짓 되는 거리를 날려보내며 "그 화살을 되쏘아 주시라"고 소리쳤다. 화살에는 '와다 고타로(和田小太郎) 다이라노 요시모리(平義盛)'라고 옻으로 글씨가 적혀 있다. 그렇게 큰 화살을 쏠 수 있다면, 그리고 같은 거리만큼 날려보낼 수 있으면 해보라는 도발이다. 그런데 헤이케 측에도 강궁이 있었다. 이요국(伊豫國)에 거점을 둔 니이 기시로 지카키요(新居紀四郎親淸)다. 지카키요는 먼 바다에서 물가를 향해 3정 남짓 되는 곳으로 화살을 되쏘았고, 화살은 와다 요시모리의 머리 위를 지나쳐 10여 미터 뒤에 있던 미우라의 이시사콘노 다로(石左近太郎)의 팔에 꽂혔다. 자기 정도 되는 강궁은 없을 것이라고 생각했던 와다 요시모리는 창피를 당했던 것이다. 그리하여 지카키요가 요시쓰네가 타고 있던 배를 향하여 14속 3복이나 되는 화살을 날렸다. 역시 화살에는 자신의 이름이 적혀 있다. 이번에는 지카키요가 겐지군에게 도전했던 것이다. 요시쓰네는 가이 겐지(甲斐源氏)인 아사리 요이치(阿佐里與一)를 사수로 선발하여 화살을 되쏘라고 명했다. 그러자 요이치는 화살을 살펴보고 "이 화살은 조금 약하고 짧습니다. 기왕에 쏘는 거라면 제 화살을 쏘겠습니다"라고 말하며 자신의 큰 손으로 15속이나 되는 큰 화살을 힘차게 쥐고 쏘았다. 화살은 4정 남짓 되는 거리를 날아서 지카키요를 맞혀 쓰러뜨렸다고 한다. 뛰는 놈 위에 나는 놈이 있는 셈인데, 화살의 크기가 무사의 평가와 직결됨을 잘 알 수 있는 일화라 하겠다.

『호겐 모노가타리(保元物語)』에서 미나모토노 다메토모(源爲朝)의 화살은 15속(고토히라본〈金刀比羅本〉)이라고도 하고 18속(나카라이본〈半井本〉)이라고도 한다. 18속은 그와 유사한 사례를 보지 못하였지만, 신장이 7척(2m 10cm) 이상이었다고 하는 전설적 초인(超人) 다메토모에 걸맞은 수치라 하겠다. 『태평기』 권16 「혼마 마고시로가 화살을 멀리 쏜 일[本間孫四郞遠矢ノ事]」은 『헤이케 모노가타리』의 「화살 멀리 쏘기」와 '나스 요이치'의 영향을 받은 것으로 보이는 일화인데, 여기서는 혼마 마고시로 시게우지(本間孫四郞重氏)가 15속 3복짜리 큰 화살을 6정 남짓까지 날리고 있다. 현실성을 유지한 군기 모노가타리로서는 이 정도 크기가 한계였다고 하겠다.

활·화살 자랑과 '동이' 의식의 극복

이처럼 화살의 크기로써 무사의 강함을 평가하는 데 익숙하였던 일본인이, 대륙의 화살은 일본 것보다도 작다는 것을 알고 나서 '일본 무사는 강하다'라고 소박하게 생각했던 것도 당연하다. 실제로 일본 무사를 한 사람씩 살펴본다면 중국의 대군단에 속한 병사보다도 용맹무쌍하고 활과 화살의 공격력 면에서도 뛰어난 자가 곧잘 있었으리라(거듭 말하지만 그것은 군대 전체의 강함과는 다른 문제이지만 말이다.).

요컨대 『마쓰라노미야 모노가타리』나 『우지 슈이 모노가타리』에 드러난 일본 무사가 뛰어나다는 인식은 현실에 어느 정도 근거를 두었을 것이다. 그리고 앞 장에서 본 도간 에안의 '일본의 무구는 다른 어떤 나라의 것보다도 뛰어나다. 인간도 힘이 있어, 괴물이나 신도 맞설 수가 없다'는 인식도 이러한 큰 화살 등에 관한 소박한 감상을 부연하며 생겨난 게 아닐까 생각한다.

약간 나중 시기의 문헌이지만 그러한 자의식의 연장선상에 있는 『쇼토쿠 태자 헌법 겐에 주(聖德太子憲法玄惠注)』에 주목하고자 한다. 남북조(南北朝: 14세기 후반)시대의 학승(學僧) 겐에(玄惠)가 쇼토쿠 태자(聖德太子)의 17조 헌법에 주석을 더했다고 알려진 책인데, 저자가 겐에인지는 명확하지 않지만, 남북조 시대에 쓰여진 것은 확실하다. 이 책은 제4조에 대한 주(注)에서 '우리나라는 신대(神代)부터 예의바르기 때문에 "군자국"이라고 불린다'고 적고 있다('군자국'은 제1장 제2절에서 보았듯이 『후한서』에 실린 동쪽 나라에 대한 전승을 일본을 가리키는 것으로 풀이한 설에 의함). 그리고 예의바른 군자국을 '동이(東夷)'라 부르는 것은 이상해 보이지만, 중화가 본 사방의 야만족들 중 남만(南蠻)의 '만(蠻)'에는 벌레[虫], 서강(西羌)의 '강(羌)'에는 양(羊), 북적(北狄)의 '적(狄)'에는 개 견(犬) 자가 들어가는 데 반해 '이(夷)'에는 짐승과 관련된 글자가 들어가 있지 않은 것은 동방의 군자국이기 때문이라고 하며 다음과 같이 설명한다.

천축(인도)·진단(震旦: 중국)·일본 세 나라 중에서 일본인은 마음도 용감하고 활 쏘는 힘이 다른 나라보다 뛰어나다. 그래서 '이(夷)' 자를 붙인 것이다. '이'는 활 궁(弓) 자에 큰 대(大) 자를 적어 넣은 형태이다. 따라서 '이' 자는 일본 무사가 명예로 삼아야 하는 것이다.

정말이지 견강부회이며, 자국이 '이'로 설정되어 있다는 열등감을 어떻게든 극복하려는 굴절된 자의식을 느끼게 하는데, '이'자를 '궁'자와 '대'자의 조합으로 보고 일본 무사의 명예에 갖다붙이는 점에서 활과 화살의 크기가 일본인의 자랑이었음을 엿볼 수 있다(또한 '이'자에 관한 유사한 설은 거의 동시대 책인 『신황정통기』 고레이 천황〈孝靈天皇〉조에도 보이는데, 그 책에서는 '궁'자를 무사의 명예와 연관짓지 않고 '인〈仁〉', '수〈壽〉'의 의미가 있다고 해석한다).

『쇼토쿠 태자 헌법 겐에주』의 설은 자국을 '이'로 의식한다는 점에서 노골적인 자국 우월의식과는 거리가 멀지만, 고대 이래의 속산변토 의식을 '무'에 대한 자부심으로 극복하려고 하는 방향성을 엿볼 수 있다. '마음도 용감하고 활 쏘는 힘은 다른 나라보다 뛰어나다'는 평가는 『마쓰라노미야 모노가타리』, 『우지 슈이 모노가타리』에 보인 궁시론(弓矢論)과 기본적으로 같으며, 그것을 '일본 무사의 명예'로 여기는 점에서 무에 뛰어난 나라라는 의식이 14세기 후반 무렵에는 자국의 자부심 그 자체에 한 걸음 더 다가갔음을 느끼게 해준다.

자국의식의 성장

약간 후대의 이야기를 했는데 이러한 '무'에 뛰어난 나라로서의 자국의식이 생겨난 것은 역시 12세기 후반에 있었던 전국적인 내란의 경험을 통해 많은 일본인들이 무사라는 존재에 주목한 것이 가장 큰 이유라고 생각된다. 동시에 교역 등의 왕래로 인해 대륙 사람들과 일본인 사이의 현실적인 비교를 많은 사람들이 의식한 점도 작용했을 것이다. 견당사 폐지 이후 일본과 대륙의 정식 국교는 단절되었지만, 불교를 배우기 위해 대륙으로 건너가는 승려와 교역을 위해 대륙을 오가는 상인은 많았고, 특히 일본과 송의 무역은 헤이케 등에게 많은 부를 가져다 주었다. 헤이안시대 말기 무렵부터 대륙에 관한 구체적인 지식은 늘어났고, 일본인을 대륙 사람들과 비교해 보는 유의 시선도 조금씩 키워져 나간 것으로 보인다.

예를 들면 『우지 슈이 모노가타리』와 마찬가지로 가마쿠라시대 초기에 쓰여진 설화집 『한거우(閑居友)』는 송나라에 건너갔던 게이세이(慶政) 상인(上人)[33]이 귀국 후에 정리한 것으로 보인다. 그 책의 하권 제5화부터 제7화까지에는 송나라에서 보고 들은 일이 기록되어 있는데, 제7화에는 빈곤한 가운데 정직함을 굽히지 않고 죽어간 일가족의 모습을 송나라에서는 그림으로 그려 팔았다고 이야기하며, '중국 사람은 이처럼 마음이 맑은 사람에게 매우 강하게 공감하며, 죽은 뒤에도 그림으로 그려 소중히 여긴다. 일본에서는

---

33 일본어로는 쇼닌(しょうにん)이라 읽는다. 불교에서 고승을 가리키는 경칭으로 승려를 높여 부르는 말이다.

그런 그림을 사는 사람도 파는 사람도 없다'라고 적고 있다. 이는 중국인이 일본인보다도 뛰어난 점을 말하는 것인데, 일본을 타국과 비교한 사례 중의 하나이다.

한편 이 작품들보다도 조금 일찍 성립되었고, 앞 장에서 언급하였던 기카이가시마에 유배된 사람이었던 다이라노 야스요리가 귀환 후에 기록했다고 하는 『보물집(寶物集)』은 권2 원증회고(怨憎會苦) 조(條)에서 '중국은 전란이 많고 늘 전쟁을 하고 있는 나라이므로 사람들이 서로 미워하는 사례가 많다'고 적고 있는데, 전쟁이 많은 나라는 일본보다도 중국이라고 비교한다. 이렇듯 일본과 대륙 국가와의 비교 양상은 사람에 따라 각기 달랐지만, 그러한 비교 어법이 여러 모로 나타났던 시대였다.

물론 아마도 이 시대에 살았던 대부분의 일본인은 자신들의 나라를 외국과 비교하며 뛰어나다거나 뒤떨어졌다고는 생각지도 않았을 것이다. 그러나 일부 지식인은 책에서 얻은 지식과 대륙을 오가는 사람들의 체험담 등을 통해 기존의 신국이라는 의식 이외에도 자국의 특색, 타국과의 우열을 생각하기 시작했다. 그렇게 해서 '활쏘기에 뛰어난 나라', '무사의 도에 뛰어난 나라'라는 의식은 이미 자라나고 있던 일본인 자의식의 한 부분으로 확실히 뿌리를 내렸다.

제2절
'무'의 가치와 군기 모노가타리

군기 모노가타리와 '무'

중세 일본인은 앞서 살펴본 것처럼 점차 '무'에 뛰어난 나라로서 자국을 의식하게 된다. 그렇지만 제1장 제3절에 나온 13세기 도간 에안에서 보이듯이, '무'의 강함이 곧바로 자국 우월의식과 연결되는 것은 아니다. 오히려 '무'의 발달은 나라를 위태롭게 하기 쉽다는 위기감도 나타난다. 또 14세기 후반 무렵『쇼토쿠 태자 헌법 겐에 주』는 자국의 '무'를 자랑스러워 하는 마음을 엿볼 수 있지만, 그것은 자국을 '이(夷)'로 설정하는 열등감과 모순되는 관계에 있는 인식이었다.

그렇다면 '무'에 뛰어난 나라라는 자의식과 자국 우월의식은 어떤 관계에 있을까? 그 점에 앞서 우선 무력이라는 것은 국가에게 있어 중요한가 혹은 위험한가에 대하여 일본인은 어떻게 이해해 왔는가 하는 문제를 생각해보자. 그러한 문제를 생각하기 위해서 '무'를 다루는 문학인 군기 모노가타리를 소재로 하여 고찰해 보겠다. '군기 모노가타리'는 원래『호겐 모노가타리』,『헤이지 모노가타리(平治物語)』,『헤이케 모노가타리』,『태평기』등 중세에 성립된 작품을 가리키는 말이었지만, 오늘날에는 범위를 넓혀서 헤이안시대의『장문기(將門記)』부터 근세에 성립된 전국군기(戰國軍記) 작품들까지를 포함하는 개념이다. 그 가운데 군기 모노가타리의 역사에서 가장 첫 번째 작품으로 꼽히는 것이『장문기』이다.『장문기』는 10세기 전반에 일어난 다이라노 마사카도(平將門)의 난을 일본풍 변체한문(變體漢文)으로 묘사한 작품으로, 작자는 알려져 있지 않다. 작품 연대에 대해서는 난이 종결된 직후부터 11세기까지 여러 설이 있다.

　『장문기』가 군기 모노가타리로 분류되는 이유는 뭐니 뭐니 해도 이 작품이 마사카도의 난이라는 전쟁을 주제로 하며, 마사카도가 싸우는 모습을 계속 따라가면서 묘사하였기 때문이다. 간토 지방을 실력으로 점령하고 스스로 '신황(新皇)'이라 칭한 마사카도의 싸움을 그린다는 의미에서, 반역자를 영웅적으로 그려낸 이야기라는 평가도 있다. 다만 그 전쟁의 묘사법은 가마쿠라시대 이후의 군기 모노가타리와는 약간 다르다.『장문기』의 현존본(現存本)은 첫머리에 탈락된 부분이 있는데, 사쿠라 요시야스(佐倉由泰)가 지적하는 것처럼 현존 부분 중 가장 첫 기사에 해당하는 전투 묘사부터, 마사카도의 싸우는 모습보다도 전란으로 인해 집이 불에 타버린 사람들의 비탄에 초점을 맞춘다. 싸움에서 이긴 마사카도가 적의 거점을 불태웠기 때문에 많은 사람들이 슬픔의 구렁텅이에 떨어졌다는 것이다.

> 슬픈 일이다. 남자도 여자도 불에 타서 땔나무가 되어 버렸다. 귀중한 재물은 모두 빼앗기고 말았다. (중략) 그날, 불꽃이 타오르는 소리는 천둥이 치는 줄 알 정도로 격렬하게 울려퍼졌고, 피어오르는 연기는 구름으로 착각할 만큼 하늘을 덮었다. 산노 신사(山王神社)는 연기에 휩싸여 암석의 그늘에 가리워졌고, 가옥들은 재처럼 바람에 날려 사라지고 말았다. 국부(國府)의 관리도 백성들도 이를 보고 슬퍼하고 탄식하며, 근방에 있는 자도 멀리 있는 자도 이 이야기를 듣고 한숨을 쉬었다. (싸움에 참가하여) 화살에 맞아 죽은 자는 뜻하지 않게 부자지간이 끊겼으며, 방패를 버리고 도망간 자도 갑자기 부부 사이가 갈라지고 말았다.

현대를 살아가는 우리들은 당연히 전쟁을 비참한 것으로 인식하지만, 싸우는 무사들의 시점으로 보면 전장은 공명을 세울 수 있는 화려한 무대이다. 그 시점에서 전쟁을 묘사하면 전장의 주변에서 생활을 파괴당하고 비탄에 빠져 지내는 일반인의 슬픔은 눈에 들어오지 않는다. 대부분의 군기 모노가타리는 그러한 시점에서 기술되고 있다. 『장문기』에도 물론 힘차게 싸우는 마사카도를 묘사한 부분도 있지만, 동시에 전쟁이라는 재앙에 괴로워하는 일반인의 시점에서 묘사된 기술이 인상적이다. 이 작품은 근본적으로 '무'에 대하여 비판적인 관점을 취했다고 해도 될 것이다. 『장문기』

는 마사카도라는 인물에 대해서는 동정과 공감 외에도 비판적인 자세도 견지하는 미묘한 태도를 취하고 있는데, 마사카도가 죽은 뒤 그의 일생을 다음과 같이 비평한다.

마사카도는 공적을 거듭 세워 조정에게 평가받고, 충의와 신의의 명예를 대대로 남겼다. 그렇지만 그 일생은 사나운 난폭함 투성이였고, 매년 매월 전투만 벌였다. 그렇기 때문에 학문을 닦은 자와 교류한 적 없이 그저 무예에만 빠져 있었다. 그 결과 가까운 친족과 싸우게 되었고, 악행을 즐겨 하여 책망받게 되었다. 그렇게 해서 죄가 쌓여 업보가 자기 자신에 미치고, 선하지 못함에 대한 비판이 간토 전체에서 들려왔으며, 마침내 황제(黃帝)와 싸워 패배한 중국의 염제(炎帝)처럼 멸망하여 영원히 모반인(謀叛人)의 오명을 쓰게 되었다.

마사카도는 뿌리부터 나쁜 사람은 아니며 훌륭한 실적도 많이 쌓았다. 그러나 '학업하는 무리'를 무시하고 '무예'만을 즐겼기 때문에 멸망했다는 것이다. '무사가 무예에 전념하는 게 뭐가 나쁘냐'고 후대의 무사들이라면 말하겠지만 헤이안시대 작품인 『장문기』는 그렇게는 생각하지 않았다. 전쟁은 사람을 괴롭히는 것이고, 전쟁에서 이기는 기능만 연마하는 녀석들 따위는 제대로 된 자들이 아니라는 가치관이 우세한 사회에서는 '군기 모노가타리'조차 그러한 가치관을 반영하고 있다.

『헤이케 모노가타리』와 전쟁 피해

이러한 무예에 대한 비판은 13세기 전반에 성립된 것으로 보이는 『헤이케 모노가타리』 등에서는 줄어든다. 목숨을 아끼지 않고 싸우는 무사들의 모습이 긍정적으로 묘사되고, 전장 주변의 피해는 그다지 눈에 들어오지 않는다. 예를 들면 가쿠이치본의 권9 '미쿠사 전투[三草合戰]'는 이치노타니 전투의 전초전이다. 미쿠사산(三草山) 건너편에 진을 치고 있던 헤이케를 기습하기 위해 산을 넘으려던 미나모토노 요시쓰네의 군대가 야밤의 행군길을 밝히고자 민가에 방화하는 장면이 있다.

> 무사들이 "너무 어두워서 앞으로 나아갈 수 없습니다. 어떻게 하면 좋을까요?"라고 너도나도 묻자, 요시쓰네는 "평소처럼 거대한 횃불을 쓰면 어떠냐"고 대답했다. 도이 사네히라(土肥實平)가 "맞습니다. 그런 방법이 있었군요"라고 말하며 근처의 민가에 불을 붙였다(민가에 불을 질러 행군을 위한 조명으로 사용하는 것을 '거대한 횃불'이라고 불렀다는 뜻). 그뿐만 아니라 산에도 들에도 풀에도 나무에도 불을 질러 한낮처럼 밝힌 후에 3리(里) 거리의 산을 넘어 갔다.

적도 아니고 그저 민가에 방화한다는 행위를 요시쓰네측의 시점에서만 묘사했다. 밤중에 갑자기 집에 불이 난 자들의 고난과 비탄을 그리는 시점 따위 전혀 없다. 게다가 '평소에 사용하는 거대한 횃불', 즉 민가에 방화하는 일을 주저함 없이 명령하는 요시쓰네의 말투를 보면, 당시에 이러한 수단이 흔했다고 짐작된다. 게다가 이 야기의 화자가 그것을 비판적인 시선으로 바라보지도 않는다.

『헤이케 모노가타리』에도 전쟁 피해를 묘사하는 장면이 없지는 않다. 현재 일반적으로 읽히고 있는 가타리본(語り本)보다도 오히려 옛날 형태가 많이 남아있는 요미본(讀み本) 계통인 엔교본(延慶本)에서 그런 묘사가 종종 등장한다. 예를 들면 9권의 우지강 전투[宇治川合戰]에서는 우지강[宇治川]을 사이에 두고 요시나카군과 대치하던 요시쓰네군이 강가의 평지가 좁아 군세를 배치하기 어렵다는 이유로 강가에 있는 민가를 불태워버리는 장면이 묘사된다. 요시쓰네가 "집들의 재물과 잡동사니 도구를 끄집어내게 한 다음 강가의 민가를 모두 불태워라. 넓은 공터를 만들어서 2만여 기(騎)의 군세를 모두 강가에 늘어서게 하라"고 명령했다. 잡병이 돌아다니며 민가의 사람들에게 이 명령을 전달하였지만, 다들 피난을 떠난 듯 인기척이 없었다. 그래서 잡병들은 손에 손에 횃불을 들고 집 300여 채를 불태워버렸다. 남겨져 있던 소와 말은 불에 타 죽었는데 피해는 그뿐만이 아니었다.

제대로 걷지 못하는 나이든 부모를 다다미 아래나 널빤지 아래, 항아리 속에 숨겨둔 경우가 많아 모두 불에 타 죽고 말았다. 또한 도망쳐 숨을 힘도 없는 연약한 부녀자들, 병상에 누워 있던 자들, 그리고 어린이들까지 눈 깜짝할 사이에 재가 되어 버렸다. '바람이 불면 나무가 평온하지 않다'(큰 사건이 일어나면 관련 없는 자

에게도 피해가 미친다)는 속담은 이런 일을 말하는 것이리라.

화자의 시선은 요시쓰네를 명확히 비난하기보다는 피해자의 부조리한 비운(悲運)을 향해 있다. 민가를 태우는 일에 대하여 『장문기』에 보이는 것 같은 피해자에 대한 시선이 완전히 사라져 버린 것은 아니다. 엔교본에서는 군량미를 징발당하고 고통 받는 민중의 묘사와 주변 일대를 괴롭히는 군사 행동에 대한 비판 등도 여럿 보인다. 하지만 그 중 대부분이 가타리본에서는 사라지고 만다. 이런 측면에서 『헤이케 모노가타리』가 이름 없는 민중의 목소리를 반영했다는 해석은 의문의 여지가 있다. 그리고 엔교본을 비롯한 『헤이케 모노가타리』 전반에 걸쳐 피해자의 희생을 한탄하는 마음보다도 싸우는 무사들의 모습과 마음을 압도적으로 크게 그려 내고 있다.

『헤이케 모노가타리』에 나오는 요시쓰네

방화 상습범처럼 묘사되고는 있지만, 요시쓰네는 『헤이케 모노가타리』에서는 뭐니 뭐니 해도 영웅이다. 이치노타니 전투에서는 호각(互角)을 이루던 싸움의 형세를 벼랑에서 뛰어 내려오는 기습으로 단번에 뒤집었고, 천하를 두고 겨루는 결전에서 승부를 내었다. 야시마 전투에서 요시쓰네는 바로 앞바다로부터 공격해올 것만을 상정하고 있던 헤이케의 배후를 기마로 기습했다. 그리하여 헤이케를 거점에서 몰아내고 교착되어 있던 상황에 종지부를 찍었다. 특히 야시마 전투에서는 요시쓰네의 모습이 대대적으로 묘사된다. 먼저 주목할 것은 사토 쓰구노부(佐藤嗣信)의 이야기이다. 사토 쓰구노부는 오슈(奧州)의 후지와라노 히데히라가 요시쓰네에게 붙여준 사토 형제 중 형에 해당한다. 야시마에서는 적의 맹장인 다이라노 노리쓰네(平教經)가 강궁으로 요시쓰네를 노리자, 스스로 방패가 되어 요시쓰네 앞에서 막아 섰고 노리쓰네의 화살을 맞아 쓰러졌다. 요시쓰네는 자기 대신에 화살을 맞아준 쓰구노부를 안아 일으켜 임종을 지켜본 뒤, 그의 명복을 빌기 위해 근처에서 승려를 찾아내어 보시(布施)로서 다유구로(大夫黑)라는 이름의 명마(名馬)를 주었다. 이 시대의 무사에게 말은 목숨 다음으로 중요한 것이었고, 하물며 다유구로는 요시쓰네가 평생의 영광인 5위의 위계에 임명되었을 때 기념으로 이 말도 5위(다유)로 삼겠다고 해서 '다유구로'라고 이름지었으며, 이치노타니의 절벽을 내려가는 기습도 이 말을 타고 성공시켰다고 할 정도의 애마였다. 그 말을 아까워하지도 않고 보시로 주어버린 요시쓰네를 보고 무사들은 "이 주군을 위해서 목숨을 바치는 일은 아깝지도 아무렇지도 않다"고 감격의 눈물을 흘리며 흐느꼈다고 한다(가쿠이치본 권11, '쓰구노부의 최후[嗣信最期]'에 따름. 다른 본에서도 거의 같음).

그 후에 나스 요이치의 이야기를 사이에 두고 전개되는 '떠내려 간 활' 일화도 유명하다. 요시쓰네는 말을 타고 바다에 나가 배를 탄 헤이케와 혼전을 펼쳤다. 배에서는 요시쓰네를 말에서 끌어내 떨어뜨리려고 갈퀴로 요시쓰네의 투구를 노려온다. 그러는 사이에 요시쓰네는 바닷속에 활을 떨어뜨렸고 채찍을 뻗어 열심히 주우려고 했다. 겐지측 무사들은 조마조마해 하며 "위험하니 활 따위는 버리십시오"라고 소리쳤다. 활은 칼과는 달리 나무나 대나무로 만드는 소모품이며 그다지 고가의 물건이 아니었다. 버려도 아깝지는 않을 터인 활을 요시쓰네는 위험을 무릅쓰고 주워서 해변으로 돌아왔다. "아무리 귀중한 활이라도 목숨과는 바꿀 수 없습니다"라고 간언하는 무사들에게 요시쓰네는 대답했다.

아니야, 활이 아까워서가 아니다. 숙부인 다메토모(爲朝)님처럼 강한 활이라면 일부러 떨어뜨려서 적이 주워주기를 바랄 정도이겠지만, 나는 소병(小兵)이며 내 활은 작다. 약한 활을 적이 줍고 "이런 게 겐지의 대장 요시쓰네가 가진 활이네"라며 비웃는다면 부끄러우니 목숨을 걸고 주워온 것이다.

얼핏 보기에 아무 생각도 없는 아이같은 행위로 보이는 요시쓰네의 행동은 실은 무사다운 자존심으로 뒷받침된 것이었다. 이를 들은 무사들은 깊이 감동했다(가쿠이치본 권11, '떠내려간 활[弓流]'에 따름. 다른 본에서도 거의 같음). 이처럼 요시쓰네는 단지 강하기만 한 것이 아니라 무사들의 마음을 사로잡는 명장(名將)이었음을 『헤이케 모노가타리』는 무사들의 시점을 통해 그리고 있는 것이다. 『장문기』와는 달리 『헤이케 모노가타리』의 전투 기사에서는 무사들의 시점에서 '무'를 긍정적으로 그리는 기사가 상당히 많은 부분을 차지하게끔 되어 있는 것이다.

무사=오랑캐에 대한 멸시

그런 요시쓰네에 대하여 『헤이케 모노가타리』가 냉담한 시선을 보내는 장면도 있다. 겐랴쿠(元曆) 원년(1184), 고토바 천황이 즉위함에 따라 다이조에(大嘗會)의 고케이(御禊)[34]를 위한 행차가 있었다[35]. 요시쓰네는 행차의 경호를 담당했는데 그 모습은 '요시나카에 비해서는 훨씬 수도에 익숙해져 있었지만, 헤이케에 비하면 헤이케의 부스러기보다도 더 뒤떨어져 있었다'는 혹평을 받았다(가쿠이치본 권 10, '후지토〈藤戶〉'. 다른 본에서도 같음). 그 직후에 벌어진 야시마 전투에서 이상적인 무장으로 그렇게나 칭찬받은 요시쓰네가 여기서는 헤이케 무리 중의 부스러기보다도 더 뒤떨어져 있다는 평가를 받은 것이다.

여기서 요시쓰네와 대비되어 칭찬을 받은 것은 2년 전에 안토쿠 천황의 다이조에 때 고케이 행차를 맡아 진행한 다이라노 무네모리(平宗盛)이다. 무네모리는 『헤이케 모노가타리』에서는 평범하고 어리석은 사람으로, 형 시게모리, 그리고 동생 도모모리(知盛)나 시게히라(重衡)와 대비되어도 지극히 어리석고 모자라며 추악한 인물로 묘사된다. 『헤이케 모노가타리』에서도 가장 바보 취급을 받는 인물이라 해도 될 것이다. 그런 무네모리가 여기서만큼은 훌륭

---

34 다이조사이(大嘗祭)라고도 한다. 천황이 즉위하고 나서 처음으로 햇곡식을 신들에게 바치는 의식으로, 7월 이전에 즉위하면 즉위한 해의 11월에, 8월 이후에 즉위하면 그 다음해의 11월에 거행한다.

35 다이조사이를 거행하기에 앞서 10월에 가모강[賀茂川]으로 행차하여 부정한 것을 멀리하고 몸을 정결하게 하는 의례.

한 모습이었다고 회상되며 요시쓰네와 대비되고 있다. 평가 기준은 귀족다운 용모의 아름다움과 행동거지의 우아함이며, 그 점만큼은 무네모리가 요시쓰네보다 훨씬 나았다는 것인데, 스토리 상으로는 굳이 언급할 필요도 없는 사항이다. 그런 내용을 기재한『헤이케 모노가타리』에서는 귀족다움이 요구되는 장면에서 일부러 요시쓰네를 끌어내어 깎아내리려고 하는 듯한, 무사들을 멸시하는 가치관이 존재함을 인정하지 않을 수 없다.

『헤이케 모노가타리』는 다양한 시점과 가치관을 내부에 공존시킨 작품이며, 인물 한 사람에 대한 평가도 결코 똑같지 않다. 그것은 아마도 이 작품이 한 명의 집필자가 작성하는 식이기보다는 잡지를 편집하듯이 다양한 소재를 모아서 만들어졌기 때문일 것이다. 그러한 편집 작업의 결과로 무사측에서 생겨난 이야기 소재를 대량으로 집어넣음에 따라,『헤이케 모노가타리』는 무사의 관점을 많이 포함하는 작품이 되었다. 그 때문에 무사의 사고방식을 어느 정도 반영한 작품이 되었을 것이다. 다만 무사를 주인공으로 하는 기사가 무사를 긍정적으로 본다고 할 수는 없다. 예를 들면 구마가이 나오자네가 본의 아니게 아쓰모리(敦盛)를 칼로 베고서 출가한 이야기는 유명한 일화이다. 여기서 나오자네는 아쓰모리가 피리를 갖고 있던 것을 발견하자 "우리 동국 무사들 중에는 전장에 피리를 지참하는 자는 없다. 고귀한 분은 역시 풍치가 있다"고 하며 우아한 아쓰모리와 야만스러운 아즈마에비스(東夷: 동쪽 지방의 오랑캐)인 자기 자신을 비교하며 눈물을 흘렸다고 묘사되었다. 용맹하고 과감한 동국 무사들의 대표라 할 만한 구마가이 나오자네의 입에서도 동국 무사의 야만스러움에 대한 말이 나오는 것이다. 이러한 이야기에서는 무사에 대한 냉담한 시선을 알아차릴 수 있겠다. 무사에 대한 멸시는 이야기가 오래된 단계에서 더 강하게 나타난 것이 아닐까? 예를 들면 엔교본 권2의 소무(蘇武)[36] 설화(중국의 고사)에서는 흉노(중국 북방의 이민족)를 일본의 동국 무사에 빗댄 기술이 보인다. 교토의 귀족들은 중국의 전쟁을 생각하면서 한민족 정부를 자신들에, 흉노 등의 북방 이민족을 동국 무사에 빗대어 이해하고 있었다. 동국 무사를 진심으로 이민족이라 생각하였을 리는 없겠지만, '아즈마에 비스'라는 멸칭은 단순한 레토릭이라고 할 수만은 없었던 것이다. 이와 같이 무사를 멸시하는 감각이 『헤이케 모노가타리』에서는 엿보인다. 아마도 그러한 가치관은 『헤이케 모노가타리』가 원래 갖고 있던 것이 아닐까?

『헤이케 모노가타리』의 작자는 무사가 아니다. 작자 후보를 무사로 추정하는 설도 예로부터 거의 보이지 않았고, 이야기꾼으로 아쿠시치베에 가게키요(惡七兵衛景清)를 드는 전설이 있을 뿐이다. 아마도 다양한 기사와 전승을 도입하면서도 기본적으로는 중하급 귀족이나 승려 등의 계급에 속한 작자에 의해 정리되었고, 그 후로도 지식층에 의해 계속 개정되어 온 『헤이케 모노가타리』는 기본적으로는 무사의 의식을 기본 축으로 하여 만들어진 작품이 아니다. 그런 의미에서는 무사 혹은 '무'에 대한 자세가 반드시 긍정적

---

36 소무는 한나라 사람으로 억류되어 있던 흉노 사신을 송환하는 임무를 맡아 흉노에 파견되었으나 음모에 연루되어 도리어 억류되었다. 이후 흉노 측의 설득과 협박에도 불구하고 절개를 지켜 흉노에 투항하지 않았으며 19년 만에 고국으로 돌아가게 되었다.

이지만은 않은 것도 자연스러운 일이었다. 13세기 무렵까지의 군기 모노가타리에는 아직 『장문기』와 공통되는 '무'에 대한 부정적인 자세가 남아 있었다고 할 수 있겠다.

'문무이도'

물론 군기 모노가타리에는 '무'를 국가에 필요한 요소로 설정하는 관점이 존재한다. 예를 들면 헤이지(平治)의 난을 다루며 역시 13세기 전반에 성립되었을 것으로 보이는 『헤이지 모노가타리』는 첫머리에서 다음과 같이 서술한다.

> 옛날부터 오늘날에 이르기까지 제왕이 신하를 평가하고 임용함에 있어서는 일본·중국 어느 쪽의 선례를 살펴봐도 문(文)과 무(武) 두 가지 도(道)를 중시해 왔다. 문으로 모든 정치를 보완하고, 무로 사방의 반란을 진압하는 것이다. 그런 이유로 천하를 보전하고 국토를 다스리는 데는 문을 왼쪽에, 무를 오른쪽에 둔다고 한다. 예를 들면 사람의 양손처럼 어느 한 쪽이 빠져도 안 된다. (일류본〈一類本〉에 의함. 다른 본에도 같은 문장이 있음)

'문무이도(文武二道)'론은 당나라 태종이 자식(훗날의 고종)에게 준 정도론(政道論)에 관한 책 『제범(帝範)』 속 문장인 '문과 무 두 가지 도는 하나라도 버릴 수 없다' 등을 출전으로 한 것으로 보인다. 『헤이지 모노가타리』는 그러한 중국의 정도론을 이어받아 국가에 있어서는 문무가 모두 중요하다고 이야기하는데, 싸우는 무사를 묘사하는 군기 모노가타리로서 필요한 것은 '문'보다도 '무'의 중요성을 설파하는 논리이다.

특히 말세(末代)가 된 오늘날에는 사람들은 교만하고 우쭐대며 조정의 권위를 소홀히 하고, 백성의 신분이면서 사납게 짐승처럼 질서를 어지럽히려는 마음을 품는다. 이러한 시대에는 충분히 마음을 쓰고, 특히 인재를 발탁하여 상을 주어야 하는 것이 무사(용맹한 무리)이다. (앞의 인용문과 같음)

'문'과 '무'는 모두 필요하기는 하지만, 말세에는 무사가 특히 중요하다는 것이다. 무사가 중요하다는 이유로서 제시되고 있는 것이 '말세에는 세상이 어지러워지기 때문에 "무"가 필요해진다'는 인식이라는 데 주목해야 할 것이다. 말세이기 때문에 '무'가 필요하다는 것은 거꾸로 말하면 옛 시절에 조정의 권위가 존중받던 제대로 된 세상에서는 '무' 따위는 필요하지 않았다는 이야기가 될 것이다. '문무이도'론을 통해 '무'의 중요성을 논하는 문장은 겐초(建長) 4년 (1252)에 성립되었다고 하는 설화집 『십훈초(十訓抄)』 제10의 56화에도 보인다.

무릇 '무'라는 것은 세상이 어지러울 때 평화를 회복하기 위하여 필요해지므로, '문'과 나란히 우열이 없다. 조정에서는 문무두 가지 도를 좌우의 날개로 삼고 있다.

하지만 이것도 '무'는 세상이 어지러울 때 필요하므로 '문'과 똑같은 정도로 중요하다는 논리이며, '문'의 우위를 전제로 한 것이라고 할 수 있겠다. 국정에서 무사가 중요한 위치를 차지하게 된 가마쿠라시대에 그러한 새로운 상황을 반영하여 '무'를 '문'과 대등한 위치로까지 끌어올리려고 하는 논리인 것이다.

하강사관과 '무'

유사한 인식을 상세히 보여주는 사례로서 엔교본 『헤이케 모노가타리』 권1의, 작자의 역사관을 말해주는 한 구절을 보도록 하자(권1, 35 '헤이케가 제멋대로 행동하는 일').

스이코 천황(推古天皇)이 다스리시던 때에 쇼토쿠 태자가 17조 헌법을 만드시어 이 세상에서 무엇이 좋지 않은지를 보이셨는데, 추상적인 교훈을 제시하셨을 뿐이고 당면한 문제가 있던 것은 아니었다. 다음으로 몬토쿠 천황(文德天皇: 몬무 천황〈文武天皇〉의 오기인 듯함)이 다스리시던 때에 대신(大臣) 후지와라노 후히토(藤原不比等)가 율령(律令)을 편찬하셨다. 율과 영 각각 10권의 책을 만드셨는데 사람들의 마음이 아직 그렇게 비뚤어지지 않았기 때문에 법의 구체적인 적용을 보류하고 처벌 등은 행하지 않았다. 그 후 준나 천황(淳和天皇)이 다스리시던 때에 세상이 어지러워지고 사람들이 정직해지지 않게 되었으므로 법령을 우선하여 정치를 시행하게 되면서 그로부터 4백여 년이 지났는데,

세상은 시간이 지남에 따라 쇠퇴하고, 사람들의 마음은 시대가 내려감과 더불어 비뚤어지게 되었다. 그리고 헤이지의 난까지는 미나모토（源）와 다이라（平） 두 가문이 어깨를 나란히 하며 서로 조정에 반역하는 자를 치고 세상을 바로잡았다. 이 두 가문이 조정에 순종하는 것처럼 여겨졌는데, 헤이지 이후에는 겐지가 멸망하였고, 헤이케가 교만해지고 우쭐대어 두려운 줄을 모르는 상태이다. (엔교본에 오자, 탈자가 있기 때문에 같은 요미본 계통인 사부합전장본〈四部合戰狀本〉의 유사 기사에 따라 일부 수정하면서 번역했다)

전형적인 하강사관(下降史觀)이다. 예전에 사람들의 마음은 순박하였고, 법이 없어도 세상은 평화롭게 다스려지고 있었다. 그렇지만 시대가 흘러감에 따라 세상은 쉽게 어지러워졌고 법이 필요해졌다고 한다. 하지만 준나 천황(재위 823~833) 시대에는 특별히 반란 같은 것이 일어나지는 않았다. 『영의해(令義解)』가 찬술(撰述)되었고 율령정치가 정비된 시대이다. 오히려 법이 정비되는 일이 세상이 쇠퇴하는 징후로 인식되고 있었다. 사람들의 마음이 나빠짐에 따라 법이 상세하게 정비되었고, 그에 따라 사람을 처벌하는 쪽으로 변해 갔다는 것이다. 이러한 문맥에서 말하는 '법'은 현대어에서 말하는 '법률'보다도 '벌칙'의 뉘앙스가 강하다. 법률이 정비됨에 따라 평화로운 질서가 성립된다고 생각하는 현대인의 눈에는 기이하게 비춰지는 논리지만, 학교의 문제로 생각해 본다면 어떨까? 예를 들면 학생의 비행(非行)에 대하여 '흡연은 처음에는 주의를 주는 것으로 끝나지만 두 번째부터는 정학'이라든가 '상해 사건을 일으킨 경우에는 피해자의 상처가 전치 며칠까지면 정학 며칠간, 그 이상은 정학 몇 주간' 같은 식으로 벌칙을 자세하게 정하는 학교가 있다고 한다면 그것은 이상적인 학교의 모습일까? 그러한 벌칙을 정해야 하는 것 자체가 사건이 자주 일어나는 문제 있는 학교라고 판단하는 사람들이 많지는 않을까? 덕으로 나라를 다스리려고 하는 논리란 그러한 사고방식이다. 개인이 각기 다른 가치관을 갖고 있는 것을 전제로 한 근대국가와는 전제가 다른 것이다.

법으로 사람을 처벌하게 되면 이를 집행할 무력이 필요해진다. 그래서 세상이 쇠퇴함에 따라 더욱 더 강대한 무력이 필요해진다. 사실상 겐지와 헤이케가 서로를 견제하면서 조정을 배반하는 자를 토벌함에 따라 어떻게든 균형을 유지하여 세상을 바로잡아 왔다. 그렇지만 그 균형도 헤이지의 난 이후로는 무너졌고, 헤이케가 무력으로 독재를 행하게 되면서 마침내 최악의 시대로 접어들고 말았다는 것이다. 이들 군기 모노가타리는 '무'의 필요성을 말세 내지 쇠퇴한 세상 때문이라고 보는 경향이 강하다. '무'는 먼 옛날부터 당연히 필요했던 게 아니다. 오히려 좋았던 옛 시절에는 불필요했는데, 말세가 되어 필요악으로서 중요한 위치를 자치하게 되어버린 것이 '무'라고 인식된 것은 아닐까?

동아시아의 '문' 중시

앞서도 언급하였듯이 '문무'라는 개념은 중국의 것이다. '문무'는 개인이 두 방향의 재능을 함께 지닌다는 식의 의미로 『시경(詩

經)』등에도 보이는 오래된 한자어이며, 그것을 정치론에 사용한 것이 '문무이도'의 출전으로 이야기되는 『제범』이다. 다만 근본적 이념으로서는 '무'보다도 '문'을 중시하는 것이 중국의 전통이었음은 잘 알려져 있다. 한나라 이후 유교를 이념으로 삼은 중국에서는 예악(禮樂)으로 사람들의 도덕심을 높이고, 덕에 의한 정치를 행하는 것을 이상으로 여겼다. 예를 들면 복상(服喪) 기간 등의 형식을 엄격하게 정한 예(禮)와 전통을 지킨 음악 등에 의해 사람들의 마음을 바른 방향으로 이끌고, 예로부터 전하는 전거(典據)에 정통한 격조 높은 시문(詩文)을 짓는 능력을 가진 사람을 관료로 등용하는 과거(科擧)에 의해 정부를 구성하는 그 정치체제는 분명히 '문'을 중시한 것이다. 그러한 '문' 우위의 전통 속에서 당나라 태종은 『제범』에서 '문무이도'를 논했다. 이는 전쟁을 벌인 끝에 권력을 쥔 태종(이세민)에게 딱 어울리는 현실주의적인 가르침이었다고 할 수 있을 것이다. 태종은 수나라 말의 동란 속에서 직접 최전선에 서서 전투를 거듭하였고, 아버지 고조(이연)를 도와 당 왕조를 구축한 뒤 형제를 죽이고 제위에 올랐다. 그 경험을 바탕으로 자식인 고종에게 가르친 제왕학이라고 할 만한 서적이 『제범』인 것이다. 그리고 헤이안·가마쿠라시대 일본에서는 『제범』이나 태종과 신하의 대화를 수록한 『정관정요(貞觀政要)』 등 실천적인 정도론이 존중되었다. '문무이도'는 현대 일본에서도 자주 사용되는 '문무양도(文武兩道)'라는 말의 기원이기도 하다. 또 고려나 조선왕조에서 지배계급이 되었던 '양반(兩班)'은 문관과 무관의 두 관료를 의미한다. '문무'라는 개념을 정치에 이용하는 것은 동아시아 공통의 문화였던 것이다. 하지만 그 근본에는 고대의 성인(요임금, 순임금 등의 전설적인 제왕이나 공자〈孔子〉 등)에게서 배우고 사람들이 그러한 덕을 몸에 익힘으로써 국가의 안태(安泰)를 유지하려고 하는 사고방식이 존재한다. 그것은 성인의 시대에 비교하면 인간 세상은 점점 나빠진다는 것을 전제로 하여, 좋았던 옛 시절에 조금이라도 가까워지려고 하는 발상이다. 일본에서는 에도시대에 국가를 지탱하는 이념으로서 유교가 본격적으로 받아들여졌지만 이와 같은 중국적 정치사상은 지식인들에게는 예전부터 알려져 있었다. 또 그러한 사상과 떼려야 뗄 수 없는 하강사관에 박차를 가한 것이 불교의 말법사상(末法思想)이다. 이렇게 보면 엔교본『헤이케 모노가타리』 등과 같이 하강사관 속에서 '무'를 말세의 필요악으로 파악하는 사고방식이 생겨나는 것은 필연적이었음을 이해할 수 있겠다. 이와 같이 '문무이도'의 정치론은 말세에는 '무'가 필요해지는 것도 어쩔 수 없다는 문맥에서 설파되는 논리로서 군기 모노가타리 등에 정착하였던 것이다. 이는 '무'의 가치를 우선적으로 논하는 논리가 아니라 '문' 우위를 전제로 하면서 '무'에도 '문'과 동등한 혹은 동등에 가까운 가치를 인정하려고 하는 논리였다. 원래 일본의 '무'가 타국보다 우위에 있음을 논하는 주장과는 관계가 없는 것이다.

'무위'의 용법

헤이안시대 말부터 가마쿠라시대까지의 '무'에 대한 인식과 관련하여 한 가지만 더 확인해 두고자 한다. '무위(武威)'라는 말에 관한 이케우치 사토시(池內敏)의 지적이다. 무사가 정권을 쥐었던 근세(에도시대)에는 '무위'는 '무가를 주체로 하는 정치의식·국가의식'을 나타내는 말로 사용되었지만, '무위'라는 단어가 보이기 시작하는 12~13세기 무렵에는 '무위'는 '직접적인 폭력(군사력) 및 그 위력'이라는 뜻으로 사용되고 있었으며, 『아즈마카가미』 등에서는 '타자의 의향을 배제할 수 있는 폭력'을 가리키는 예가 많다고 하는 것이다.

에도시대에 '무'가 높은 가치를 인정받고 일본인이 자국을 '무국'이라고 의식하게 된 것은 나중에 제3장에서 서술하겠지만, 예를 들면 구마자와 반잔(熊澤蕃山)의 『집의화서(集義和書)』(1672년 초간)에는 다음과 같은 기술이 보인다.

활과 화살 등의 무구가 있어도 위(威: 권위)가 없으면 사람은 그것을 두려워하지 않는다. 무구를 갖추고 무예를 연습하여 무비(武備)를 엄중히 하여 권위가 있으면 사방의 사람들은 이를 보고 두려워하여 범하려는 마음을 일으키지 않는 것이다. (권7)

무사는 천하를 경호하고 백성의 안전을 지키며 주군의 수호자가 되어 무위로써 세상이 평안해지도록 힘쓰는 자이다. (권16)

무력을 늘 행사하라는 것이 아니라 무적(武的)인 실력을 갖춤으로써 생겨나는 정신적 권위로 국가를 평화롭게 유지한다는 것이다. 에도시대 일본의 정권 혹은 그것을 뒷받침하는 학자들은 자주 이러한 논리를 사용했다. 그러나 헤이안시대 후기부터 가마쿠라시대 중기 무렵까지는 '무위'는 단순한 폭력을 가리키는 용례가 많다. 예를 들면 요시쓰네가 요리토모와 결별하고 조정을 협박하여 요리토모 추토(追討)의 선지(宣旨, 명령서)를 내도록 하였을 때, 그 선지에는 '종2위 요리토모 경은 오로지 무위를 빛내고 이미 조헌(朝憲)을 잊었다'(『옥엽〈玉葉〉』분지〈文治〉원년(1185) 10월 19일조)고 적혀 있었다. 요리토모가 '무위'를 내세우며 조정에 반기를 들고 있다는 것이다. 그러나 요시쓰네는 얼마 지나지 않아 몰락하였고, 조정은 요리토모 추토 선지를 발급한 일을 요리토모로부터 추궁당했다. 그래서 고시라카와원의 측근인 다카시나노 야스쓰네(高階泰經)는 '요시쓰네 등의 일은 전혀 소신의 의사가 아닙니다. 다만 무위를 두려워해서 전하여 상주하였을 뿐입니다'(『아즈마카가미』같은해 11월 15일조)라고 변명했다고 한다. '저의 계획에 의한 것이 아닙니다. 요시쓰네에게 협박당해서 어쩔 수 없이 발급한 것입니다'라고 변명하는 중에 요시쓰네의 협박을 '무위'라고 표현하고 있는 것이다. 이 시대의 '무위'는 이와 같이 국가에 필요한 권위 같은 것이 아니고 개개인의 노골적인 폭력을 가리키며, 부정적으로 사용되는 경우가 많다. 『헤이케 모노가타리』의 경우, 가쿠이치본에는 '무위'의 용례가 보이지 않지만 엔교본에는 6건의 사례가 확인된다. 엔교본의 예도 기쿠치 다카나오(菊池高直)를 '멋대로 무위를 휘두르고 느닷없이 황화(皇化)를 배반했다'(권6)고 비난하며, 또는 기요모리를 '뉴도(入道)는 오로지[37] 무위로써 도성 안에서는 관(官)의 일을 업신여기고……'(권6)라고 비

---

37 뉴도는 출가하여 불문에 들어간 귀인을 가리키는 말로, 여기서 말하는 뉴도는 당시 출가한 상태였던 다이라노 기요모리이다.

난하는 등 부정적인 용법이 눈에 띈다. 요컨대『헤이케 모노가타리』를 탄생시킨 시대의 환경은 이처럼 '무위'라는 단어를 부정적으로 사용하는 일이 많은 사회였으며, 그러한 가치관은 모노가타리에도 반영되었던 것이다.

시대의 변화와 가치관의 변화

『아즈마카가미』와 엔교본『헤이케 모노가타리』에도 후대의 용법에 가까운 '무위'의 용법은 확인된다. 『아즈마카가미』에서 처음으로 보이는 '무위'의 용례는 단노우라 전투 직후에 칙사가 나가토국(長門國)으로 향할 때의 '정벌은 이미 무위를 드러내었다'(겐랴쿠 2년〈1185〉 4월 5일조)는 표현으로, 이는 요시쓰네의 승리를 칭송한 것이다. 또한 엔교본『헤이케 모노가타리』에서는 '무위를 빛내어 천하를 진정시킨 뉴도의 아들 시게모리'(권1)라고 하여 '무위'에 의해 '천하를 진정시켰다'는 표현도 보인다.

가마쿠라시대 후기에는 이케우치 사토시가 지적한 것처럼 소카(무歌, 연회에서 부르는 곡) 중에서 '무위가 무겁고 문도가 순수해지면 사이(四夷) 또한 날뛰는 일이 없고 삼한은 속히 복종할 것이다'(『연곡초〈宴曲抄〉』중, 문무)라는 노래가 불렸고, 『하치만 우동훈』갑본에도 '(말세에는) 문으로 해서는 따르지 않고, 무를 써서 평정해야 한다. 무위로써 제운(帝運)을 도우셨다'는 문장이 있다. 이는 상대(上代)에는 '모반(謀叛) 악역(惡逆)의 무리'가 없고 무력을 사용할 필요가 없었다는 말에 이어지고 있다. 상대에는 필요가 없었던 무력이 말

세에는 필요해진다는 앞서 보았던 것 같은 논리로 연결되는 것인
데, '무위'가 '제운'을 보좌한다는 표현은 '무위'를 보다 강하게 인식
하였던 것이라고 할 수 있겠다.

　이와 같이 '무'를 둘러싼 표현은 조금씩 긍정적인 표현으로 바
뀌어 갔으나, 가마쿠라시대에는 아직 부정적인 것도 많았으며, 군
기 모노가타리인『헤이케 모노가타리』나 가마쿠라 막부의 역사서
인『아즈마카가미』도 예외는 아니었다고 할 수 있다. '가마쿠라시
대부터는 무사가 실권을 쥐었고 무사의 세상이 되었습니다'는 식
의 교과서적인 역사관에서 보면 조금은 이상하게 여겨질지도 모
르겠다. 하지만 역사는 하루아침이나 하룻밤에 바뀌는 것이 아니
다. '오늘부터 가마쿠라시대입니다'라는 식의 뚜렷한 구분이 있었
을 리도 만무하고, 사람들의 가치관이나 감각이 조금씩밖에 바뀌
지 않는 것도 분명하다. 게다가 가마쿠라 막부의 성립은 혁명이 아
니다. 적어도 형식적으로는 조정을 지탱하는 군사적 기구가 지방
에 생겨났을 뿐이었다. 가마쿠라 막부가 어느 정도 권력을 잡았다
고 해서 일본인 전체의 가치관이 그렇게 간단히 극적으로 변화할
리도 없는 것이다. 그렇기는 하나 사회에는 다양한 사람들이 존재
한다. 설령 다수파가 여전히 '무'에 부정적이고 문자에 의한 표현에
종사하는 사람들 다수가 무사에게 냉담한 눈길을 보내고 있다고
해도, 사회의 일부에서는 '무'를 표방하는 사람들이 일정한 지반을
확보하고 있었음은 의심할 여지가 없다. 그들은 아직 자신들의 생
각을 문장의 형태로는 표현하지 않았던 것 같다. 혹은 표현했지만
그것을 후세에 남길 수 없었는지도 모른다. 그러나 전장에서 직접

무기를 들고 싸우는 자들 사이에서 공유되는 무사 특유의 가치관이라는 것은 헤이안시대에 이미 자라나고 있었을 터이며, 그러한 집단은 사회 속에서 점차 유력한 위치를 차지해 나가며 마침내 스스로의 가치관을 표현할 수 있게 된다. 이어서 그 양상을 살펴보도록 하겠다.

제3절
무사의 자의식 발달과 그 표현

'무사의 도'

'무사(武士)'라는 말은 나라시대부터 『속일본기』 등에 등장하지만, 사회적 신분으로서의 '무사' 개념이 형성되는 것은 헤이안시대 중반 무렵의 일이다. 앞서도 언급하였듯이 일본의 무사는 말 위에서 길고 큰 활을 쏜다는 특수한 기능을 가업으로 계승하며 단련한 자들이다. 그러한 기풍 가운데 자연스레 무사 특유의 삶의 방식이 정립된다. '무사(兵: 쓰와모노)의 도', '활과 화살[弓矢]의 도' 같은 말은 그러한 삶의 방식을 고찰하는 유력한 소재가 된다. 이 문제에 대해서는 이미 논한 적이 있으니, 여기서 간단히 그 논의를 돌이켜보도록 하겠다(사에키 신이치 『전장의 정신사[戰場の精神史]』및 「무사의 도', '활과 화살의 도' 고〈考〉」 참조).

'무사의 도'라는 말은 『장문기』에 그 첫 용례가 보인다. 무사시

117

(武藏) 국청(國廳)[38]의 분쟁에서 무사시노 다케시바(武藏武芝)가 미나모토노 쓰네모토(源經基)의 영소(營所)를 포위하는 장면을 그리면서, '쓰네모토는 아직 "무사의 도"에 숙련되지 않았'고 표현하고 있다. 이 사례에서 보듯, '무사의 도'는 원래 무사로서의 능력을 의미하는 말이었다. 자주 오해되는 부분인데 원래는 윤리나 도덕을 의미하는 말이 아니다(다카하시 마사아키).

이 말의 용법은 12세기 전반에 쓰여진 『금석물어집』에서 보다 선명하게 나타난다. 『금석물어집』에서는 무사를 '쓰와모노(兵)'라고 부르고 있으며, '쓰와모노의 도'라는 말은 모두 16번이나 등장한다. 그 중 12개는 무예 솜씨나 용감함, 배짱 등 전투 실력을 의미한다. 예를 들면 미나모토노 미쓰루(源充)와 다이라노 요시후미(平良文)가 '무사의 도'를 겨루어 결투했다(권25, 제3화)거나 도적을 막기 위해 '무사의 도'에 통달한 자를 50명 파견했다(권29, 제6화)는 식으로 사용된다. 또 천축(인도) 이야기에서는 샤카족은 모두 '무사의 도'의 극한에 달하였는데 계율을 지켜 벌레 한 마리 죽이지 않았다(권2, 제28화)는 등의 이야기도 있다.

이러한 말뜻과는 약간 다른 용례도 있다. 예를 들면 후지와라노 야스마사(藤原保昌)는 무사 집안 출신이 아니나 그에 뒤지지 않게 담력이 강하고 기량이 뛰어났으며 힘이 세고 판단력도 갖추었기 때문에, 조정이 그를 '무사의 도'에 썼다고 한다(권25, 제7화). 또는 미나모토노 미쓰나카(源滿仲)가 출가하기 전날 밤에 "내가 '무사의

---

38 지방 행정구역인 구니(國)의 관청.

도'를 세우는 것도 오늘밤까지다"라고 말했다고 한다. 이와 같이 무사로서 봉공(奉公)하는 일 또는 무사로 살아가는 일 자체를 '무사의 도에 쓰이다', '무사의 도를 세우다' 등으로 표현하였던 것이다.

그런데 '도(道)'라는 표현은 무사만의 것은 아니다. 다양한 삶의 방식에 각자의 '도'가 있었다. 예를 들면 유녀(遊女)에게는 유녀의 도가 있었다. 『원평성쇠기(源平盛衰記)』의 기오(祇王) 설화에서는 추참(推參, 부르지도 않았는데 찾아오는 일)을 한 호토케고젠(佛御前)을 기오가 "도를 세우는 자는 그렇게 하는 것이다"라고 두둔한다(이 시대의 유녀는 매춘부가 아니라 긍지 높은 예능인이다). 또 와카를 업으로 하는 가인에게는 와카의 도가 있었다. 『태평기』 권2에서 모반에 연관되었다는 의심을 받고 고문당한 니조 다메아키(二條爲明)가 '우리 시키시마(敷島)의 도가 아니라 속세에서의 일을 질문받을 줄, 누가 생각했겠나…'라고 읊어 사람들을 감동시켰다고 한다. 이때 '시키시마의 도'란 와카의 도를 말한다. 제아미(世阿彌)가 '일단 이 도에 도달하려고 마음먹은 자는 비도(非道)를 행하지 말아야 한다'(『풍자화전〈風姿花傳〉』)고 한 것은 당연히 노(能: 사루가쿠〈申樂〉)의 도다.

헤이안시대 후기 무렵부터 중세에 걸쳐 각각의 도를 생업으로 하는 사람들이 늘어 갔다. 가인에게는 가인으로서, 예능인에게는 예능인으로서 몸에 익혀야 할 능력과 그에 상응하는 명예가 있고 또 습관과 삶의 방식이 있는데, 그것을 각자의 '도'라고 불렀다. 그래서 무사에게는 무사다운 능력과 습관, 삶의 방식이 있으며 그것

---

39 시키시마는 스진 천황(崇神天皇) 등이 거처했다고 하는 야마토 지방의 지명인 시키(磯城)에서 유래된 말로, 야마토 또는 일본국의 별칭으로 사용되었다.

을 '무사의 도'라고 불렀던 것이다. 무사의 '도'는 완력이나 활쏘기 기술, 혹은 용기나 배짱 같은 전투능력이라는 의미로 어떻게 발전되었을까?

『헤이케 모노가타리』에 나오는 '활과 화살의 도'

13세기 전반에 원형이 성립된 『헤이케 모노가타리』에서는 '무사의 도'라는 말이 자취를 감추고 '활과 화살(궁시, 궁전)의 도'가 중심이 된다('궁전〈弓箭〉'은 일본어로 규센〈きゅうせん〉 또는 '유미야〈ゆみや〉'라고 읽는다. '궁시〈弓矢, 유미야〉의 도'와 '궁전〈규센〉의 도'를 구별하는 견해도 있지만 양자를 구별하기는 쉽지 않다. 여기서는 '활과 화살의 도'로 통일한다. 또 '활과 화살을 쥐는 도[弓矢取る道]' 등의 표현도 마찬가지로 취급한다). '활과 화살의 도'는 『금석물어집』에도 용례가 4건 보이며, 활과 화살을 다루는 능력 또는 무사로서의 능력이라는 뜻으로 사용되고 있었다. 원래 활을 쏘는 능력 자체를 말하는 단어였던 것이 무사로서의 능력 자체로 확장된 것이리라. 당시에는 활과 화살을 주된 무기로 삼던 시대이다.

엔교본 『헤이케 모노가타리』에서는 '활과 화살의 도'가 7번 나온다. 그중 3개의 용례는 무사로서의 능력을 말하는 것으로, 이전 시대의 '무사의 도'의 원래 말뜻을 계승한다. 하지만 '활과 화살을 쥐는 도'나 '활과 화살을 쥐는 자의 관습[弓矢取りの習い]', '활과 화살의 도에 종사하는 관습[弓矢の道に携わる習い]' 등 우회적 표현도 포함한다면 상당히 다양한 의미들이 나타난다.

고쓰보자카(小壺坂) 전투에서 하타케야마 시게타다(畠山重忠)는 형세가 불리해진 아군 병사들에게 "'활과 화살을 쥐는 도'를 갖추고서도 되돌아서 싸우지 않을 거라면 이제 무사 같은 건 그만두어라'(엔교본 권5) 질타하며 무사의 명예를 문제삼고 있다. 또 요시나카에게 쫓겨 옛 수도 후쿠하라에서 빠져 나갈 때 무네모리가 한 연설에 호응하며 "'활과 화살의 도'에 종사하는 자의 관습에 비춰볼 때, 배신은 영원한 수치입니다"라고 낭등들이 한 말(엔교본 권7)은, 무사는 배신을 부끄러워하고 충의를 다하는 것이 당연하다고 서술했다. 이 사례들은 무사다움이 전투능력뿐만 아니라 명예나 충의 같은 정신적·도덕적인 내용과도 연관됨을 짐작할 수 있겠다.

이 사례들은 기본적으로는 어디까지나 무사에 대한 현실 인식을 표현한 말이다. 즉, '무사된 자는 이러한 사람이어야 한다'고 하는 이상이 아니라 '무사라는 것은 일반적으로 이러한 사람이다'라는 현실 인식을 그대로 표현한다. 특히 '도'라는 말 대신에 '무사의 관습'을 말하는 경우에는 대체로 이상과는 걸맞지 않은 내용이 포함되어 있다. 예를 들면 하타케야마 시게타다에게 요리토모를 섬기도록 권유한 유모의 아들 한자와 나리키요(榛澤成淸)가 "활과 화살을 잡는 자의 관습으로서 아버지와 아들이 적과 아군으로 나뉘어 싸우게 되는 것도 흔히 있는 일입니다"(엔교본 권5)라고 했다. 하타케야마 시게타다는 요리토모 거병 초기에는 헤이케 편에서서 싸웠지만 요리토모 세력이 간토를 석권하는 기세에 버티지 못하고 귀부했다. 하지만 시게타다의 아버지 시게요시(重能)는 이

때 오반야쿠(大番役)[40]로서 교토에서 근무하며 헤이케 정권 밑에서 종사하고 있었다. 시게타다가 요리토모에 가세하여 아버지와 아들이 적과 아군으로 나뉠지라도, 무사로서는 자주 있는 일이라는 것이다.

또한 이요(伊豫)에서 헤이케에 반기를 들고 다카나와성(高繩城)에서 농성하며 투쟁한 고노 미치키요(河野通淸)의 동생 호조 미치쓰네(北條通經)가 적장 사이자쿠(西寂)에게 붙잡히는 장면을 보자. 사이자쿠는 미치키요에게 포로 교환을 제안했지만 미치키요는 "적에게 생포되는 얼간이는 살려두어도 소용이 없다. 그쪽에서 마음대로 베면 된다"고 폭언했다. 그래서 미치쓰네는 "활과 화살을 잡는 이의 관습으로서 적에게 생포되는 일은 자주 있지 않은가? 형제로서 너무 무정하다"고 분개하며 형을 배신하고 성을 함락시키는 앞잡이가 되었다고 한다(엔교본 권6).

'무사란 배신을 수치로 여긴다'라는 인식도 엄연히 존재했지만, '무사란 아버지와 아들이 적과 아군으로 나뉘어 버리기도 한다', '적에게 생포되는 경우가 빈번하다'는 것도 각각 현실적인 인식이다. 무사의 삶의 방식에 관한 다양한 인식이 '활과 화살을 잡는 이의 도', '활과 화살을 잡는 이의 관습'으로서 각각의 상황에 맞추어 표현된 것이다. 이렇듯 무사의 삶의 방식에 대하여 다양한 인식들은 공통적으로 '무사만의 삶의 방식이 있다. 다른 사람들과는 다른, 독자적인 관습과 가치관이 있다'는 사고방식을 전제로 한다. 전

----

40 헤이안시대 후기와 가마쿠라시대에 천황이 거처하는 궁궐과 상황의 거처를 경호하는 역할로, 지역의 무사들이 교대로 담당했다.

투를 업으로 삼는 무사에게는 평화로운 사회에서 살아가는 사람들과는 다른 독특한 습관이 있고, 무사들 사이에서만 성립하는 규칙과 이를 지탱하는 가치관이 있다. 예능을 업으로 하는 유녀에게 보통 세상과는 다른 습관이 있는 것과 마찬가지이다. 『금석물어집』 등의 설화집이나 『헤이케 모노가타리』 같은 군기 모노가타리는 그러한 독자적인 '도'와 '관습' 속에서 살아가는 무사들에 주목하여 그 독특한 삶의 방식을 그려냈다.

『헤이케 모노가타리』가 무사에 의해 쓰인 것도 무사를 위해서 쓰인 것도 아니라는 점은 앞서 서술한 대로이다. 『금석물어집』이 무사를 바라보는 시선은 『헤이케 모노가타리』보다도 한층 거리감이 있으며, 때로는 어둠 속에 꿈틀거리는 기분 나쁜 존재로 묘사하기도 한다. 사회에 새롭게 등장한 무사라는 존재가 일반인과는 이질적인 삶의 방식을 가진 데 흥미를 보이고 주목하는 데서 시작하여 점차 그러한 삶의 방식에 대한 공감으로 확장된다. 이 흐름은 『장문기』나 『금석물어집』부터 『헤이케 모노가타리』까지 일관되게 관통하고 있다. 그 가운데 무사의 자의식과 그 삶의 방식이 빈번하고 상세하게 묘사되기에 이르렀던 것이다.

『태평기』에 나오는 '활과 화살의 도'

남북조의 전란을 그린 『태평기』는 『헤이케 모노가타리』보다도 1세기 반 정도 더 늦은 14세기 후반에 쓰여졌는데, 전투 장면이 분량과 내용 면에서 모두 현격히 발달했다. 특히 '지모(智謀)'와 '꾀[謀]'

를 구사하는 '양장(良將)'을 칭찬하는 등 무사의 존재가 한층 전면에 부각되고 있다. 이 전란의 도화선에 불을 당긴 것은 무가정권을 제압하고 조정에게 본래의 권위를 되찾아 주려한 고다이고 천황이었다. 그의 신정(新政)은 호조씨(北條氏)의 독점 체제에 반발하는 무사들을 시켜 가마쿠라 막부를 무너뜨리는 데 성공했으나, 이내 실패하여 조정은 남북으로 갈라지게 된다. 자연히 무사들은 서로 복잡하게 대립하며 그때그때 상황에 따라 짊어지는 신여(神輿)[41] 같은 존재가 되고 말았다. 결과적으로 전란은 끊이지를 않았고 무사들의 힘은 더욱 더 커져서 국가의 중심적인 위치에 자리잡게 되었다.

『헤이케 모노가타리』의 시대와는 비교도 안 될 정도로 대규모로 오랫동안 이어진 남북조시대의 전투는 예전과 양상이 크게 변화했다. 무사 개개인의 '궁마의 기량'이나 용감함에 의존하기보다는 기병 집단과 보병 집단이 연계하여 효과적인 작전을 펴는 조직전이 필요해졌다. 또 전투 형식은 요시쓰네가 강조했듯 '오로지 곧바로 공격하고' 단번에 결판을 내는 것보다는, '밀면 당기고 당기면 미는' 치고 빠지기가 중요해졌다. 『헤이케 모노가타리』에서는 거의 모든 전투가 하루 안에 결판이 났는데, 『태평기』에서는 패색이 짙다가 원군을 얻어 적을 물리친다든가 지구전으로 피폐해진 측이 물러나는 등 전투의 구도가 훨씬 복잡해졌다. 따라서 다수의 병력을 효과적으로 다루는 장수의 능력도 중요해졌다. 『태평기』에서는

41　일본어로 미코시라고 하며, 제례에서 사용하는 신위를 모신 가마를 말한다.

이러한 능력이 뛰어난 장수를 '양장'이라고 부르고 있다. 『헤이케 모노가타리』에는 거의 보이지 않았던 표현이다. 그러한 가운데 무사 개개인이 말 위에서 활을 쏘는 힘의 세기는 상대적으로 덜 중요해졌다. 그에 따라 '활과 화살의 도'라는 표현도 말 위에서 활을 쏘는 능력이라는 본래의 의미를 거의 상실한다.

한편 『헤이케 모노가타리』에서 나타나는 윤리·도덕적 측면이 『태평기』에서는 좀더 강해졌다. 유포본(流布本)『태평기』에서는 '활과 화살의 도[弓矢の道]'가 8번 나오는데 그 중 6번은 무사다운 정신과 윤리·도덕에 관한 것이다. 예를 들면 권10 「닛타 요시사다가 모반한 일[新田義貞謀叛事]」에 나오는 와키야 요시스케(脇屋義助)의 말 "활과 화살의 도는 죽음을 가벼이 여기고 명예를 중시함을 의(義)로 삼는다", 권31 「닛타가 의병을 일으킨 일[新田義兵を起こす事]」에 나오는 이시도 요리후사(石塔賴房)의 말 "활과 화살의 도는 두 마음을 가지는 것을 수치로 여긴다", 권34 「가네가다케 전투의 일[銀萬軍の事]」에 나오는 아카마쓰 우지노리(赤松氏範)의 말 "이제 와서 약한 자를 못 본 척하는 것은 활과 화살의 도가 아니다. 힘이 없으면 전사하는 것 외에 다른 방법이 없을 것이다" 등과 같은 것이다. '무사다움'이 점차 정신성을 많이 내포하게 된 것이라고 할 수 있겠다. 동시에 서술 구조 면에서도 무사 자신이 말하는 형태를 취한 예가 많은 점도 주목할 만하다. 이는 '무사는 어떠해야 하는가'를 자각하는 무사들이 늘어났거나 혹은 그런 생각을 하는 기회가 많아져서가 아닐까? 그러한 사고의 확산은 마침내 후대에 '무사도'에 관한 표현으로 연결된다.

『태평기』와 무사

아울러 『태평기』라는 작품과 무사의 관계에 대해서도 간단하게 언급해 두겠다. 『헤이케 모노가타리』의 경우 무사의 문학이라는 성격은 어디까지나 부분적이었다면, 『태평기』의 경우 무사 문학의 색채가 짙어졌다. 예를 들면 『태평기』가 성립된 뒤 얼마 지나지 않은 오에이(應永) 9년(1402)에 이마가와 료슌(今川了俊: 사다요(貞世))이 집필한 『난태평기(難太平記)』는 이마가와가(今川家)의 공적이 정당하게 적혀 있지 않다고 『태평기』를 비판한다. 이 책은 또한 아시카가 다다요시(足利直義)가 본문 내용에 개입하여 전투에서 '고명(高名)'과 관련된 '기입[書시]', '삭제[切出]'가 이루어졌음을 증언하고 있다. 요약하면 다음과 같다.

 옛날 홋쇼지(法勝寺)의 에친(惠鎭) 상인이 『태평기』 30여 권을 지참하고 니시키코지도노(錦小路殿: 아시카가 다다요시)를 뵈었다. 다다요시가 그 책을 겐에 법인(法印)[42]에게 보여주자, 책의 내용이 사실과 다른 점이 많았다. 그래서 다다요시는 기입과 삭제가 필요하다고 지적했고, 첨삭이 끝날 때까지 공표하지 말라고 명했다. 그 후 편찬 작업이 한때 중단되었고 최근까지 기록이 계속 보완되었다. 첨삭 과정에서 이름이 기입되기를 희망하는 자도 많아

---

42 법인대화상위(法印大和尙位)의 준말로 승위(僧位), 즉 천황이 승려에게 내리는 위계 중 가장 높은 것을 말한다. 864년에 설정되었으며, 법인 아래로는 법안(法眼), 법교(法橋)의 승위가 있다.

결과적으로 공명을 세운 자들이 많이 늘어났다. 그러나 실제로는 큰 공이 있지만 많은 사람들에 묻혀 이름만 실리거나 이름조차 실리지 않은 이들도 있을 것이다.

　요컨대 이마가와 료슌은 『태평기』를 무사들의 공적을 제대로 기술해야 하는 역사서로 파악하고 있는 것이다. 또한 아카마쓰씨(赤松氏)의 유신(遺臣)이 『태평기』를 전투에서 세운 공적의 증명으로 사용한 사례도 확인된다. 『아카마쓰 세계 각서(赤松世系覺書)』에 따르면 아카마쓰의 유신이 아시카가 요시마사(足利義政)에게 주군의 가문을 부흥시킬 것을 탄원할 때, 요시마사에게 "태평기를 보소서"라고 권하여 『태평기』에 의해 아카마쓰 가문의 아시카가 쇼군에 대한 충절을 확인시켰다(스즈키 도미에〈鈴木登美惠〉의 지적에 따름. 아울러 『태평기』를 읽으라고 권한 인물은 아카마쓰 일족 출신인 선승 기케이 신즈이〈季瓊眞蘂〉인 듯함).

　이처럼 『태평기』는 무사의 공명을 담은 작품으로 일찍부터 이해되고 있었다. 그러한 의미에서는 『태평기』는 무사를 위한 작품인 것이다. 그러나 『태평기』가 무사에 의해, 무사를 위해 만들어진 작품인가 하면 그렇지는 않다. 『태평기』의 서문은 '고금의 변화', '안위의 유래'를 묻는 군신론(君臣論)으로 시작한다. 또 거의 끝 부분에서는 인과응보로 난세의 유래를 마무리짓는 『기타노 쓰야 모노가타리(北野通夜物語)』를 통해 세상의 앞날을 논한다. 『태평기』는 한 시대를 인간의 뜻대로 되지 않는 난세로 파악하고, 올바른 정도(政道)로써 다스리는 방도를 모색했다. 결코 무력에 의한 정치를 긍정하지는 않는다. 무사의 공명이 대량으로 기입되고 그것을 중심으로 한 독법이 이루어졌다고 해도 작품 자체가 무사의 입장에 서 있지는 않다는 점에서는 『헤이케 모노가타리』와 본질적으로 차이는 없다.

『요시사다 군기』라는 작품

『태평기』의 주요 등장인물 중 한 명인 닛타 요시사다(新田義貞)의 이름을 내건 작품이, 아마도 15세기 전반 무렵에 탄생한 『요시사다 군기(義貞軍記)』이다. 이렇게 이야기를 해도 이 책의 존재를 아는 독자는 아마 거의 없을 것이다. 작자 미상인 이 작품은 닛타 요시사다의 이름을 제목에 내세우고 있지만 아마도 저자가 요시사다 자신은 아닐 것이다. 군서유종(群書類從)에는 '요시사다기(義貞記)'[43]라는 이름으로 수록되어 있는데 '요시사다 군기'가 원래 이름이었을 것으로 여겨진다(이마이 쇼노스케〈今井正之助〉). '군기'라는 제목이기는 하지만 이른바 '군기 모노가타리'는 아니고, 무사의 마음가짐과 전투 생활에 관한 실천적 지식을 다룬 교훈서(教訓書)이자 실용서이다(사실 '군기'라는 말은 원래 이야기책이 아니라 이런 책을 가리키는 단어인 듯하다).

그동안 그다지 주목을 받아오지 못해왔지만 이것이 무사의 자

43　에도시대의 학자 하나와 호키이치(塙保己一, 1746~1821)가 고대부터 에도시대 초기까지의 고문헌들을 모아서 편찬한 총서로, 1270종에 달하는 문헌을 530권에 담았다. 1779년부터 편찬 작업이 시작되어 1819년에야 전권의 간행이 완료되었다.

의식 표현의 역사를 고찰하는 데 있어 중요한 작품이라고 생각한
다. 무사가 무사로서의 자의식에 기반을 두고 무사의 '도'에 대하
여 논한 책으로는 현존하는 문헌들 중에서 아마도 최고(最古)의 자
리를 차지할 것이기 때문이다. 이 책에서 주목해야 할 부분은 먼저
그 도입부다.

> 예로부터 지금에 이르기까지 문과 무 두 가지 덕(德)은 하늘과
> 땅과 같다. 어느 한쪽이라도 빠져 있으면 나라를 다스릴 수 없
> 다. 그래서 공가(公家)[44]는 문에 종사하고 있다. 시가관현(詩歌管絃,
> 시와 와카를 읊고 악기를 연주함)의 예능을 말한다. 한편 '당도(當道, 우
> 리들의 도)'는 무를 기본으로 삼고 있다. 궁마합전(弓馬合戰, 활을 쓰
> 고 말을 타며 전투를 벌임)의 도를 말한다. 우리들은 적어도 무사 가
> 문에서 태어나 부족하나마 선조의 이름을 계승하고 있으므로
> 마땅히 이 도에 힘쓸 필요가 있다. 그래서 가문 대대로 가르치고
> 전해진 것과 생각한 바를 적어 후세에 기록으로 남겨야 한다.

'문'과 '무' 두 가지 덕에 대하여 이야기한 다음 '공가'는 '문', 즉 '시
가관현의 예능'을 우선으로 여긴다고 한다(중국적 정도론을 바탕으로
하는 본래의 문무이도론의 관점에서 보면, '문'을 '시가관현'과 동일시하는 것은 매

---

44 공가는 원래 조정 내지는 그것을 구성하는 관료 집단을 가리키는 말인데, 헤이안시대에 들어
   서는 천황 개인을 가리키는 말로 사용되었다. 중세 이후 가마쿠라 막부의 수립을 전후하여 무
   사 출신의 권문(權門)이 무가(武家)라고 불림에 따라 조정의 귀족 세력은 그에 대응하여 '공
   가'라고 불리게 되었다. 오늘날 일본사의 연구용어로서의 공가는 이러한 귀족 집단을 가리킨
   다. 고대·중세 공가 개념의 변천에 대해서는 요시에 아키오(義江彰夫)의 「천황과 공가 신분 집
   단(天皇と公家身分集團)」(永原慶二 等 編, 『講座·前近代の天皇 3 天皇と社會諸集團』,
   青木書店, 1993)을 참조.

우 제한적인 해석이다).). 그에 반해 '당도'는 '무', 즉 '궁마합전의 도'를 바탕으로 한다고 선언한다. '당도'는 '우리들의 도'라는 의미로 중세에 다양한 '도'에 속한 자들이 자신들의 도를 가리켜 사용한 말이다. 예를 들면 음양사(陰陽師)도 악사(樂師)도 비파법사(琵琶法師)도 자신들의 도를 '당도'라고 불렀다. 가장 유명한 것은 비파법사 등의 맹인 조직이 '당도좌(當道座)'라고 불린 것이겠다.

『요시사다 군기』의 작자는 그러한 다양한 전문직의 '도'와 어깨를 나란히 하는 것으로서 무사의 '도'를 '당도'(우리들의 도)라고 불렀던 것이며, 그 도에 무엇이 중요했는지, 무사 가문에서 대대로 말로 전해져 내려온 것을 이 책에 적었다는 뜻이다. 작자미상으로 무사로서의 자의식을 지닌 인물이 '무사는 어떻게 살아야 하는가'를 자각하며 그 삶의 방식을 자신들의 '도'로서 서술한 텍스트인 것이다. 『장문기』, 『헤이케 모노가타리』, 『태평기』 등의 군기 모노가타리는 무사나 전투를 다루고 있지만 근본적으로는 무사의 입장에서 기록된 작품은 아니었다. 또한 『헤이지 모노가타리』나 『십훈초』 등에서 이야기되는 문무이도론은 국가 전체를 부감(俯瞰)하는 관점에서 말세(末代)에 무가 필요함을 설파하는 논의였다. 그에 반해 이 책은 무사 자신의 시점에서 '문'에 대항하는 '무'의 입장을 강렬하게 내세운다. 문무이도론을 바탕에 깔고는 있지만 '문'과 '무' 양쪽을 균형 있게 견주려는 것이 아니라 명확히 '무' 쪽에 무게 중심을 싣는 입장에서 지금 여기에 존재하고 있는 무사가 어떻게 살아야 하는지 그 존재 방식을 묻는다. '공가(귀족)=시가관현=문'과는 다른 '우리들의 도=궁마합전=무'라는 고유의 삶의 방식이 있음을 주장하고 있다. 무사에 의한, 무사를 위한 텍스트가 마침내 등장한 것이다.

『요시사다 군기』의 '도'

『요시사다 군기』가 말해주는 교훈 중에는 『헤이케 모노가타리』나 『호겐 모노가타리』, 『헤이지 모노가타리』, 『조큐기(承久記)』, 『소가 모노가타리(曾我物語)』 등 오늘날 군기 모노가타리라 불리는 것들, 그중에서도 『헤이케 모노가타리』에서 인용된 것이 많다. 예를 들면 '산과 강에서의 전투에 관한 일[山河の戰ひの事]'에서는 '가파른 산세를 내려갈 때는 요시쓰네의 이치노타니 절벽 내려가기를 본받고(『헤이케 모노가타리』 권9), 강을 건널 때는 아시카가 마타타로 다다쓰나(足利又太郎忠綱)가 다리 전투에서 우지 강[宇治川]을 건넌 말로 만든 뗏목[馬筏](『헤이케 모노가타리』 권4)을 모범으로 삼으라'고 되어 있다. 『헤이케 모노가타리』의 기사를 실전의 모범으로 삼으라고 하는 것이다. '정직함도 때에 따라서는 사정에 따라야 하는 일[正直も時に依りて儀にしたがふべき事]'에서는 엣추(越中)의 전직 지방관 모리토시(盛俊)를 속여서 불시에 공격하여 수급을 취한 이노마타 노리쓰나(猪俣則網)(『헤이케 모노가타리』 권9)를 '희대의 고명(高名)'으로 칭찬했다. "'당도"에서는 기본적으로는 정직함이 좋은 것이지만 전장에서는 때때로 속임수를 사용하는 일도 당연하다'는 것이다. 때에 따라서는 정직함의 덕보다도 승리를 우선하라는 것으로, 현대인이 상상하는 페어플레이의 '무사도'와는 완전 반대되는 가치관을 '도'

로 보고 있다는 점이 흥미롭다(사에키 신이치, 『전장의 정신사』 참조).

'무사는 보통과는 다른 행동을 하여 이름을 떨쳐야 하는 일[兵は普通に違ひたる振舞をして名を擧ぐべき事]'에서는 공명을 지향하는 무사들의 마음가짐에 대해 다음과 같이 가르친다.

> '당도'에서는 집단적인 혼전을 피하고 타인과는 다른 눈에 띄는 행동으로 무공을 세워야 한다. 적이 천 기(騎)가 있든 만 기가 있든 자기 혼자서 베어 죽이겠다, 쫓아내 주겠다고 할 정도의 기백으로 싸워야 한다.

앞서 서술하였듯이 이미 일본의 전투는 조직전을 중시하는 시대로 넘어갔는데도, 싸움이란 개개인이 공명을 지향하는 것이라는 정신이 여전히 남아 무사의 '도'의 근본이 되었다. 공명을 달성한 자, 혹은 그것을 지향하는 자의 구체적인 예로서는 『호겐 모노가타리』, 『헤이지 모노가타리』, 『헤이케 모노가타리』, 『조큐기』에 많은 사람들의 이름이 제시되고 있다. 또한 군기 모노가타리의 일반적인 전투의 마음가짐에서 약간 벗어난 예로서는 '즉석에서 일어나는 말싸움에 관한 일[當座の口論の事]'에 보이는 말싸움의 마음가짐도 흥미롭다. 싸움은 피할 수 있다면 피하는 편이 좋지만 피할 수 없는 경우에는 단숨에 마구 떠들라고 한다. '문답을 거듭하고 있으면 적도 점점 흥분되어 투지가 끓게 된다. 그러므로 상대가 진심으로 화를 내기 전에 단숨에 마구 떠들어서 압도해 버리라'는 것이다. 실천적인 승부술이기는 하겠지만 전혀 도덕이라고 할 만한 것이 아니다. 무사들 사이에서는 이러한 다툼이 끊이지 않았을 텐데 그러한 현실 체험에서 태어난 지혜라고 할 수 있다. 이 책에는 전투나 무구 등과 관련된 실용 지식 외에 도박·쌍륙(雙六)·바둑·요리 등에 대한 마음가짐도 적혀 있다('무예에 관한 여러 도들을 살펴야 하는 일[武藝に付きたる道々を伺ふべき事]'). 이것들도 실생활에 필요한 지혜였을까? 그중 도박에 대해서는 '첫째로 마음, 둘째로 물건, 셋째로 뛰어난 실력, 넷째로 성품, 다섯째로 힘, 여섯째로 논(論), 일곱째로 도둑질, 여덟째로 해치기'라는 여덟 가지 마음가짐이 필요하다고 한다. 요점만 간추려 소개하면 '다섯째로 힘'이란 '너무 잃었을 때는 (잃은 만큼을 힘으로) 빼앗아라. 힘이 약해서는 안된다', '일곱째로 도둑질'이란 '남의 눈을 속여서 도둑질을 잘 할 것'이라는 가르침이 있으며, '여덟째로 해치기'는 '이상의 일곱 가지 도를 이룰 수 없을 때는 상대를 죽여서 빼앗으면 된다'고 전체 내용을 마무리한다. 요컨대 도박에서 심하게 잃었을 때는 잃은 몫을 힘으로 뺏거나 훔치고, 더 나아가서는 상대방을 죽여서라도 되찾아오라는 것이다. 그 다음에 '그래서 도박은 죄 많은 일이니 하지 않는 게 좋다'고도 말하는데, 현대인의 눈으로 보면 도박 그 자체보다도 이러한 난폭한 행동 쪽이 훨씬 더 문제가 아닐까 하는 생각도 든다. 그러나 무사들은 이러한 마음가짐으로 살아갔던 것이다.

예를 들면 『하가쿠레(葉隱)』의 저자 야마모토 쓰네토모(山本常朝)의 아버지인 야마모토 진에몬 시게즈미(山本神右衛門重澄)는 '도박을 하고 거짓말을 해라. 한 번에 7번 거짓말을 하는 정도가 아니면 남자로서의 명예가 서지 않는다'고 말했다(『하가쿠레』 기키가키〈聞書〉

8-14). 무사된 자는 어느 정도 나쁜 일과 난폭한 짓을 해두지 않으면 안된다는 것이 아직 평화로운 세상이 도래하기 이전에 전투로 세월을 보내야 하는 시대의 현실적인 마음가짐이었다. 그러한 시대 무사들의 거친 삶의 방식에 바탕하여 '도'를 가르치는 책이 『요시사다 군기』인 것이다. 『요시사다 군기』는 이처럼 전장에서 직접 무기를 들고 싸우는 무사가 실제 체험에서 얻은 독특한 교훈과 군기 모노가타리에서 얻은 지식을 뒤섞으면서 무사 특유의 생활 방식을 무사 자신의 입으로 말한다. 치세론(治世論)이 일부 담겨 있지만 국가 전체를 논하고 있지는 않다. 하물며 이국과의 관계나 국제적인 비교에서 일본의 이미지 따위는 전혀 염두에 두지 않는다. 어쨌거나 '공가'에 대항하는 무사의 자의식이 하나의 책에 일목요연하게 정리되었다는 점이 중요하다. 이후에 융성기를 맞이하는 '무국' 의식은 이 책에 나타나는 것과 같은 무사의 자의식이 국가 규모로 확대된 것으로 파악할 수도 있기 때문이다.

『갑양군감』의 '무사도'

『요시사다 군기』 이후에 무사의 자의식을 말해주는 서적을 하나 더 살펴보도록 하겠다. 바로 『갑양군감(甲陽軍鑑)』이다. 『갑양군감』은 고슈(甲州) 다케다씨(武田氏)의 기록으로 다케다 신겐(武田信玄)의 가신인 고사카 단조(高坂彈正)가 덴쇼(天正) 3년(1575) 무렵까지를

---

45 가이국(甲斐國)의 중국식 명칭으로, 갑양(甲陽, 일본어 발음은 고요) 역시 가이국의 별칭이다. 지금의 야마나시현(山梨縣)이다.

기록했고 이후에 그의 조카인 가스가 소지로(春日惣次郎)가 덴쇼 13년(1585)까지 이어 적은 형태인데, 사실상 에도시대 초기의 위작이라는 견해가 일반화하면서 사료로 취급하는 데 한계가 있었다. 그러나 최근에는 사카이 겐지(酒井憲二)의 일본어학적 연구를 통해 원래는 고사카 단조의 구술을 바탕으로 한 부분이 많아서 위작으로 단정할 수 없다는 견해가 통설로 자리잡았다.

『갑양군감』은 '무사도'라는 말의 초기 용법의 가장 중요한 단서로서도 잘 알려져 있다. 이 책과 같은 시기 내지는 다소 이른 시기에 '무사도'의 용례를 담은 문헌은 있지만 모두 단편적인데 반해, 이 책의 경우 『갑양군감대성(甲陽軍鑑大成)』의 색인편으로 검색하면 '무사도'의 용례를 39건이나 찾아낼 수 있다. 또 '무도(武道)'는 65건이 있고, 그 밖에 유사한 말로 '사무라이의 도[侍道]', '남도(男道)' 등이 있다. 하지만 『갑양군감』을 비롯한 초기의 '무사도' 용례는 현대인이 니토베 이나조(新渡戸稲造)의 『무사도』 등을 통해 상상하는 것과는 다르다(사에키, 『전장의 정신사』 참조). 예를 들면 다케다 가신단 내부에서 무사끼리 다투는 일을 금하기 위해 '겐카료세이바이(喧嘩両成敗)[46]'의 고시를 발령하려고 하였더니 나이토 슈리(内藤修理)는 다음과 같이 말하며 반대했다고 한다.

겐카료세이바이를 정하여 모두 다투지 않게 된다면 물론 평화로울지도 모른다. 그러나 법을 지키는 일을 최우선으로 하여 무

---

46 다툼이 발생했을 경우 누구의 주장도 인정하지 않고 양측 당사자를 모두 동등하게 처벌하는 원칙. 겐카는 싸움, 다툼, 세이바이는 처결, 처벌을 의미함.

슨 일이든 무사히 해결할 생각만 해서는 무사들은 '남도의 계기'를 잃고 그저 참기만 할 뿐인 겁쟁이가 되어 버린다. 그렇게 되면 좋은 사무라이는 사라지고 신겐 공의 창끝은 무뎌진다. 사무라이 대장이 '무사도의 계기'를 제외한다면 '무사도'는 쇠퇴할 테니, 이는 주군을 위하는 일이 아니다. *(본편 권7, 요약)*

무사는 이때다 싶을 때에 앞뒤를 가리지 않고 용감하게 싸우는 기풍을 키워두지 않으면 전투에서 이길 수 없으며, 평소에 다투지도 않는 무사라면 쓸 데가 없다는 것이다. 무사에게 다툼은 늘 따라다니는 것이라 여기는 사고 방식이나, 싸움의 '계기'를 잃지 말라는 가르침이 인상적이다. 분명히 '상대가 진심으로 화를 내기 전에 단숨에 마구 떠들어서 압도해 버리라'고 가르치던 『요시사다 군기』의 정신이 계승되고 있다. 『갑양군감』의 '무사도'는 『요시사다 군기』 속 '당도'의 후계자인 것이다.

『갑양군감』은 서국(西國)의 다이묘(大名)였던 오우치씨(大內氏)를 비판한 야마모토 간스케의 다음 발언을 전한다.

오우치씨의 가신들도 시를 짓거나 와카를 읊거나 하는 식의 '화사(華奢, 품위 있음, 우아함, 화려함 등)'하고 운치 있는 일에만 몰두해 무사로서는 완전히 삿된 길에 빠져 있다. 오우치도노(大內殿)도 너무 아는 것이 많아 음양오행설에 따라 판단하거나 법을 지나치게 많이 제정했다. 그리고 화사하고 행실 바른 자만 우대했기 때문에 무사들의 반감을 사 끝내 멸망한 것이다. (본편 권9, 요약)

다케다 신겐은 오우치의 멸망이 학문을 좋아해서 그런 것은 아니라고 반론했으며, 다른 대목에서는 '무사는 화사와 무력을 겸비해야 이상적이다'라고 말했다고 한다(본편 권12). 그러나 권12에 나오는 신겐의 발언은 '용모의 미려함에만 신경을 쓰면 서국의 오우치 요시타카(大內義隆)처럼 되고 만다'는 비판 뒤에 이어진다. 스루가(駿河)의 이마가와(今川) 가문도 '무사도의 기량이 있는 자'는 많이 있었는데도, 9년 동안이나 이마가와 요시모토(今川義元)의 복수를 갚기 위한 싸움은커녕 '화사·풍류의 행위'만 하고 있어 '무사도'가 퇴락했다고 지적했다. 이렇듯 오우치·이마가와를 무사로서 있을 수 없는 실패 사례로 보았다. 『갑양군감』에서는 무사의 바람직한 모습('무사도')은 기본적으로 '화사·풍류'와 대비되고 있다. 오우치나 이마가와처럼 귀족적인 지향이 너무 강하면 '무사도'는 쇠퇴하고 가문이 망해 버린다는 것이다. 『요시사다 군기』가 시가관현 등의 '문'의 도에 '궁마의 도', '당도'를 대치시킨 것처럼, 『갑양군감』은 '무사도'를 공가풍의 고상한 문화와 대치한다. 또한 '무사도'와 유사한 개념으로 '남도(男道, 일본어 발음은 오토코도, 오노코고도)'가 있다. 예를 들면 '훌륭한 대장은 자비로우며 전투에서도 강하여 문무이도를 이룬다. 그러나 어리석은 대장이 잘못 흉내내면 "책 읽는 스님"처럼 되며 가신들은 공가 같은 기질이 되어 버리니 끝내는 "오노코고도"의 소양이 없어져 무력을 잃고 만다'고 한다(본편 권5). '남성', 즉 강한 남자에 대한 칭찬은 물론 '여성', 즉 약한 자에 대한 경멸과 짝을 이룬다. '무'의 도는 거칠고 살벌한 남성스러운 도로서 '문'과 '풍류', '공가'와 '여성'과 대조를 이루는 것이다.

무사와 와카

『갑양군감』 속 신겐의 말 중에 '무사는 "화사"와 무력을 겸비해야 이상적이다'라는 대목을 보면, 무사들도 실제로는 귀족적인 아름다움을 완전히 거부하지는 않았다. 무사는 원래 전투에 나서지만 상급 무사는 통치자이며 전투의 최전선에는 나오지 않는다. 최전선에서 싸우고 있는 무사들도 신분이 높아지면 이 두 가지 면을 함께 갖게 된다. 통치자로서는 권력 유지를 위해 정신적 권위를 필요로 하며 또한 다양한 사람들과의 교제를 필요로 하는 것도 당연하다.

와카를 예로 들어 보자. 무가정권인 가마쿠라 막부에서도 와카를 읊는 무사는 『금괴와카집(金槐和歌集)』으로 잘 알려진 청년 쇼군 사네토모(實朝)만이 아니다. 요리토모도 나름대로 와카를 읊었으며, 간토의 무사들 중에도 우쓰노미야 요리쓰나(宇都宮賴綱, 렌쇼〈蓮生〉)·도모나리(朝業, 신쇼〈信生〉) 형제 등을 비롯하여 일찍부터 가인들이 탄생하고 있었다. 가마쿠라시대 중기 무렵부터는 무네타카 친왕(宗尊親王)을 중심으로 이른바 가마쿠라 가단(歌壇)도 형성되어 호조씨로부터도 가인이 많이 생겨났다.

아시카가 정권에서도 다카우지(尊氏)를 비롯해 와카를 남긴 이는 많다. 앞서 언급한 『난태평기』에서 무사의 입장으로 『태평기』를 비판한 이마가와 료슌(사다요)은 가인으로 유명하다. 료슌은 오안(應安) 4년(1371)에 교토에서 규슈로 가는 도중에 와카 60수를 포함하는 우아한 기행문 『미치유키부리(道ゆきぶり)』를 지었는데, 사

실 이 여행은 남조가 우세했던 규슈를 무력으로 복종시킨다는 곤란한 임무를 띤 것이었다. 그런 여행에서 『미치유키부리』를 짓는 일은 실로 '문무양도'이다. 그 후로도 이마가와 가문의 역대 당주들은 가인으로 유명하다.

어느 시대에나 문화는 정치에 권위를 부여하기 위해 필요하며, 통치자는 문화에 관여하지 않을 수 없다. 문화와 예술을 공공성보다는 개인의 취미로 이해하는 경향이 큰 현대에조차 문화 행정이 없는 정치는 있을 수 없고 교양 없는 정치가는 경멸당한다. 더군다나 중세에는 '문'이 여전히 우위를 차지했으며 그 중에서도 와카는 대표적인 위치에 있었다. 또한 중세의 와카는 현실적인 커뮤니케이션 도구로서 역할했다. 이는 사랑 노래 같은 것만의 문제는 아니다. 예를 들면 간노(觀應) 2년(1351)의 「마쓰노오 신사의 신들에게 봉납하는 와카[松尾社奉納神祇和歌]」는 아시카가 다카우지를 비롯한 11명의 와카를 이어놓은 것인데, 그 목적은 쇼군과 우마마와리슈(馬廻衆, 친위대적인 무사들)의 연대를 확인하고 신 앞에서 알리는 행사를 위해서였다(오가와 다케오〈小川剛生〉). 무사들 사이의 유대를 강화하는 경우에도 와카가 유용했던 것이다.

대부분의 전국 다이묘(戰國大名)들이 렌가(連歌)[47]를 즐겨 읊은 것을 보더라도, 렌가가 다양한 계층의 사교 도구로 기능했음을 알 수 있다. 앞서 인용한 『갑양군감』의 신겐의 말에서는 오우치씨가 문약(文弱)의 대표인 것처럼 비판받았지만, 오우치씨의 세력 기반을

---

47 여러 사람이 와카의 앞부분과 뒷부분을 번갈아 가며 읊는 형식의 노래를 말한다.

계승한 모리씨(毛利氏)의 경우에도 모리 모토나리(毛利元就)는 이쓰쿠시마(嚴島)에 만구(萬句) 렌가를 봉납하였고, 그의 손자인 데루모토(輝元)도 모리 천구(毛利千句, 이쓰쿠시마 천구〈嚴島千句〉)를 주최하는 등 렌가에 열심이었다.

'문'과 대척점에 있는 '무'

현실의 상급 무사 중에는 이러한 '문'에 대한 지향을 가진 자들도 적지 않았으나, 전투자로서의 무사다움에 집착하는 무사들은 '문'과 대척점에 있는 '무'야말로 자신들의 정체성으로 생각했다. 현실의 전장에서 직접 무기를 들고 싸우는 이들의 입장에서는 전투야말로 무사다움의 원천이며 여기에 기초를 두지 않는 가르침은 아무리 훌륭한 내용이라도 자신들과는 거리가 있다고 느꼈다. '"문" 같은 것이 없어도 우리들은 살아갈 수 있다', 혹은 '싸움에서 이기기 위해서는 "문" 같은 것은 필요없다'고 말하려는 듯한 모습을 『요시사다 군기』나 『갑양군감』에서는 엿볼 수 있는 것이다. 요컨대 '문'적인 요소가 섞이지 않은 순수한 '무'를 추구하는 감각이 이념적으로 응결된 것이 『요시사다 군기』의 '당도'와 『갑양군감』의 '무사도'이다. 그것들은 현실에 존재하는 '무사적인 것'의 최대공약수라기보다는 무사의 전투자로서의 측면만을 확대한 상(像), 혹은 그러한 요소만을 추출하여 응축시킨 에센스로서의 '도'라고 할 수 있다. '문'을 배제하고 '무'를 일방적으로 추구하는 정신이야말로 일본 특유의 반지성주의 원류의 하나이다(제3장 제3절 참조).

'문'에 대한 대항으로서 '무'를 보는 관점은 마침내 와카와 렌가를 금지하는 다이묘를 탄생시킨다. 『기요마사기(清正記)』에 따르면 가토 기요마사(加藤清正)는 7개조의 교훈(「가토 기요마사 오키테가키(加藤清正掟書)」)을 남겼다. 그 중 제7조 '글을 배우는 일[學文之事]'에는 다음과 같이 적혀 있다.

> 가슴에 간직되기 쉬운 병서를 읽고, 충효의 마음가짐을 오로지 몸에 익혀야 한다. 시나 렌가, 와카를 읽는 것은 금지한다. 마음이 '화사 풍류'해지는 연약한 것을 생각하고 있으면 과연 여자처럼 된다. 무사의 가문에서 태어난 이상, 다치(太刀)·가타나(刀)를 쥐고 죽는 것이 바람직한 모습이다. 늘 무사도를 명심하지 않으면 깨끗하게 죽기 어렵다.

'화사 풍류'한 '여자' 같은 자, 즉 공가 같은 자가 되지 않도록 시와 노래를 금지한 기요마사의 가훈은, 우아한 아쓰모리와 비교하면 동국 무사인 자신들은 야만이라고 울었던 구마가이 나오자네와 대조된다. 이는 와카의 역사 쪽에서 보면, '늘 권력자와 함께하던 와카가 중세의 종언과 함께 본래 역할을 마쳤음을 보여준다'(오가와 다케오)고 평가된다. 본서의 시점으로 보면 '문'에 대항하는 '무'의 입장인 『요시사다 군기』, 『갑양군감』적인 정신의 소유자가 그 정신을 그대로 갖고 통치자가 되었음을 나타낸다고도 할 수 있겠다. 그리고 그러한 정신이 국가권력을 쥔 이들도 포함해서 세상을 지배하는 시대가 되면서, 문을 배척하는 '무'의 정신은 일부 무사의 자의식에서 국가 전체의 자의식으로 성장해 나간다. 이를 상징하는 말이 도요토미 히데요시(豊臣秀吉)의 문서에 보이는데 여기에 관해서는 다음 장에서 서술하도록 하겠다.

제3장 '무국' 의식의
성립과 전개

제1절
히데요시의 '무국' 의식과 조선 출병

일본은 활과 화살이 엄청난 나라

덴쇼(天正) 20년(분로쿠〈文祿〉 원년, 1592), 미리 '가라이리(唐入り)[48]' 준비
를 진행하고 있었던 도요토미 히데요시는 한반도로 대군을 보냈
다. 이른바 분로쿠·게이초(慶長) 전쟁의 시작이다. 한국에서는 임
진왜란, 정유재란으로 부른다. 현대에는 '조선 출병(朝鮮出兵)', '조선
침략(朝鮮侵略)' 등의 용어로 이해되고 있는데, 히데요시의 목적은
'가라이리', 즉 중국 정복이었다. 조선에 대해서도 '정명향도(征明嚮
導)', 즉 명나라로 쳐들어가기 위해 일본의 군세를 안내하라 혹은
'가도입명(假途入明, 假道入明)', 즉 명나라로 가는 길을 빌려달라고 요

---

[48] '가라'는 원래 한반도 남부의 가야를 가리키는 말에서 시작하여 한반도 일대, 나아가 중국 대
륙을 포함한 외국을 가리키는 말이 되었다. 이에 따라 당(唐)나라의 '唐' 자를 한자 표기로 삼
게 되었다. 따라서 '가라(唐)'라고 해서 꼭 당나라만을 가리키는 것은 아니며 중국을 비롯한
외국에 대한 표현이라고 볼 수 있다. '이리(入り)'는 들어감, 진출을 뜻한다.

청했다. 물론 거역하면 공격하여 멸망시키겠다는 것이다. 당연하게도 조선은 거부했고 히데요시는 공식적 수치로는 약 16만에 이르는 대군을 편성하여 조선으로 쳐들어갔다.

4월에 부산에 상륙한 일본군은 5월에는 수도 한성(漢城: 서울)을 함락하였고, 6월부터 7월까지는 고니시 유키나가(小西行長)가 평양으로 들어갔으며, 가토 기요마사는 동북부인 함경도(咸境道)로 나아가 왕자 두 명을 사로잡고 더 나아가 북쪽의 오란카이(オランカイ)로 쳐[49]들어가서 거침없는 기세로 진격을 계속했다. 히데요시도 금방이라도 도해(渡海)할 것 같았지만 기상 문제와 이순신(李舜臣)이 이끄는 조선 수군의 반격 때문에 연기했다. 그래서 그 대신에 이시다 미쓰나리(石田三成)·마시타 나가모리(增田長盛) 등의 부교슈(奉行衆)에게 한반도에서 싸우는 장수들 앞으로 보내는 편지를 부탁했다. 그중 모리 데루모토 앞으로 보내진 6월 3일자 「도요토미 히데요시 주인장(朱印狀)」이 「모리 가문 문서(毛利家文書)」로서 2통이 남아 있다(모리 가문 문서 903, 904호). 그중 한 통(903호)에서 히데요시는 다음과 같이 말하고 있다.

모두들 알고 있는 대로 내가 아직 신분이 낮은 무장이었을 무렵에는 500기(騎)나 1,000기 정도 되는 아주 적은 군세를 이끌고 대군을 격파했었다. 그렇게 일본 전역을 복속시켜 정예 병사도 용맹한 장수도 모두 명령을 따르게 되었다. 그에 비하면 너희들은 수

---

49 여기서 '오란카이'는 オランカイ의 일본어 발음 표기대로 적었다.

십만 대군을 이끌고 처녀 같은 대명국(大明國)을 정벌하는 것이니 큰 산이 계란을 뭉개버리는 것처럼 아주 쉬운 일이다. 대명국은 물론 천축이든 남만(南蠻)이든 간단히 정복할 수 있을 것이다.

또 다른 한 통의 편지(904호)에서는 소 요시토시(宗義智)를 비롯한 도해한 무장들 총 13만 명의 명부에 다음과 같은 글을 곁들였다.

일본처럼 '활과 화살이 엄청난 나라[弓箭きびしき國]'(무력이 강한 나라)조차 500기나 1,000기 정도 되는 적은 군대로 지금처럼 모두 정복할 수 있었다. 너희들은 대군으로 대명국 같은 '긴 소매 나라[長袖國]'(귀족들의 나라)를 치는 것이니 아무 걱정 없으리라.

'내가 젊었을 때는 작은 병력으로 힘든 싸움을 이겨낸 거다. 그에 비하면 너희들이 하고 있는 건 어설픈 거야'라는 히데요시의 발언은 지금도 중장년 상사가 젊은 부하에게 할 법한 말이다. 이 편지는 '우리들이 질 리가 없다, 적을 단번에 무찔러라'고 하는 격려일 뿐, 실제로 일본의 강함과 명나라의 약함을 이 정도까지 확신했는지는 어느 정도 감안해서 판단해야 한다. 하지만 문제는 일본을 '활과 화살이 엄청난 나라', 명나라를 '긴 소매 나라'(귀족들의 나라)로 설정하는 인식에 있다. 이와 같은 인식이 어떻게 성립하였는지에 대해 생각해 보고자 한다.

히데요시의 무국 인식

우선 확인해 두어야 할 점은 '활과 화살이 엄청난 나라'라는 표현이 제2장 제1절에서 본 『마쓰라노미야 모노가타리』, 『우지 슈이 모노가타리』 이래의 활과 화살의 비교론, 일본의 활과 화살의 크기를 자랑하는 계보를 잇고 있다는 점이다. 물론 히데요시의 경우에는 구체적인 무기로서 '활과 화살'을 염두에 둔 것은 아니다. 한반도에서 위력을 발휘한 것은 일본군이 많이 갖고 있던 정교한 철포(鐵砲: 소총)였다. 요컨대 '활과 화살이 엄청난 나라'란 '무력이 뛰어난 나라'의 비유적 표현인 것인데, 그렇다고는 하나 일본의 '활과 화살'의 우위에 대한 표현은 아마도 실전 감각에서 비롯된 말이다. 히

고니시 유키나가, 부산을 공략함 (『에혼 태합기〈繪本太閤記〉』, 일본 국회도서관 소장)

데요시의 말도 이 시대에 갑자기 나타난 것은 아니며, 가마쿠라시대 초기부터 반복되어 온 표현이라고 할 수 있다. 그러나 동시에 확인해 두어야 할 점이 있다. 제1장 제3절에 나온 도간 에안이 거만한 태도로 무사와 무력을 단순한 도구로서 비판적으로 본 점, 제2장 제1절에 언급된 『쇼토쿠 태자 헌법 겐에 주』가 '이(夷)'라는 글자를 '대(大)'와 '궁(弓)'으로 분해하여 견강부회한 것과는 달리, 히데요시의 말은 무사 본인들의 입장에서 자부심이 느껴지는 말이라는 점이다. 히데요시는 실제로 낮은 지위에서 출발하여 직접 무기를 들고 전장을 누비며 셀 수 없이 많은 싸움을 이겨내고서 입지전적인 위치에 이르렀다. 그의 말은 아주 적은 군세로 벌이는 싸움으로 시작해서 전국의 유력한 여러 다이묘들을 복종시켰다는 자부심에 바탕을 두고 있다. 그리고 그 자신감이 일본의 '활과 화살'의 우위라는 인식으로 이어진다. '활과 화살이 엄청난 나라'에 담긴 자부심 넘치는 자국의식은 히데요시 자신의 자의식과 겹쳐지고 있는 것이다.

한편 명나라를 '처녀 같은' 나라, '긴 소매 나라'라고 표현하는 것은 물론 무력이 약한 나라라는 뜻인데, '긴 소매'란 귀족, 공가를 비웃는 말이다. 명나라가 약하다고만 하는 것이면 몰라도 그것을 '긴 소매 나라'라고 표현한 것은 왜일까? 히데요시가 중국의 역사에 대하여 대단한 지식을 갖고 있었다고는 생각할 수 없다. '힘센 무사의 나라=일본'에 대비되는 '연약한 귀족들의 나라=명나라(중국)'라는 구도는 중국의 역사에 대한 지식과는 약간 다른 지점에서 형성된 것은 아닐까?

'무'의 일본, '문'의 중국

아사오 나오히로(朝尾直弘)는 히데요시의 이런 표현에 대하여 다음과 같이 말하고 있다.

아시카가 막부는 무가의 권력이긴 했으나 중세 국가의 관점에서 볼 때, 무가의 편성 원리가 얼마나 관철되어 있었는가? 오히려 공가, 즉 장원제적 원리를 지양하지 못했다고 생각된다. 그렇다면 중세 국가를 해체시킨 쇼쿠호(織豊)[50] 무사단의 자신감은 배후에서 그 국가에 권위를 부여해 온, 그리고 이제는 쇠퇴 과정에 있어 동아시아의 동란에 유효하게 대처하지 못하는 명 제국을 향하지 않을 수 없다. 그것은 명확한 대외인식이라기보다는, 국내 정치투쟁의 관점을 국제관계에 중첩시켜 파악한 것으로 보인다.

요컨대 공가적인 성격이 남아있는 아시카가 정권을 대신하여 무사로서 천하를 차지하고 새로운 지배 체제를 창출한 노부나가(信長)와 히데요시의 정권은 공가적인 것과 무사들 자신을 대치시키고 그 도식의 연장선상에서 '쇠퇴해 가는 공가적인 권위=명나라' 대 '발흥하는 무사적인 실력=일본'이라는 도식을 설정했다는 것이다. 아사오는 또한 이러한 의식을 오다 노부나가(織田信長) 이후의

---

50 쇼쿠호(織豊)는 오다 노부나가(織田信長)의 '織'과 도요토미 히데요시(豊臣秀吉)의 '豊'을 각각 가져다가 합친 말이다.

'무위'에 의한 통치(농〈農〉에 대한 병〈兵〉의 지배)를 실현함으로써 탄생한 무가 영주의 의식이라고도 지적한다. 충분히 설득력 있는 지적이다.

노부나가나 히데요시 같은 의식은 이 시기에 갑자기 출현한 것일까? 공가와 대치되는 무사의 자의식은 이전 시대부터 계승된 바는 없었는가? 본서는 이미 제2장에서 무사의 자의식의 성장에 대하여 고찰했다. 특히 제3절에서는 15세기 전반에 성립된 『요시사다 군기』에서 공가에 대항하는 무사의 자의식이 강렬하게 표현된 점을 확인했다. 그러한 관점으로 보면 쇠퇴해 가는 공가의 권위에 대하여 실력 넘치는 무사의 자신감을 대치시키는 구도는 『요시사다 군기』를 계승했다고도 볼 수 있다. 그리고 '활과 화살이 엄청난 나라=일본'을 '긴 소매 나라=명나라'와 대치시키는 사고도 역시 『요시사다 군기』에서 기원을 찾을 수 있다. 이는 '화사', '풍류'를 '무사도'와 대치시킨 『갑양군감』과 같은 사고 방식의 흔적이라 할 수 있고, 히데요시의 충실한 가신이었던 가토 기요마사가 가신들에게 시가를 금지시킨 가치관과도 통하는 바가 있다. 『요시사다 군기』에서는 '무'에 대립되는 '문'이란 국내의 조정·공가, 그리고 시가관현의 도였지만, 히데요시의 사고 속에서는 그 '문'이 중국에 투사되고 있다. 공가적인 것에 대항하는 무사의 자의식은 아시카가 정권을 해체하고 그것을 대체하는 과정에서 더 비대해졌고 조선 출병의 단계에서 대립구도는 국가 수준으로 전환하여 '무사인 우리나라' 대 '공가인 적국'이라는 구도를 탄생시킨 것이리라. 조선 출병이 실제로는 명나라 영토에 쳐들어가지도 못하고 무참한 실패로 끝난 것은 잘 알려져 있지만, 히데요시의 머릿속에는 '활과 화살이 엄청난 나라' 일본의 군세가 '긴 소매 나라'를 유린하는 환영이 몇 번이고 비춰졌으리라 여겨진다.

요시노 진고자에몬의 자국 인식

히데요시에게 공가적(귀족적)인 것의 대립항으로서의 '무'를 자국의 특색으로 삼고 자랑으로 여기는 자의식이 존재했음은 분명하다. 그리고 그것은 히데요시 개인에 국한된 것이 아니다. 예를 들면 『요시노 진고자에몬 각서(吉野甚五左衛門覺書)』(『요시노 일기〈吉野日記〉』라고도 함)라는 책이 있다. 작자인 요시노 진고자에몬(吉野甚五左衛門)에 대한 자세한 사항은 알려져 있지 않지만, 히라도(平戸)의 다이묘였던 마쓰우라 법인(松浦法印) 소세이(宗靜)의 가신으로 추정된다. 마쓰우라 법인은 분로쿠 전쟁에서 고니시 유키나가 휘하로서 한반도로 출정했으므로 진고자에몬도 그 군대의 일원으로 군역에 참가했을 것이다. 짧은 작품이지만 그 문장에는 현지에서 전쟁을 체험한 자만이 가지고 있는 리얼리티가 있다.

그 책은 서두에서 다음과 같이 적고 있다.

예로부터 베껴 두었던 '세계 지도'를 보면 중국은 4백여 주(州), 인도는 16개의 대국으로 구성되어 있다. 그 밖에도 남만이나 고려 등 많은 나라들이 있고 그 경계에는 큰 강이 흐르고 있다. 그 가운데 일본은 멀리 동쪽 바다를 사이에 둔 작은 섬에 지나지

않는다. 대국에 비하면 구우일모 같은 것이지만 일본은 신국이므로 '신도(神道) 맹용(猛勇)의 기풍[氣]'이 있고 '사람의 마음이 용맹'하기로는 삼국 중에서도 제일이다.

진고자에몬이 본 '세계 지도'가 어떤 것인지는 알 수 없지만, 유럽에서 건너온 세계지도가 아니라 전통적인 '삼국'(인도·중국·일본)을 중심으로 한 지도였던 것 같다. 그 안에서 일본은 동쪽 바다 건너의 작은 섬으로 대국에 비하면 하찮은 것이라는 인식은 본서 제1장에서 살펴본 속산변토 의식을 그대로 이어가고 있다. 그리고 소국이지만 신국이라는 자의식도 고대 이래의 전통적인 의식이다. 하지만 '신도 맹용의 기풍'이 있다는 논리는 고대에서는 나타나지 않았다. 고대 이래의 신국 의식과 중세에 발달한 일본 무사가 용맹하다는 의식이 결부되어 있는 것이다. 그리고 그러한 의식이 그다지 신분이 높지 않고 현재에는 내력도 알 수 없는 무사에게서 발견되는 점에 주목하게 된다. 이 책은 그 후에 신국이 갖는 강력함 덕분에 진구 황후가 한반도를 복종시켰다고 한다. 이것도 제1장 제1절에서 살펴본 대로 조선 출병 시점에서 고대 설화를 끄집어낸 것이지만 이 책은 다음과 같이 이야기하기도 한다.

이(진구 황후 설화)는 상대(上代)의 선례이다. 이제 말세에 이르러서 외국으로 쳐들어가 싸우는 일은 당랑지부(蟷螂之斧)[51]가 아닌가

---

51 사마귀의 앞발을 도끼에 비유한 말. 사마귀가 앞발을 들고 수레바퀴를 멈추려 했다는 당랑거철(螳螂拒轍)의 고사에서 유래했다.

하는 생각이 든다.

한반도 출정의 선례로서 진구 황후 설화를 인용했을 터인데 말세가 된 현 시점에서는 일이 그리 잘 풀리지 않는 것 같다며 약한 모습을 드러낸다. 센 척을 하는 것인지 약한 소리를 하는 것인지 알수 없는 서술이다.

요시노 진고자에몬과 분로쿠 전쟁

『요시노 진고자에몬 각서』는 짧은 문장 속에 용맹함을 묘사하면서도 싸움의 고통과 침략에 대한 회의가 뒤섞여 있는 꽤나 이상한 작품이다. 앞선 서술에 이어서 부산에 상륙한 일본군이 금세 적의 성을 쳐부수고 시가로 쳐들어 간 모습이 묘사된다. 아침 일찍 공격을 개시하여 낮에는 성을 함락시켰고, 적은 도망쳐 집들 사이와 마루 밑에 숨었다. 숨을 장소도 없는 자들은 손을 모으고 무릎 꿇으며 들어본 적도 없는 외국말로 뭔가 말을 하고 있다. "살려달라"고 말하는 것 같다는 장면이 되겠다. 읽기 쉬운 문장이므로 가나를 한자로 변환하는 정도로 해서 원문을 일부 인용해 보겠다.[52]

그것을 아군은 듣지도 않고 베어서 죽여버리고 밟아 죽였으며, 군신(軍神)에게 바치는 제물이라 하여 남자도 여자도 개도 고양

---

52 본서는 한국어로 번역했다.

이도 모두 베어 죽이니 벤 머리가 3만이 넘었다.

"살려달라"는 호소를 무시하고 아군은 닥치는 대로 살육하며 희생으로 삼는다. 그 모습은 지옥의 망자가 옥졸에게 고문을 받고 절규하는 게 아닌가 싶을 정도였다.

그것은 명도(冥途)[53]의 이야기이다. 지금 현재 보이는 모습은 우리야말로 악귀처럼 무섭구나. 또한 생각하면 무사의 용맹함은 더욱 더 뛰어나다.

지금 자신들은 눈 앞에서 잔학한 행위를 하고 있고, 그것을 '우리야말로 악귀처럼 무섭구나'라고 말하는 것 같더니, 그에 따라 '무사의 용맹함'이 더욱 더 뛰어나다고도 말한다. 얼핏 모순되는 것 같지만 실전의 심리란 그런 것일까? 그 후의 전투에서도 부모를 살해당한 열 살도 안 되는 아이나 자식을 잃은 노인이 허리도 못 펴고 기어다니는 광경에 눈길도 줄 수 없을 정도였다고 묘사했는데, 뒤이어 '일본군은 승리의 함성을 지르며 마침내 기세가 올랐다'는 식으로 적고 있다.

그러나 초반에 기세가 좋았던 일본군도 마침내 고전하게 된다. 한 번 점령했던 땅도 말이나 문화 차이를 고려한 통치 정책 따위는 준비하지 않았기 때문이다. 조선 의병의 저항이 거세어지고 이순신

---

53 명도는 사람이 죽은 뒤에 영혼이 가는 암흑세계를 말한다.

등 수군의 활약으로 수송이 막힌 데다가 명나라의 대군이 도착했다. 결국 분로쿠 2년(1593) 1월에는 고니시군은 평양에서 철수할 수밖에 없게 된다. 그 후퇴는 처참한 것이었다.

> 부상을 입은 사람과 병자는 내버려졌고 피로로 인해 길에 쓰러지는 사람도 있었다. 하루를 걸어 성에 당도하여 아군이 있으리라 생각하고 들어가 보면 거기에 있던 아군은 먼저 도망쳐 버린 상태였다. 힘도 없고 몸도 피곤하며 아버지를 살해당한 자도 있는가 하면 형을 살해당한 자도 있다. 초봄이었지만 추운 나라이므로 그저 춥기만 했고 얼음도 두꺼우며 눈도 깊게 쌓였다. 손발은 눈 때문에 동상에 걸리고 무사한 것은 갑옷 안쪽 부분뿐이다. 아름다웠던 사람도 산간 논밭의 허수아비처럼 여위어 더 이상 같은 사람으로는 보이지 않았다.

마침내 휴전이 결정되었을 때, 굶주림으로 고통받던 병사들은 모두 기뻐했다. 이렇게 해서 진고자에몬은 분로쿠 2년(1593) 4월 말에 귀국길에 올라 돌아오는 배 안에서 이 책을 기록했다고 한다. 요시노 진고자에몬의 체험기는 이처럼 당초의 승전과 그 후의 패전, 그리고 전투에서의 용맹함과 잔혹함, 명예와 비참함의 양면을 모두 아우른 것이다.

울산성의 굶주림과 목마름 (『에혼 태합기』, 일본 국회도서관 소장)

게이초 전쟁과『조선일일기』

요시노 진고자에몬이 귀국한 뒤 휴전상태에 들어가기는 했지만 싸움은 끝나지 않았다. 출병은 실패로 돌아갔고 화평교섭(和平交涉)이 진행되었다. 그러나 히데요시는 명나라와 조선이 항복 내지 사죄하는 조건으로만 화평하려 했다. 실제로는 일본이 패배하는 형세에 몰린 상황이라, 그러한 회담이 성립될 리가 없었다. 분로쿠 2년(1593) 가을부터 분로쿠 5년(1596/게이초 원년)에 걸쳐서 휴전 중에 긴 화평교섭이 이어졌지만 화평은 끝내 성립하지 않았다. 게이초 2년(1597)에 히데요시는 재파병을 단행한다. 바로 게이초 전쟁이다. 그러나 이번에는 분로쿠 전쟁 초반과 같은 쾌속 진격은 못하였고, 일본의 군세는 각지를 휩쓸고 돌아다닌 뒤 연안 지역에 성을 쌓고 농성에 돌입했다. 맹장 가토 기요마사도 울산성(蔚山城)에서 조선 군대에 포위되어 굶주림과 추위에 고통받으면서 성을 지키기에 급급했다.

분로쿠 전쟁만 참전한 요시노 진고자에몬과는 달리, 게이초 전쟁에만 종군하여『조선일일기(朝鮮日日記)』를 남긴 사람이 정토진종(淨土眞宗) 승려 게이넨(慶念)이다. 게이넨은 당시 나이가 62세로 이미 고령의 몸이었지만 분고국(豊後國: 지금의 오이타현)의 다이묘인 오타 가즈요시(太田一吉)의 의승(醫僧)으로서 게이초 2년(1597) 6월에 조선으로 건너갔다. 게이넨은 현지에서 일본 병사들이 앞다투어 물건을 약탈하기 위해 사람을 죽이며 서로 빼앗는 '좀처럼 보아줄 수 없는' 모습을 보고는 '잘못도 없는 사람들의 재보(財寶)를 빼앗겠다

며 구름처럼 모여서 소란 피우는 모습[とがもなき 人の財寶 とらんとて 雲
霞のごとく あち騷ぐてい]'이라는 와카를 읊었다. 또한 산도 들도 불태
우고 사람들을 살해하며 목에 칼을 채워 포로를 연행하는 모습을
보고는 '들판도 산도 불타는데 무사의 외침 소리로 마치 아수라장
의 거리와도 같구나[野も山も 焼きたてに呼ぶ 武士の聲 さながら修羅の ちま
たなりけり]'라고 읊고 있다. 이처럼 뭔가 일이 있을 때마다 소박한 와
카를 끼워넣는 것이 『조선일일기』의 특색이다. 그 후 일본군의 고
전은 계속되자, 게이넨은 '아무리 대단한 다이묘와 싸우더라도 이
"고려 전쟁"만큼 괴로운 전투는 없다'고 기술하며 '생각할 가치 없
는 세상이 원망스럽네. 언제까지 여기에 있어야 하는 건지[思うかい
なき世なりけり 恨めしや いつまでここに あらんものかは]'라고 귀국하고 싶
은 속마음을 토로했다.

『조선일일기』에 따르면 게이초 2년(1597) 11월 중순에는 게이넨
의 주군 오타 가즈요시가 가토 기요마사 휘하에서 울산성 축조
를 담당했다. 울산은 한반도 동남쪽 경상남도에 있는 해안 도시이
다. 한반도의 지배는 고사하더라도 어떻게든 해안에 거점을 확보
하려 했을 것이다. 일본군은 조선인들을 총동원하여 공사를 강행
함으로써 성을 축조했다. 일본군에 끌려온 농민들은 밤낮을 가리
지 않고 목재를 모으고 돌을 끌었다. 방심하다가 지휘관에게 얻어
맞거나 적군 병사에게 목을 베이는 일도 있었다. 잘못을 저지르면
감옥에 갇히고 목에 칼을 차며, 낙인을 찍히고 목이 베여 효수되기
도 하는 가혹한 강제 노동이었다. 게이넨은 '그렇게까지 낮밤 가리
지 않고 부려대면서 때리고 들볶는 건 귀신의 짓이려나[さしもげに 夜

白きらわず 仕えつつ 打ちさいなむは 鬼神かぞも」라고 읊으며 그 가혹한 강제 노역의 고통을 지옥이나 염마왕궁(閻魔王宮)에 비유했다. 그러나 그렇게 세운 울산성은 적의 대군에 포위되어 거듭 맹공을 받았다. 주군인 오타 가즈요시는 부상을 입었고 게이넨도 몇 번이고 죽음에 직면했다. 게다가 성의 병사들을 괴롭힌 것은 적병뿐만이 아니다. 굶주림과 목마름, 추위도 심각했다. 게이넨은 '이 울산성의 고생을 세 가지로 압축한다. 추위와 굶주림, 물을 마시고 싶은 갈증[この 城の 難儀は 三つに きわまれり 寒さひだるさ 水の飲みたさ].('ひだるさ〈히다루사〉'는 굶주림, 배고픔)'이라고 읊었고, 또 '고향 생각하기를 그만두었다. 이제 더 이상 그저 바랄 뿐이네. 서둘러 왕생하길[故郷を 思い捨てたり 今ははや ただ一筋に 急ぐ往生]' 같은 와카를 읊었다. 하지만 울산성의 일본군은 게이초 2년(1597) 연말부터 이듬해 게이초 3년(1598) 연초에 걸친 전투에서 간신히 적을 격퇴한다. 비전투원인 게이넨은 그 기회에 귀국을 허락받았다. 그때까지도 몇 번이고 철수한다는 소문이 돌았고 게이넨은 매번 좋다가 말기를 반복했는데, 이번에도 좀처럼 정식 결정이 나지 않아 안달복달하고 있었다. 마침내 귀국이 결정났을 때, 그는 '이 기쁨을 무엇에 비유할지 방법도 없다. 귀국하는 바람이 살랑 부는 소리[うれしさを 何にたとへん かたもなし 帰朝の風 の そよと吹く音]' 같은 와카를 읊으며 부처님의 가호에 감사하면서 귀국길에 올랐다.

조선 출병의 끝과 이야기의 시작

귀국을 간절히 원하는 마음은 다른 장병들도 마찬가지였을 것이다. 하지만 게이넨이 떠난 뒤에도 일본군 전체의 귀국은 좀처럼 성사되지 않았다. 현지에 있는 장병들은 철수를 하거나 전선이 축소되기를 바랐지만, 히데요시는 용납하지 않았다. 사천(泗川)의 시마즈 요시히로(島津義弘), 순천(順天)의 고니시 유키나가, 울산의 가토 기요마사는 어찌어찌 하여 성을 지켜냈지만, 결국 게이초 3년(1598) 8월에 히데요시가 사망함에 따라 조선 출병은 막을 내렸고 장병들은 마침내 귀국했다.

히데요시의 출병은 많은 희생자를 내었을 뿐 아무런 성과도 없었다. 조선의 활자를 약탈하거나 도공을 연행해 온 일 등으로 인해 일본문화가 풍성해졌다는 점은 그렇다 치더라도 본래 목적은 아무것도 달성하지 못하였고 완전히 실패했다는 게 오늘날의 평가이다. 히데요시가 나이가 듦에 따라 착란을 일으켰다는 평가도 있다. 그런데 에도시대에 나온 이야기들 중 대부분은 히데요시의 출병을 실패로 해석하지 않는다는 점에 주목해야 한다. 요시노 진고자에몬이나 게이넨이 실제로 종군한 체험을 바탕으로 기록에 남긴 고뇌는 지워져 버리고, 일본이 외국에 '무위'를 과시한 사건으로 기억되는 것이다.

예를 들면 『정한록(征韓錄)』이라는 책이 있다. 간분(寛文) 11년(1671)에 기록된 발문(跋文: 후기)에 따르면 시마즈 요시히로의 증손

쓰나히사(綱久)가 가로(家老)[54]이자 도서두(圖書頭)[55] 관직을 지닌 시마즈 히사미치(島津久通)에게 "우리 선조가 조선 정벌에 종군하여 무위를 이국에 떨치고 공업을 세웠음을 모르는 자가 없다. 그렇지만 그것을 제대로 정리해 둔 기록이 없다. 명예를 먼 미래에 전하는 글이 필요하다"고 해서 만들어진 책이라고 한다. 이 책 속에는 '조선 정벌'은 시마즈씨(島津氏)가 이국에서 '무위'를 드러낸 명예로운 역사로서 이야기된다.

『정한록』 전 6권 중에는 시마즈씨의 전투에서의 활약상과 호랑이 사냥 등의 일화가 담겨져 있다. 그 중에서도 주목할 만한 것은 권5의 '게이초 3년(1598) 10월 초하루 사천 전투의 일[慶長三年十月朔日泗川合戰之事]'과 그 뒤에 이어지는 '괴이한 일[怪異之事]'일 것이다. 게이초 전쟁 말기, 히데요시가 사망하여 철수하기 직전에, 시마즈 요시히로가 사천성을 지키며 명·조선의 대군을 얼마 동안 격퇴한 전투에 관한 내용이다. 이 전투에서 성을 에워싸고 있던 명·조선군은 대량의 화약이 폭발하는 사고 때문에 큰 혼란에 빠졌고 이를 틈타서 시마즈군이 적을 무찌르고 멀리까지 쫓아냈다. 그런데 『정한록』에 수록된 '괴이한 일'에서는 전투 초기에 한 마리 하얀 여우가 출현하여 적진 속으로 뛰어 들어가니 요시히로 부자(父子)가 합

---

54 다이묘 휘하 가신단 중에서 가장 높은 지위에 있으며 가신들을 통괄하고 영내의 통치를 보좌, 담당하는 역할을 맡는다.

55 율령 관제로 규정된 관직 중의 하나로, 국가의 도서를 관장하는 관청인 도서료(圖書寮)의 장관이다. 단, 에도 막부가 개창되면서 율령 관제상의 관직을 무사 통제의 수단으로 삼았고, 무사들은 막부의 추천을 받아 관직에 오를 수 있었으며, 그러한 관직들은 조정의 귀족들이 오르는 관직 정원과 분리되어 정원외로 처리되었다. 이러한 관직들 중 대다수는 무사의 지위를 나타내는 명칭의 역할을 하며 실제 관직과는 동떨어진 것이 되었다.

장하여 기도하자 이어서 두 마리 붉은 여우가 적진 속으로 뛰었다고 한다. 그것을 본 시마즈군의 기세가 올라 적진으로 쳐들어가서 승리를 거둔 것이라고 적었다. 스즈키 아키라(鈴木彰)에 따르면 실제로는 흰 실로 미늘을 얽어맨 갑옷과 붉은 실로 미늘을 얽어맨 갑옷을 입는 무사들이 선두에 나서 적진으로 쳐들어간 것이 이와 같은 이야기로 전해졌을 것이라고 추측한다. 이러한 기이하고 상서로운 징조는 역사적 사실로서 퍼져나가서 말로 전해진 것으로 볼 수 있다. 시마즈 가문이 이나리 신(稲荷神)의 사자인 여우의 보호를 받는다는 전승은 시마즈씨의 시조인 다다히사(忠久)가 여우의 보호를 받아 태어났다는 전승과도 연결되며 시마즈씨의 정사(正史)가 되어 갔다(근세의 시마즈씨가 전하는 전승에 따르면 다다히사가 요리토모의 아들이며, 요리토모의 자식을 잉태한 히키씨(比企氏)의 단고노쓰보네(丹後局)가 호조 마사코(北條政子)의 질투를 두려워하여 방황하다가 여우불이 비추는 가운데 낳은 것이 다다히사였다고 한다). 허구가 허구와 연결되고 시마즈의 유서(由緒)와 '무위'를 이야기하는 신화적인 전승으로서 확장되는 과정이 흥미롭다.

　이 시대의 전투는 『헤이케 모노가타리』의 시대와는 전혀 다른 대규모 조직전이었지만, 전공(戰功)이 개별 가문의 명예로서 이야기되었던 점은 일찍이 개인의 명예를 다투어 전공이 논의되었던 시대와 닮은 면도 있다. 무사들은 일본군 전체라기보다도 개별 가문을 단위로 전투를 파악하였고 공명을 자랑하며 이야기를 전해 내려갔다. 사천 전투는 전쟁 전체로 보면 한반도 남해안의 성을 지키고 전멸을 면하여 무사히 철수하기 위한 조건을 갖추었다는 정도의 의미밖에 없다. 후퇴전의 한 장면일 뿐이다. 그러나 그 국지적인 승리에 주목하여 신비로운 전승이 따라붙음으로써 시마즈씨가 자랑하는 역사의 중요한 요소가 만들어진다. 이러한 '역사'가 여기 저기서 반복되고 후세에 이야기로 전해진다. 이런 과정을 거쳐 조선 출병의 기억이 형성되고, 큰 틀에서는 일본의 '무위'를 과시하는 '역사'가 만들어지게 된다.

조선 출병의 미화

그러면 조선 출병 전체를 조망하는 책에서는 어떠했을까? 그 중 이른 시기의 것으로는 간에이(寬永) 2년(1625) 자서(自序)가 들어 있는 오제 호안(小瀬甫庵)의 『태합기(太閤記)』가 알려져 있다(덧붙이자 면 『태합기』로는 『○○태합기』, 『태합××기』 등으로 불리는 여러 종류의 책이 있 는데 단순히 '태합기'라고 하면 오늘날에는 일반적으로 오제 호안이 집필한 책을 가리킨다).

『태합기』는 조선 출병에 대하여 반드시 긍정적이지는 않다. 권 7 '금을 나누어 준 일[金賦之事]'에는, 히데요시는 대규모 사원을 많 이 축조하거나 조선에 출병하여 사람들을 괴롭히는 일에 많은 금 과 은을 써버렸지만, 그보다는 국내의 교통 정비 등에 쓰는 편이 나 았다고 비판한다. 그런데 한편으로는 분로쿠 전쟁에서 진주성(晉州 城)·거제도(巨濟島)·울산성·벽제관(碧蹄館) 등지에서 일본군이 국지적 인 승리를 거두었다고 강조하여 패배를 축소하려는 경향도 있다(아 베 가즈히코(阿部一彦)·야나기사와 마사키(柳澤昌紀)·김시덕(金時德)). 그리고 분로쿠 전쟁 후 화평이 순조롭게 성립되어 일본이 성과를 거두었다고 강조하며 게이초 전쟁에 대해서는 언급하지 않고 끝낸다(이 책이 히데요시의 죽음까지 적지 않았기 때문이기도 하다). 호안이 조선 출병 실패를 모를 리는 없지만 히데요시 또는 일본의 무위는 결코 부정하지 않기에 실패로 결론내지 않았다. 『태합기』에서는 '어떤 이가 말하기를'의 형식을 빌려 '이조(異朝)는 문국(文國), 일본은 무국'(권21) 이라고 표현한다. '무국'이라는 단어의 용례로서는 비교적 이른 사례일 것이다. 그러한 인식 하에서는 '무국'인 일본이 '문국'인 명나라에 패배한다는 것은 있을 수 없는 일이었는지도 모르겠다.

조선 출병은 그 후 더욱 미화된다. 앞서 보았던 『정한록』(1671년 성립)은 『태합기』보다도 반세기 정도 뒤에 나온 작품으로, 당시의 학문(유학)을 대표하는 존재였던 하야시 가호(林鵞峰)가 서문을 적었다. 그 서문의 첫머리는 '옛날 진구 황후가 신라를 정벌한 이래로 고려·백제와 함께 모두 일본에 신하로서 복종했다'고 진구 황후 설화부터 시작한다. 제1장 제1절에서 살펴본 진구 황후 설화가 여기서도 등장하는데, 하야시 가호는 히데요시의 조선 출병을 진구 황후 이래의 위업으로 본 것이다. 그러한 사고방식은 동시대의 야마가 소코(山鹿素行)의 『배소잔필(配所殘筆)』(1675년 성립)에도 엿볼 수 있다. 이 책은 '삼한을 정복하고 공물을 헌납하게 하고, 고려를 공격하여 도읍을 함락해 무위를 세계에 빛낸 일은 상대(上代)부터 근대까지 마찬가지이다'라고 서술했다. 여기서 '상대'란 진구 황후, '근대'란 히데요시의 사례를 가리킨다. 이처럼 17세기 후반에는 조선 출병은 일본의 '무위'를 빛낸 영웅적 위업으로 격상된다. 진구 황후 설화가 그 선례로서 늘 인용되었는데, 『요시노 진고자에몬 각서』에 대해서도 살펴보았듯이 이 시대에는 이 설화에 동반되는 '신국' 의식이 '무국' 의식과 결부되어 있는 점에서 고대와는 다르다는 점에 주의해야 할 것이다.

비판과 반비판

조선 출병에 대해 항상 긍정적으로 평가한 것은 아니다. 김시덕 등이 지적하듯이 조선 출병과 관련한 중국이나 조선의 서적이 일본에 수입되어, 지식인들이 분로쿠·게이초 전쟁의 자세한 내막을 아는 데 도움되었다. 그 중에서 조선의 류성룡(柳成龍)이 지은 『징비록(懲毖錄)』은 일본에서도 겐로쿠(元祿) 8년(1695)에 간행되었다(『조선징비록〈朝鮮懲毖錄〉』이라고도 함). 여기에 수록된 가이바라 에키켄(貝原益軒)의 서문은 다음과 같이 서술했다.

전쟁을 일으키는 이유로는 정의의 싸움인 의병(義兵), 자국을 지키기 위한 응병(應兵), 원한이나 분노에 의한 분병(忿兵), 타인의 국군(國郡)을 빼앗으려 하는 이욕에 의한 탐병(貪兵), 적에게 무위를 과시하려고 하는 교병(驕兵)의 다섯 종류가 있다. 군자는 의병과 응병을 쓰는 일은 있지만 나머지 세 종류는 사용하지 않는다. 히데요시의 조선 출병은 탐병이라고 해야 하며 교병이나 분병도 겸하고 있다. 의병이라고는 할 수 없다. 부득이한 이유가 있었던 것도 아닌데 전쟁을 일으키는 것은 전쟁을 좋아하는 자

이며 이는 천도(天道)가 미워하는 바이다. 도요토미(豊臣)가 멸망
한 이유도 거기에 있다.

논리가 조리 있으며 현대인의 눈에는 정당한 평가로 비친다. 다
만 그런 에키켄도 조선에서의 구로다씨(黑田氏)의 활약을 칭송한다.
에키켄은 구로다 가문을 섬긴 후쿠오카번(福岡藩)의 번사(藩士)이며,
위의 글은 다소 누그러진 형태로 『구로다 가보(黑田家譜)』(호에이본〈寶
永本〉)의 초고에도 들어갔다. 개별 가문의 명예는 역시 부정할 수
없는 것이다. 그리고 에키켄의 이러한 비판에 대하여 약 100년 뒤
에 나온 다케우치 가쿠사이(竹內確齋)의 『에혼 태합기(繪本太閤記)』는
강하게 반발한다.

작금의 속된 소인이 함부로 히데요시공을 비방하고 조선 출병
을 탐병이라느니 교병이라며 비난하는 것은 괘씸하다. 문필을
업으로 삼는 썩은 유자[儒]는 제비나 참새 같은 작은 새의 마음
으로 어떻게 홍곡(鴻鵠: 황새 따위의 큰 새) 같은 영웅의 큰 뜻을 이
해할 수 있겠는가? (7편 「부언〈附言〉」)

유교 도덕을 바탕으로 하는 에키켄의 비판에 대하여 '제비나
참새가 어찌 홍곡의 뜻을 알리오'(작은 인물은 큰 인물의 큰 뜻을 깨닫지
못한다)라는 속담을 이용하여 반론한 것이다. 히데요시를 영웅으로
전제하고 에키켄을 소인으로 매도하는 가쿠사이의 글을 보면, 도
덕론으로는 반론할 수 없으나 심정적으로는 공감한 일본인도 많

앞던 것이 아닐까? 『에혼 태합기』는 간세이(寬政) 9년(1797)부터 교와(亨和) 2년(1802)에 걸쳐 간행된 요미혼(讀本)[56]으로 널리 인기를 모았다. 이 책을 바탕으로 한 기타가와 우타마로(喜多川歌麿)의 니시키에(錦繪)[57]는 실제 있었던 사건의 묘사를 금지한 금령(禁令)에 저촉된다는 이유로 한때 절판이 되었지만, 안세이(安政) 6년(1859)에는 재판(再版)되어 근대에도 번각되었다. 시대를 통틀어 보면, 매우 많은 독자들을 확보한 셈이다. 이 책은 6편 권2에서 히데요시의 침공 목적을 '대군을 일으켜 대명국으로 쳐들어가서 일본의 무위를 이국에도 빛내려고 했다'고 묘사했다. 물론 에키켄 같은 이성적인 비판도 있었지만, '무위'를 빛낸 쾌거라고 보는 관점은 근세 일본인에게 널리 일반화되어 '무국'의 자의식에 큰 영향을 끼친 것으로 보인다.

지카마쓰 몬자에몬의 「본조삼국지」

분로쿠·게이초 전쟁을 다룬 에도시대의 책은 많이 있으며 '조선군기물(朝鮮軍記物)'이라 총칭된다. 일본에서 조선 출병을 어떤 시각으로 다루어 왔는지는 특히 앞서 살펴본 『에혼 태합기』나 『에혼 조선군기(繪本朝鮮軍記)』 등 넓은 독자층을 보유한 그림이 들어간 요미혼이 중요하다. 예를 들면 그 중 가토 기요마사가 영웅화된 점은 주목받아야 한다. 기요마사는 조선에서는 가장 미움받은 무장이

---

56 에도시대에 유행한 소설의 일종으로, 그림이 중심이 되는 구사조시(草雙紙)와는 반대로 문장을 읽는 것이 주가 되는 책이라는 데서 붙여진 이름이다.

57 니시키(錦)는 비단, 에(繪)는 그림을 뜻한다. 우키요에의 일종으로 목판을 사용하여 여러 색을 인쇄한 그림으로, 비단처럼 정교하고 치밀한 아름다움을 지녔다는 데서 이름이 유래했다.

었지만 일본에서는 호랑이 퇴치 등의 일화로 친숙한 인물이다. 물론 그런 서적도 중요하지만, 일본 민중에게 끼친 영향이라는 의미에서는 조루리(淨瑠璃)[58]나 가부키(歌舞伎) 같은 예능을 자세히 살펴볼 필요가 있겠다.

지카마쓰 몬자에몬(近松門左衛門)의 조루리 「본조삼국지(本朝三國志)」는 오다 노부나가, 아케치 미쓰히데(明智光秀), 도요토미 히데요시 3대(代)를 그린 작품으로 교호(享保) 4년(1719) 오사카(大坂) 다케모토자(竹本座)에서 초연(初演)되었다. 태합기물의 조루리가 그 후로 많이 제작되는 계기를 마련한 작품으로 여겨진다. 후반부가 히데요시에 관한 이야기이지만, 에도시대의 작품이 흔히 그렇듯 실명을 쓰는 대신 히데요시는 '마시바 히사요시(眞柴久吉)', 가토 기요마사는 '가토 도라노스케 마사키요(加藤虎之助正淸)', 고니시 유키나가는 '고니시 야주로(小西彌十郞)'라는 가명으로 되어 있다. 여기서는 독자의 이해를 위해 실명을 사용하여 줄거리를 서술하겠다.

히데요시는 '진구 황후의 삼한 퇴치'를 본받아 조선 출병을 결심한다. 이에 필요해진 '삼한의 지리와 제도(帝都)의 지도'와 유녀(遊女) 고이소(小磯)를 둘러싸고 가토 기요마사와 고니시 유키나가가 다투게 되는데, 기요마사가 히데요시에게 지도를 헌상하고 조닌(町人)[59] 출신인 유키나가를 조선 공략의 무장으로 천거하여 기요마사·유키나가는 함께 조선으로 가서 승리를 거두고 개선(凱旋)한다. 그래서 이국의 전쟁을 조루리로 만들게 하여 히데요시 앞에서 상연

---

58 악곡에 맞추어서 옛 이야기를 읊고 노래하는 예능의 일종.

59 조닌은 도시[町]에 사는 상인이나 기술자 계급의 사람들을 가리킨다.

한다. 그 극중의 극이 「남자 진구 황후[男神功皇后]」이다. 「남자 진구 황후」에서는 조선의 대장 '모쿠소(牧司) 판관(判官)'이 8각 철봉을 휘두르며 덤벼드는데 유키나가는 그를 내던지고, 기요마사는 '요동대왕(遼東大王)'을 생포하여 복종을 맹세시킨다. 그리고 기요마사 등은 '고려인'의 목과 귀를 닥치는 대로 베었고, 마지막으로 기요마사와 유키나가가 모쿠소의 양발을 잡아당겨 몸을 두 조각으로 가르니 그 모습이 '장어를 가르는 것보다 쉬웠다'고 한다.

'모쿠소 판관'의 모델은 분로쿠 전쟁에서 일본군과 치열한 전투를 전개한 진주성의 장수인 진주목사(晉州牧司)[60] 김시민(金時敏)일 것이다('목사'는 조선 지방관의 관명). 또 기요마사 등이 적의 귀를 베고 있는 것은 조선 출병에서 일본군이 적으로부터 빼앗은 귀나 코의 수량을 전공을 평가하는 하나의 척도로 삼은 데 기인한다. 실제로도 당시 일본군은 조선 사람들의 귀나 코를 군·민 따지지 않고 무참히 베어서 일본으로 보냈다(현재 교토국립박물관 근처에 있는 귀무덤은 그 매장지로 추정된다. 단, 실제로는 귀보다도 주로 코를 벤 것 같다). 그와 같이 이 이야기는 역사적 사실도 있지만, 전쟁을 완전한 승리로 묘사하고 조선왕이 복종을 맹세하는 장면은 물론 픽션이다(왕이 복종을 맹세한다는 내용은 진구 황후 설화의 영향이 있을 것이다). 실제로는 기요마사가 사로잡은 것은 왕자 두 사람에 지나지 않으며 기요마사도 유키나가도 마지막에는 비참하게 철수했다. 그런데 그런 이야기는 깔끔하게 지우고, '다스리시는 우리 임금의 은혜가 있는 시대의 백성들은 안

---

60 원래는 목사(牧使)가 맞는 표현이겠으나 본서 원문대로 옮김.

락하고, 오곡이 풍성하며, 만만세토록 움직이지 않는 나라인지 오래다'라는 축언(祝言)으로 끝을 맺는다. 예능에서는 흔한 일이라지만, 현대의 관점으로 보면 위화감이 남는다.

민중에게 남은 기억

정말 흥미로운 것은 최관(崔官)이 지적하였듯이 '목사(모쿠소)'라는 이름이 지카마쓰 한지(近松半二) 등의 조루리 「덴지쿠 도쿠베에 사토카가미(天竺德兵衛鄕鏡)」(1763년 초연)에도 인용된다는 점이다. 덴지쿠 도쿠베에(天竺德兵衛)는 실존인물로 에도시대 초기에 남방무역에 종사한 상인이었는데, 예능의 세계에서는 아마쿠사 시로(天草四郞)[61]와 혼동되어 기리시탄 바테렌의 요술(妖術)[62], 특히 두꺼비를 부리는 모반인으로 설정된다. 외국과 연관이 있는 자를 외적(外敵)=악으로 단정짓는 섬나라다운 감각이라고 해야 할까?

「덴지쿠 도쿠베에 사토카가미」에서는 이 덴지쿠 도쿠베에의 아버지가 '조선국의 신하 모쿠소관(木曾官)'이라고 되어 있다. 거기에는 조선의 신하, 기리시탄, 요술을 쓰는 사람, 모반인이라는 부정적인 이미지가 겹쳐진다. 그러한 외적의 이미지를 짙게 투영한 악당을 정의의 편에 선 인물이 무찌름으로써 국가의 평안이 유지된다.

---

61 에도시대 초기의 대형 반란인 시마바라(島原)의 난을 이끈 지도자. 그는 세례를 받은 기독교도였으며, 당시 기독교 탄압 속에서 종교를 버렸던 시마바라 등지의 기독교도들을 봉기에 끌어들였다.

62 기리시탄은 기독교 또는 그 종교를 믿는 신도, 바테렌은 선교사를 뜻한다. 각각 포르투갈어 cristão(그리스도교), padre(아버지, 신부)에서 유래한 것으로 알려져 있다.

그러한 인식 구도가 이미 역사적 사실과는 동떨어진 세계를 창조하고, 외적과 싸우는 행위를 국가를 지키는 괴물 퇴치와 동일시하고 있다. 조선의 전장을 실제로 본 일본인은 출정한 자들뿐이지만, 그 밖의 사람들은 이야기된 '역사'를 듣는 것 외에는 전쟁의 실태를 알 방법이 없다. 그런데 후세에는 요시노 진고자에몬이나 게이넨 같은 비참한 체험이 제대로 전해지지는 않았고, 오로지 살아남은 자들의 사정에 맞추어 미화된 '역사'만이 전해졌다. 이는 일반적인 전쟁에서 으레 있는 일이겠지만 특히 이런 전쟁에서는 침략한 나라의 국민들 대부분이 침략당한 쪽의 비참한 현장을 외면하는 경향이 크다. 바다를 사이에 둔 먼 외국에 대한 침략전의 경우에는 더욱 그러하며 현대에도 마찬가지이다.

여하튼 현실에서 일어난 사건의 실태와 그것이 기억되는 양상은 다르다. 현실은 대부분의 경우 어떠한 형태로든 미화된 이야기가 인식의 거푸집에 들어가며 기억되어진다. 제1장 제3절에서 본 것처럼 몽골 격퇴는 신위가 한 일로, 조선 출병은 일본의 '무위'를 빛낸 사건으로 기억된다. 기억의 미화라는 점에서는 유사한 측면이 있다 해도 그 방향은 크게 다르다. 사실을 인식하는 거푸집이 변화하기 때문이다. 여기서 일본인의 자의식 변화를 확인할 수 있는 것이다.

제2절
'무국' 의식의 이론화

'무국' 이론의 등장

일본인이 갖는 '무'의 자의식은 가마쿠라시대부터 활과 화살의 크기를 자랑하면서부터 시작되었다. 또한 히데요시와『태합기』의 시대에는 자국을 '활과 화살이 엄청난 나라', '무국'으로 보며 '긴 소매나라', '문국'인 중국과 대비시키는 자국관이 성립되었다. 하지만 앞서 살펴본 범위에서는 대부분은 감각적인 표현에 그쳤다. 예를 들면『요시노 진고자에몬 각서』에는 '일본은 신국이므로 "신도 맹용의 기풍"이 있다'는 표현이 있는데 일본인이 '무'에 뛰어난 이유에 대한 설득력 있는 설명과는 다소 거리가 있다. 그러나 에도시대에는 그러한 자국관이 증폭되어 일반화되는 동시에 명확한 이론으로 정립된다. 지식인들이 일본은 왜 '무국'이라 할 수 있는지를 이론적으로 설명하고 그 유래와 관련하여 '무국'으로서의 역사를 논하게 된 것이다. 이 점에 대해서는 이미 마에다 쓰토무(前田勉)가 상세히 분석했으므로 여기서는 마에다의 고찰을 따라가면서 필자 나름의 관점에서 되짚어 보고자 한다.

요시카와 고레타리의 '무국'론

오늘날 알려진 사례 중에서 가장 이른 시기에 나타난 것은 요시카와 고레타리(吉川惟足: 요시카와는 '깃카와', 고레타리는 '고레타루'라고도 읽음. 1616~1694)의 언설이다. 요시카와 고레타리는 유가신도(儒家神道)의 일파인 요시카와 신도(吉川神道)의 창시자이다. 원래 무사 집안이었다고 하는데 9세 때 상인 집안의 양자가 되었고, 36세에 은거하고 나서 하기와라 가네요리(萩原兼從) 아래서 요시다 신도(吉田神道)를 배웠다. 만학이었는데 기슈번(紀州藩)의 번주(藩主) 도쿠가와 요리노부(德川賴宣)나 아이즈번(會津藩)의 번주 호시나 마사유키(保科正之) 등으로부터 인정을 받아 많은 무사 신봉자를 거느린 신도가(神道家)가 되었다. 처음 도쿠가와 요리노부가 고레타리를 불러서 만난 것은 메이레키(明曆) 3년(1657)의 일이었다고 한다. 고레타리 인생의 전환기인 셈이다. 다이라 시게미치(平重道)에 따르면 그때의 문답을 고레타리의 뒤를 이은 아들 요리나가(從長)가 정리하여 일본어 문장으로 풀어쓴 것이『난류인 님께 아레미도가 답변을 아뢴 사항들[南龍院樣え視吾堂御返答申上候條條]』[63]이다(난류인〈南龍院〉은 도쿠가와 요리

---

63 아레미도(視吾堂)는 요시카와 고레타리의 호(號)이다.

노부). 같은 내용이 요리나가가 아버지의 사후에 정리한 전기 『요시카와 아레미도 선생 행장(吉川視吾堂先生行狀)』과 엮은이 미상(아마도 요리나가인 듯함)인 『아레미 영신 행장 누키가키(視吾靈神行狀拔書)』에도 수록되어 있다.

이 책들에 따르면 요리노부가 "신도가 일본 고래(古來)의 도(道)라고 한다면 먼 옛날에는 이 도로써 나라를 다스렸는가"라고 묻자, 고레타리는 바로 그렇다고 대답하는데 천하를 다스리는 신도란 주술력·효험 같은 것이 아니고 '이학(理學)의 신도'라고 대답한다. 그리고 그 요점은 '무의(武義)를 근본으로 하여 인혜(仁惠)를 베푸는' 데 있다고 말하며 이는 '아메노누보코(天瓊矛)[64]의 덕'이라고 설명한다. '아메노누보코'란 『일본서기』에서 이자나기·이자나미 두 신이 나라를 탄생시키기 전에 아메노우키하시(天浮橋)[65]에서 창을 내려서 하계(下界)를 더듬자 창 끝에 맺혀 떨어지는 바닷물이 굳어져 오노고로섬이 생겨났다는 전설이다. 요컨대 일본은 창을 사용하여 태어난 나라이며, 이는 일본이 본래 '무국'임을 나타내는 것이라고 고레타리는 말한다.

어떻게 봐도 억지로 갖다붙인 것 같은 주장이다. '아메노누보코'의 별칭 '아메노사카호코(天逆鉾)[66]'는 에도시대의 속세에서는 오히려 음경이라는 뜻으로 주로 쓰였다. 걸쭉한 바다를 창으로 휘젓

---

64 아메노누보코는 아마노누보코라고도 한다.

65 천상과 지상을 이어주는 하늘에 떠 있는 부교를 말한다.

66 사카(逆)는 거꾸로 된 모습을 말하며 호코(鉾)는 창을 뜻한다. 하늘에서 땅으로 거꾸로 내려온 창이라는 의미로 보인다.

는 정경, 게다가 그 후에 이자나기·이자나미가 오노고로섬에 내려와서 섬들을 낳는다는 이야기는 예를 들면 '사카호코의 물이 떨어져 응애 응애로구나[さかほこの 滴りおぎやアおぎやア也]'라는 센류(川柳)[67]처럼 남녀 교합(호슝)의 상징으로 해석해야 자연스럽다. 실제로 이 해석이 신화학 관점에서 더 적절할 것이다. 그러나 '무국'의 기원을 탐구하려고 하는 이들의 눈에는 '아메노누보코'는 일본이 '무국'임을 나타내는 최초의 근거로 비쳤다. '아메노누보코'를 '무국'의 상징으로 보는 논의는 에도시대에 점차 늘어났고, 그렇게 해서 '무국'의 기원을 신화의 시대에서 찾는 이론은 마침내 근대 일본도 속박하기에 이른다.

'무국' 사관

고레타리는 요리노부에게 다음과 같이 말했다고 한다(『난류인님께 아레미도가 답변을 아뢴 사항들』에서 적절히 요약).

일본은 나라를 탄생시킬 때부터 '무'를 중시한 나라이고 사람들은 늘 다치를 차고 활과 화살을 들어 무장하고 있습니다. 그래서 상대에는 세상이 평화롭게 유지되었습니다. '무국'이기 때문입니다. 한편 이국은 사람들이 유약한 마음에 검도 차지 않고 음악을 즐기며 시가를 짓고 '문'의 덕만으로 세상을 다스리려고 하는 '문

---

67 에도시대 중기에 나타나 오늘날에도 읊어지는 5·7·5의 3구로 된 짧은 시로 풍자나 익살스러운 내용을 담는다.

국'입니다. 그렇지만 '무국'인 일본도 스이코 천황 때부터 이국의
가르침이 성행하면서 우리 고유의 도가 쇠퇴해 갔습니다. '무'는
나날이 쇠퇴하고 '문'만 융성해져서 시가관현만 즐기게 되었습니
다. 그렇지만 도쿠가와 쇼군 가문은 무국다움을 되찾았고 아마
테라스 오미카미가 정한 법도에도 들어맞습니다. 도쿠가와 쇼군
가문이 천하를 얻은 것도 당연한 도리인 것입니다.

'무'로써 평화가 유지되던 시대란 어떠했을까? 『아레미 영신 행
장 누키가키』에 따르면 진무 천황이 적(賊)의 무리를 정벌하여 천
하가 평안해졌다고 하는데, 그때부터 스이코 천황 시대까지의 평
화로운 시대가 구체적으로 어떠한 역사를 상정하고 있는지 분명하
지 않다(스이코 천황 무렵부터 쇠퇴했다는 견해는 이국으로부터 온 불교를 받
아들였기 때문이라고 말하고 싶은 듯 하지만 말이다). '무국'론자가 이와 같
은 '역사'를 구체적으로 보충해 나가는 일은 이후에 살펴보겠지만,
그 실태는 '무국'이라는 이상을 원초적인 국가에 투영한 가상의 신
화적 황금시대, 이상향에 지나지 않을 것이다. 중국의 성제(聖帝) 요
(堯)·순(舜)의 치세, 그리스도교의 에덴 동산을 비롯하여 일찍이 이
상적인 시대, 낙원이 존재했다는 사고방식은 동서고금에 자주 보이
지만, 대부분의 경우 실제 역사와는 차원이 다른 먼 과거에 자신의
이상을 투영하는 환영에 지나지 않는다. '무'의 신화적 황금시대도
마찬가지일 것이다. 여하튼 일찍이 존재했던 '무국'의 이상향이 불
교 등 이국의 가르침이 전해지면서 쇠퇴해 세상이 어지러워졌는데,
그때 도쿠가와 쇼군 가문이 등장해 본래의 '무국'의 면모를 되찾았

다는 이야기이다.

고레타리가 논한 이와 같은 역사관은 일찍이 『헤이지 모노가타리』나 『헤이케 모노가타리』에 엿볼 수 있던 역사관과는 사뭇 대조된다. 특히 제2장 제2절에서 살펴본 것처럼, 엔교본 『헤이케 모노가타리』에서는 먼 옛날 사람의 마음이 순박했던 시대에는 세상이 저절로 다스려졌지만 시대가 지남에 따라 세상이 어지러워져 법과 특히 말세에는 '무'가 필요해졌다고 한다. 요시카와 고레타리가 논하는 역사는 모노가타리의 역사관과 하강사관이라는 점에서는 공통되지만 그 방향은 정반대이다. 즉 일본은 본래 '무'의 나라였지만 불교 등 외국 문화의 유입으로 인해 쇠퇴를 겪었고 '문'이 융성해지고 말았다는 것이다. 이러한 '무국' 사관의 원형은 그 후로도 조금씩 형태를 바꾸면서 활발히 논해지는 담론이 된다. 여기서는 그것을 '무의 하강사관'이라고 부르고자 한다. 일본은 '무국'이라는 자의식은 이렇게 해서 일본이 본래 '무국'이었다는 역사관을 창출했다.

요시카와 고레타리의 위치

막부가 공식 학문으로 채용한 유학은 예악(禮樂), 즉 '문'을 기본에 두고 있어서 무가정권에는 영 들어맞지 않는 이론이다. 그에 반해 요시카와 고레타리는 유학이 이국의 학문이라며 그 정통성을 상대화하고 일본에는 일본의 전통이 있다면서 신화를 근거로 하는 '무국'론과 대치시켰다. 듣는 사람인 도쿠가와 요리노부는 도쿠가와

이에야스(德川家康)의 열 번째 아들로, 고산케(御三家) 중 하나인 기슈[68]
번(紀州藩)을 개창한 인물이다. 도쿠가와 정권이 마침내 안정되고 이
후로 체제를 공고히 해나가려 하던 시기에 고레타리는 그 요리노부
에게 "도쿠가와 가문이 천하를 차지하는 것은 역사적 필연입니다"
라고 도쿠가와 정권 만세를 외치는 듯한 이론을 설파했다. 요리노
부의 마음에 들었던 것도 당연했다. 고레타리의 '무국'사관은 무가
정권에게는 실로 딱 맞는 체제 옹호 이론이었던 것이다. 고레타리
의 이론이 도쿠가와 정권에 맞추어 갑자기 나타난 것은 아니다. 고
레타리가 배운 요시다 신도가 우라베 가네토모(卜部兼倶)를 필두로[69]
하여 『일본서기』의 주석에 관여한 점, 본지수적설을 배척한 내셔
널리즘의 경향을 지닌 점은 잘 알려져 있다. 또 우라베 가네토모는
군사나 병법에 대해서도 관심을 가진 것으로 확인되었다. 그러한
전통을 이은 고레타리가 이러한 언설을 남겼다니 그럴 법한 일이
다.

요시카와 고레타리의 이론은 이국의 '문'에 대항하여 자국의 전
통을 살리려고 하면서도, 한편으로는 중국에서 전래된 음양오행설
(陰陽五行說)에 의해 일본은 '목(木)·화(火)·토(土)·금(金)·수(水)'의 오행
중 '금의 기운'을 가진 나라라는 논리를 내세우고 있다. '금의 기운'
은 사람에게 용기와 엄함을 부여하며 아메노누보코도 '금의 기운

---

68 고산케란 도쿠가와 쇼군 가문의 일족인 오와리(尾張), 기슈(紀州), 미토(水戶) 세 가문을 가
리킨다. 도쿠가와 쇼군 가문의 친족 중에서도 특별한 가문들로서 최고의 대우를 받으며, 쇼
군의 후계자가 없는 경우 쇼군 가문의 상속자를 배출할 권리를 갖고 있기도 했다.

69 우라베 성은 고대에 제사를 관장한 집안에게 하사된 우지(氏)에 해당하므로 우라베'노' 가네
토모라고 '노(~의)'를 붙여 읽으나, 가네토모의 경우 일반적으로 우라베 가네토모로도 표기
한다. 여기서는 원문의 표기를 따랐다.

의 덕'을 나타내고 있다는 것이다. 오행설을 도입하는 것도 요시카와 신도 이래의 전통일 뿐만 아니라 일종의 유사과학으로서 수용했던 자들이 많았는데, 실은 고레타리도 이국의 가르침을 적당히 받아들였다. 이 부분은 융통무애(融通無碍)라고 할 수밖에 없다.

고레타리의 논리는 '시가관현의 놀이에 용맹함과 의로움이 녹는다'라며 시가관현을 무용한 놀이로 여기는 점에서는 중세의 『요시사다 군기』부터 가토 기요마사에 이르는 무사들의 의식과 닮았다. 또한 이국의 가르침을 '문'으로서 '무국' 일본과 대치시키는 점에서는 히데요시의 언설과도 닮았다. 고레타리는 단순히 요시카와 신도의 전통뿐만 아니라 '문'에 대항하여 '무'를 칭송하는 무사들의 의식을 계승했다. 적어도 그러한 의식에 적합한 논리를 제공했다고도 말할 수 있다.

여하튼 무가정권의 확립과 함께 외래 사상을 배척하는 내셔널리즘으로서의 '무국'론이 정립되었다.

야마가 소코의 '무덕'론

요시카와 고레타리의 언설은 그만의 독창적인 생각이라기보다는 일찍부터 존재한 논리가 비교적 이른 시기에 문헌 상에 남겨졌는지도 모른다. 고레타리와 요리노부의 대면은 메이레키 3년(1657)였지만 그와 거의 동시대인 간분 8년(1668)에 쓰여진 야마가 소코의 『적거동문(謫居童問)』 권4에는 다음과 같이 기록되었다.

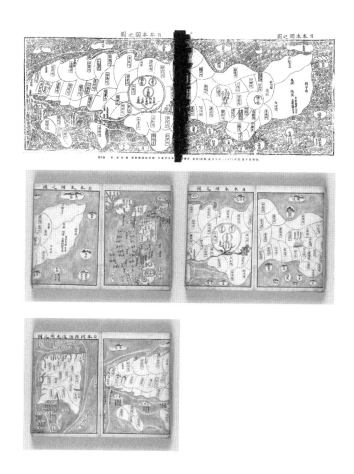

혼슈 지도(『해동제국기〈海東諸國記〉』에 실림. 국문학연구자료관〈國文學研究資料館〉 소장)

일본은 개벽(시작)할 때부터 아메노누보코를 사용하고 있으며 아마테라스 오미카미도 무위의 준비를 하셨다. 그때 이래로 천손(天孫)도 인황(人皇)도 무위를 사용해 왔음은 옛 기록(『일본서기』 등을 가리키는 듯)에 명백히 적혀 있다.

또 같은 책 권5에서는 다음과 같이 서술되어 있다.

스이코 천황 이전에는 옛 신칙(神勅)대로 신들을 숭배하고 천하를 다스리고 있었다. 그러나 스이코 천황 이후에는 17조 헌법을 기본으로 하여 신도·불법을 합하여 세상을 다스렸다.

가까운 시기에 집필된 것으로 보이는 『적거수필(謫居隨筆)』에서는 아메노누보코 신화에 이어서 다카미무스비노 미코토(高皇産靈尊)가 후쓰누시노카미(經津主神)·다케미카즈치노카미(武甕槌神)를 파견하여 아시하라노 나카쓰쿠니(葦原中國)를 정복하고, 천손강림(天孫降臨) 때는 아마노오시히노 미코토(天忍日命)가 무장하여 앞장을 섰다고 기록했다. 또한 진무 천황의 동정(東征) 등은 모두 '무덕(武德)'으로써 이루어졌다고 평가하며, 평화에 익숙해져 무위에 소홀한다면 우리나라를 경영하는 '유칙(遺則)'에 어긋난다고 주장했다.

이 서술들은 요시카와 고레타리가 요리노부에게 말했다는 '무'의 신화적 황금시대의 '역사'와 매우 흡사한 점이 엿보인다. 아마도 야마가 소코가 요시카와 고레타리의 영향을 받았다고 단정하기보다는 17세기 중후기에는 같은 생각을 하는 자들이 많았다고 보아야 할 것이다. 그리고 야마가 소코가 간분 9년(1669)에 쓴 것으로 보이는 『중조사실(中朝事實)』의 「무덕장(武德章)」에는 다음과 같이 적혀 있다. 여러 가지로 주석이 필요한 서술일 것 같다.

어느 책에 이르기를 도요아시하라미즈호노쿠니(豊葦原瑞穗國: 일본)는 오야시마(大八洲: 일본열도의 섬들)이 생기기 전부터 그 이름이 있었다. 이름이 있어도 형태는 없으며, 굳이 그 형태를 표현하자면 아메노누보코였다. 오야시마노쿠니(大八洲國)란 아메노누보코가 이룩한 나라인 것이다.

내(야마가 소코)가 삼가 생각건대 오야시마는 아메노누보코에 의해 만들어졌고 그 형태는 누보코와 닮았다. 그러므로 '구와시호코치타루노쿠니(細戈千足國)[70]'라고도 하는 것이다. 중국(中國: 우리나라)은 얼마나 웅무(雄武)한 것일까? 무릇 천지개벽 이래로 신기(神器)와 영물(靈物)이 매우 많았는데 그것들 중 최초에 해당하는 것이 아메노누보코이다. 그래서 일본이 무덕을 존중하고 웅의(雄義)를 드러내고 있는 것이다.

---

70 '구와시'는 아름답다, '호코'는 창, 무기, '치타루'는 많이 갖추었다, '쿠니'는 나라라는 뜻이다. 즉, '구와시호코치타루노쿠니'는 훌륭한 무기를 많이 갖춘 나라라는 의미가 된다.

『중조사실』의 배경

　『중조사실』이 말하는 '어느 책'이란 기타바타케 지카후사의 신도 서적『원원집(元元集)』을 가리킨다. 지카후사는『신황정통기』등으로 잘 알려진 남북조시대(14세기)의 학자이며 남조(南朝)의 정치가였다.『원원집』은 남조의 입장에서 삼종신기(三種神器)의 중요성을 설파하는 절에서 '오야시마는 이름이 있어도 형태는 없으며, 굳이 그 형태를 표현하면 아메노누보코였다'라고 기술하는데, 이는 일본열도, 특히 혼슈(本州) 섬이 창과 같은 모양을 말한다. 17세기경 정밀한 지도가 제작되기 이전에 일본은 가로로 찌그러진 마름모꼴 같은, 혹은 가늘고 긴 고구마 같은 모양이라고 여겨졌다. 이른바 교키도(行基圖)[71] 같은 것이다. 지카후사는 그 모양이 창과 닮은 것은 일본이 원래 아메노누보코에 의해 만들어졌기 때문이며, 또한 '야시마(八洲)'라는 이름은 야타노카가미(八咫鏡)[72]에 기인했다며 '신국'의 신비로운 성립을 논한 것이지 '무덕'이라는 관념은 보이지 않았다. 그런데 소코는 그 대목을 인용하면서 아메노누보코에 '무'라는 의미를 부여하고 있다.

　다음으로 '구와시호코치타루노쿠니'란『일본서기』진무 천황 31년조에 일본의 미칭 중 하나로서 보이는 것이다. 진무 천황이 야

71　8세기에 활동한 승려 교키(行基)가 제작했다고 전하는 일본의 지도. 실제로 교키가 만들었는지 여부는 불분명하다. 지방 구역을 둥근 덩어리들로 묘사하고 야마시로(교토)를 중심으로 각 지방에 도달하는 도로들을 그린 것이 특징이다. 16세기까지 이와 유사한 지도 양식이 많이 그려진다.

72　삼종신기 중의 하나인 거울이다. 아마테라스 오미카미가 천손강림 때 천손인 호노니니기에게 자신의 혼령이 담긴 물건으로서 모시도록 명했다고 전한다.

마토국(大和國: 지금의 나라현)의 모양을 보고 '잠자리의 교미(交尾) 같다'고 말하였으므로 '아키쓰시마(秋津洲)'라 이름붙인 데서 유래되었다. 일찍이 이자나기노 미코토(伊弉諾尊)가 "일본은 우라야스노쿠니(浦安國), 구와시호코치타루노쿠니, 시와카미(磯輪上)의 호쓰마노쿠니(秀眞國)"라고 말하고, 오나무치노 오카미(大己貴大神)는 '다마가키(玉牆) 안의 나라'라고 말하며, 니기하야히노 미코토(饒速日命)는 아메노이와후네(天磐船)를 타고 하늘에서 이 나라를 보고 '하늘에서 본 야마토노쿠니[虛空見つ日本の國]'라고 했다는 야마토국의 여러 이름들을 나열했는데, 그중 '구와시호코치타루노쿠니'만을 뽑아낸 것이다. '구와시호코치타루노쿠니'라는 명칭 자체는 좋은 무기가 많이 있는 나라라는 의미일 것이므로 '무국'과 연결짓는 것도 이해 못할 바는 아니지만 이토록 많은 이름들 중에서 '구와시호코치타루노쿠니'만을 골라낸 것은 정말로 자의적이다. 그럼에도 '아메노누보코'와 함께 빈번하게 '무국'의 근거로 제시되었다.

한 가지 더 말하자면 소코는 '중국'을 일본이라는 뜻으로 사용한다. 유학을 관학(官學)의 중심에 두었던 에도시대 일본에서는 유교의 본고장인 중국을 '중화(中華)'라 하며 존중하는 분위기가 있었다. 소코도 원래는 유학을 공부해서 같은 생각을 갖고 있었는데, 그 사상이 점차 변화하여 마침내 일본이야말로 '중국'이라고 생각하게 된다. 여기서 살펴본 『적거동문』, 『적거수필』, 『중조사실』은 그러한 시기에 집필된 것들이다('적거(謫居)'는 소코가 주자학을 저버려 아

73 '아키쓰'는 잠자리를 뜻한다.
74 마음이 평온한 나라, 평안한 나라라는 뜻으로 야마토국 또는 일본의 별칭이다.

코(赤穗)로 유배된 일로 인해 붙여진 책 이름이다). 『중조사실』「중국장(中國章)」에서는 일본은 고래로 '아시하라노나카쓰쿠니(葦原中國)'라 불렸으며, 이것이야말로 '중국'이라 부르는 까닭이라고 적고 있다.

야마가 소코의 역사관

아무리 봐도 갖다붙인 듯한 이야기 같은 요시카와 고레타리의 언설이 현실체제를 옹호하는 색채가 강했던 데 반해 야마가 소코의 경우는 보다 원리적인 내셔널리즘에 가깝다. 하지만 야마가 소코의 경우 일본이 '무'의 나라라고 주장하지만, 외국의 '문'에 의해 타락했다는 식의 하강사관은 보이지 않는다. 『야마가 수필(山鹿隨筆)』권9의 제6장「문치(文治)·무치(武治)」에서는 다음과 같은 취지를 서술하고 있다.

문과 무 중에 어느 쪽이 중요한가 하는 것은 시기에 따라 다르다. 다이라노 기요모리 이후에는 모두 무로써 천하를 다스려 왔다. 그래서 오늘날에는 모두 무치를 하고 있다. 무치를 잊고 문교(文敎)만의 정치를 하면 멸망하기 때문이다. 문과 무 중에 어느 쪽이 중요한가 하는 것은 단지 때와 장소를 보고 그 우선순위를 결정해야 한다. 미리 어느 쪽이 중요하다고 결정되어 있는 것은 아니다.

이 대목은 『중조사실』보다도 나중인 엔포(延寶) 8년(1680)에 집필된 것으로 보이는데, 일본의 본질을 '무'로 규정하고 '문'은 외국에서 온 혼입물(混入物)이라고 이해하기보다는 기본적으로 '문무이도' 양립의 논리를 설득력 있게 제시하고 있다.

야마가 소코(1622~1685)는 유학·병학(兵學) 외에 화학(和學)과 신[75]도를 배운 대학자로서 방대한 저작을 남겼다. 그 중에는 야마가류(山鹿流)로 알려진 병법(병학)과 관련된 저작이 많아 '무'에 편중된 측면은 부정할 수 없고, 방대한 저작 중에는 일관성은 부족하나 '문'의 중요성을 부정하지 않았다. 이처럼 무사 정치의 시작을 다이라노 기요모리 이후로 보는 것이 소코의 역사관이다. 일본의 통사를 쓴 『무가사기(武家事紀)』 역시 '무통요략(武統要略)'에서 무가 정치의 역사를 헤이지의 난에서 다이라노 기요모리가 승리를 거둔 데서 시작하며, 요리토모의 시대에 '무가의 제법(制法)'이 대략 갖추어졌다고 하여 요리토모를 '무가의 시조'라 부르고 있다. 불교 전래 이전에 '무'에 의한 평화의 시대가 있었다는 신화적인 역사를 펼치기보다는 현대인이 납득할 수 있는 역사관을 제시했다. 하지만 그렇게 사려 깊은 대학자조차 '아메노누보코'나 '구와시호코치타루노쿠니' 같은 견강부회식 이론으로써 '무국' 일본의 유래를 설명하였으니, 현대인으로서 기이한 인상을 갖지 않을 수 없다. 내셔널리즘의 정념(情念)은 사람의 이성을 흐리게 만드는 것일까?

---

75 화(和)는 일본을 가리킨다. 화학(일본어 발음은 와가쿠)은 국학(國學: 일본어 발음은 고쿠가쿠)이라고도 하며 일본에 예로부터 전해오는 것으로 여겨지는 역사, 문학, 예법, 신앙 등을 연구하는 학문을 말한다.

'아메노누보코'와 이자와 나가히데

　'아메노누보코' 신화가 '무국'의 근거로서 근세에 널리 이용된 일에 대해서는 마에다 쓰토무가 많은 사례를 소개하였다. 그중에서 이자와 나가히데(井澤長秀)의 『신도 아마노누보코노키(神道天瓊矛記)』를 들고자 한다. 이자와 나가히데(1668~1730)의 다른 이름은 이자와 반류(井澤蟠龍)로 수가신도(垂加神道)를 배웠을 뿐만 아니라 두루 일본과 중국의 서적에 능통하여 세상에 이름을 알렸다. 특히 고증 수필 『광익속설변(廣益俗說辯)』으로 명성이 높다. 당시 세상에 퍼져 있는 속설을 박인방증(博引旁證)과 합리적 정신으로써 모조리 논파하는 통쾌한 책으로 근대 사람들도 즐겨 읽었다. 이러한 이자와 나가히데가 교호 5년(1720)에 기록한 『신도 아마노누보코노키』라는 책이 있다. 책 첫머리의 「천부(天部)」는 '본디 우리 일본은 아메노누보코가 이룩한 무국이다'라는 서술로 시작한다. 전형적인 신화적 무국론인데, 원전인 기기신화(記紀神話)나[76] 앞서 살펴본 설과도 다른 점이 많다. 아메노누보코는 구니토코타치노 미코토(國常立尊)가 이자나기·이자나미 두 신에게 준 것이라고 보는 점이나 창으로 바다를 휘젓고 그 뚝뚝 떨어진 물에서 저절로 생겨난 오노고로 섬은 '남의 힘을 빌리지 않고 자기 무용(武勇)을 가지고 독립한 것에 비유한' 것이라고 풀이하는 점, '무구가 완전히 갖추어진 것을 가지고 구와시호코치타루노쿠니라고도 했다'고 야마토국의 이칭이었

76　기기(記紀)는 『고사기(古事記)』와 『일본서기(日本書紀)』를 가리킨다.

던 '구와시호코치타루노쿠니'를 오노고로섬 등 이자나기·이자나미 두 신이 만든 섬의 또 다른 이름으로 제시하는 점, 더 나아가 『일본서기』에서는 오노고로섬을 '나라 가운데[國中]의 기둥[柱]'이라고 한 것을 아메노누보코를 나라 중앙의 기둥으로 삼아 야히로도노(八尋殿)⁷⁷를 세웠다고 보는 점 등이다. 이렇게 해서 본래의 신화와는 다른 새로운 신화가 창작되었고 그것을 바탕으로 하여 다음과 같은 교훈이 기술되었다.

> *온갖 도구와 재화가 많이 있는 가운데 창을 써서 나라를 일으키고 집을 세우신 것을 보니 일본에서 태어난 자들은 특히 '무'에 전념해야 함을 알아야 한다.*

이리하여 새로운 신화는 '무국'의 국민에 대한 교훈이 된다. 그리고 '항간에 다이코쿠바시라(大極柱, 大黑柱)라고 하는 것은 나라의 중앙에 아메노누보코를 세운 것을 본뜬 것이다'라고 덧붙인다. 이자와 반류의 『광익속설변』은 예를 들면 권20 「불가(佛家)」에서 '옛 승려는 기적을 일으켰는데 지금은 그런 승려가 없다. 말세라 불법이 쇠퇴한 것이다'라는 속설에 대하여 '지금도 옛날에도 기적 같은 것은 일어나지 않는다. 옛날에는 불법이라고만 하면 무엇이든 사람들이 믿었지만 오늘날에는 문명의 세상이 되어 구태여 기이한 상서로움을 중히 여기지 않게 되었으므로 승려도 굳이 연출하지 않

---

77 야히로(八尋)에서 '히로(尋)'는 성인이 두 팔을 벌린 길이를 나타내는 단위이며 '야(八)'는 많은 수량을 상징한다. 즉, 야히로도노는 매우 크고 넓은 건물을 뜻한다.

는 것일 뿐이다'라고 갈파했다. 불교를 공격할 때에는 이 정도로 명쾌한 합리성을 발휘한 이자와 나가히데가 한편으로는 앞서 본 원전을 어중간하게 재탕한 신화를 '무국' 일본의 기원으로서 감사하다는 듯이 기록한 것이다.

'무국'론의 정착

17세기로 다시 돌아와서 야마가 소코와 거의 동시대의 유학자인 구마자와 반잔(1619~1691)의 『집의화서』 권10을 살펴보자. 이 책은 엔포 2년(1674)에 간행되었다. 벗의 물음이나 서한에 저자가 대답하는 문답체 형식을 취한 책이다.

> 오랜 벗이 물었다. 일본은 무국이다. 그런데도 왜 '인국(仁國)'이라고 할까?
> 대답하여 말했다. 인국이기 때문에 무국인 것이다. 인자(仁者)는 반드시 무용(武勇)을 갖추었음이 분명하지 않은가? 다만 그 반대는 반드시 참이 아니다. 북적은 무용의 나라이지만 불인(不仁)의 나라이며 금수에 가깝다.

이 문답은 일본을 '무국'으로 보는 인식을 당연한 전제로 하여 전개된다. 일본은 '무국'이라는 인식이 17세기에는 정착된 듯하다. 반잔은 유학자이므로 '인(仁)'을 가장 중요한 덕목으로 여겼다.『논어』 헌문(憲問)편에 '인자는 반드시 용맹이 있거니와, 용맹이 있는 자는 반드시 인(仁)이 있지는 못하다'라고 한다. 그와 같이 일본은 최고의 덕인 '인'을 갖춘 나라이며, 인국이기 때문에 무국이기도 하다. 그러나 '북적'은 무용을 갖추었으나 인(仁)과는 거리가 멀다는 것이다. 여기서 '북적'이란 무엇인가? 바로 『집의화서』가 지어지기 얼마 전에 명나라를 무너뜨리고 중국을 제패한 청나라를 가리킨다. 청나라는 한민족이 아니라 북방 퉁구스계 여진(女真: 여직〈女直〉이라고도 함)족 왕조이다. 16세기 후반부터 누르하치의 치하에서 일족을 통일한 여진족은 17세기에는 후금국(後金國)을 칭하고 점차 명나라를 압박하여 1636년에는 국호를 청으로 고쳤다. 그리고 1644년에 명나라가 이자성의 내란에 의해 멸망하자 청나라는 대군을 이끌고 북경으로 들어가 중국의 왕조가 되었다(명청교체). 중국 문화의 정통을 계승하는 한민족의 명 왕조가 북방 이민족에 의해 무너진 사건은 일본을 포함한 주변 여러 나라들에도 큰 영향을 끼쳤다. 지카마쓰 몬자에몬의 「국성야합전(國姓爺合戰)」은 명 왕조의 재건을 바라며 활동한 정성공을 주인공으로 삼고 명나라의 부흥을 정의로 여기는 시각에서 쓰여졌다. 이는 정성공의 어머니가 일본인이고 그 자신도 일본에서 태어난 인연 때문인데, 정통 왕조가 무력이 뛰어난 만족에 의해 멸망당했다는 인식도 작용했을 것이다(어떤 의미에서는 히데요시가 기도하였지만 이루지 못했던 명 왕조의 타도를 여진족이 이룩했다고 볼 수도 있다). 청나라는 마침내 『강희자전(康熙字典)』이나 『사고전서(四庫全書)』 등을 비롯하여 한민족의 문화를 집대성하는 왕조가 되었는데, 당초에는 주변 여러 민족들에게 만족 왕조로 비쳐졌다. 조선에서는 유학을 중심으로 한 한민족 문화의 정통을 계승하는 주체는 청나라가 아니라 조선이라고 자부하기에 이르렀다. 그렇다면 일본의 유학자 반잔은 명청교체를 어떤 시각으로 바라보았을까?

명·청 교체와 '무'의 하강사관

반잔은 『집의화서』 권1에서 '중국은 옛날 성대(聖代)에는 무위가 강했지만 말세가 되어 약해진 것은 어찌 된 일인가'라는 물음에 대하여 대략 다음과 같이 답변했다(요약).

고대 성현의 시대에는 문무가 함께 갖추어져 있었으므로 북방의 만족은 신하로서 섬기고 있었다. 그러나 말세에는 문이 지나쳐 교만에 빠지고 무력이 쇠퇴하였기 때문에 북방의 만족에게 업신여김을 당해 침범당한 것이다. 일본도 진무 천황부터 오진 천황까지의 무렵, 그리고 그 후로도 왕자(王者)의 무위가 매우 강했지만 점차 문이 강해지고 무가 쇠퇴했다. 무가 쇠퇴하는 때에는 헤이케처럼 겨우 20여 년 만에 약해져 버린 자도 있다. 하물며 중국은 몇백 년이나 걸쳐 문무의 균형이 나빠져 검도 차지 않는 풍속이 되었으니 어쩔 수 없다.

명청교체에서 반잔이 얻은 교훈은 중국 같이 문약해지면 나라가 멸망하므로 무를 강하게 유지해야 한다는 것이었다. 청나라를 만족이라고 비난하면서도 '무'의 필요성을 중요한 교훈으로 강조했

다. 조선이 명나라를 대신하여 한민족 정통의 문화를 계승하려고
한 것과는 대조적인데, 이러한 사고방식은 적지 않은 일본인들 사
이에 공통된 인식이 아니었을까? 다만 반잔은 '무'를 중시한 나머
지 '문'을 적대시하기보다는 문무의 균형을 중시했다. 그러나 앞의
내용은 상대(上代)에는 강했던 일본의 '무'가 쇠퇴해 버렸다고 주장
하는 데서 요시카와 고레타리의 '무'의 하강사관과도 닮았다. '무위'
가 강했던 시대를 진무 천황부터 오진 천황까지로 설정한 것은 진
구 황후 설화를 의식하였기 때문일 것이다(오진 천황은 진구 황후가 신
라를 정벌하러 갔을 때 회임하고 있어서 귀국 후에 태어난 자식이라고 한다). 이에
관해서는 뒤에 나올 마쓰미야 간잔(松宮觀山)의 『학론(學論)』이나 아
이자와 세이시사이(會澤正志齋)의 『신론(新論)』도 참조할 필요가 있다.
어쨌든 일본의 '무'의 기원을 찾기 위해서 '무'의 황금시대를 가정하
는 점에 있어서는 요시카와 고레타리의 언설과 대동소이하다. 그러
나 명청교체를 '무'의 전통을 제대로 계승해야 한다는 교훈을 주는
사건으로 받아들인 점은 새로운 중요 논점이다. 그러한 관점은 '무'
의 하강사관도 포함하여 이후 일본의 많은 지식인들에게 계승되었
다. 물론 일본의 지식인들 모두가 그러한 관점을 가진 것은 아니다.

자타가 공인하는 '무국'

일본이 '무국'이라는 것은 일본인들만의 인식은 아니었다. 구마
자와 반잔보다도 시대가 조금 더 내려가지만 유학자이자 정부의 고
관(高官)이기도 했던 아라이 하쿠세키(新井白石, 1657~1725)가 쇼토쿠

(正德) 원년(1711)에 일본으로 온 조선통신사와의 사이에 나눈 필담에서 이와 관련된 문제가 보인다. 에도성에 등성(登城)한 사절들과 하쿠세키가 나눈 필담이 『강관필담(江關筆談)』이라는 기록으로 남아 있다. 그에 따르면 통신사 부사(副使)였던 임수간(任守幹)이 "당신 나라는 총이나 검의 재주에 능하다고 들어 알고 있습니다. 그 재주를 보여주었으면 좋겠습니다"라고 말했다.

그에 대한 하쿠세키의 답은 길기 때문에 요점을 추려서 설명하자면 다음과 같다.

> 당신은 우리들에게 무를 숭상하는 습성이 있다고 말씀하시는군요. 일본은 분명 무를 숭상합니다. 그러나 그것은 단순히 예로부터 전해오는 무예를 존숭하는 것이 아닙니다. 또 문과 무 중에서 무만을 존숭한다는 것도 아닙니다. 옛날에 조정의 권위가 쇠퇴한 시기에 미나모토노 요리토모가 무력으로 난을 다스리고 조정을 도운 이래로 '인후(仁厚)의 기풍[風]'을 바꾸어 '용예강의(勇銳剛毅)의 기풍'이 되었습니다. 사람의 기풍은 바뀌기 쉬운 것입니다. 그러나 공자는 '인자는 반드시 용맹이 있다'고 말씀하셨습니다. 일본에서는 신조(神祖)로부터 명을 받아 무로써 난을 진압하고 문으로써 다스림을 일으켜 온 것입니다.

이어지는 하쿠세키의 말은 일본이 싸움을 좋아하는 것이 아니며, 일본·조선 양국의 평화를 유지하는 것이 양쪽 사람들의 행복을 가져온다는 것이다. 이에 대해 통신사 정사(正使)인 조태억(趙泰億)은 양국의 친목과 평화가 이어지는 것은 실로 경사로운 일이라고 말하였고, 부사 임수간은 "나는 줄곧 일본을 무를 숭상하는 나라라고 생각하고 있었습니다. 그러나 이번에 방문해 보니 문교도 매우 융성합니다. 실로 좋은 일입니다"라는 식으로 말했다.

여기서 한 가지 알 수 있는 것은 일본이 조선으로부터도 '무를 숭상하는' 나라로 비쳐지고 있는 점이다. 앞서도 살펴보았듯이 유학을 중심으로 한 문화의 후계자를 자임하고 있던 조선으로서는 자국이 '문'의 나라인데 반해 일본은 '무'의 나라로 보인다는 것도 자연스러운 일이라 하겠다. 하쿠세키도 일본이 '무를 숭상하는' 나라임을 인정했다. 일본은 자타가 공인하는 '무국'이었지만 하쿠세키는 그런 이야기를 듣는 것을 그다지 기뻐하지 않는 듯하다.

하쿠세키와 같은 정통적인 유학자에게는 '문무'는 어디까지나 그 양쪽을 균형 있게 유지해야 하는 것이며, 너무 '무' 일변도인 나라인 것처럼 이야기되는 건 야만인이라는 소리를 듣는 것 같아 불쾌해했다고 전해져 온다. 요리토모의 시대부터 기풍이 바뀐 것이라는 설명도 '무국'사관과는 대조적이며, 일본도 본래는 '무국'이 아니었다는 인식을 보여준다. '인자는 용맹하다'를 인용하는 점은 구마자와 반잔과 닮았지만 그 강조점은 다르다. 반잔이 '무국'이라는 성격 규정을 시인한 다음에 그것을 변호하기 위하여 이 말을 인용하고 있던 데 반해, 하쿠세키의 경우에는 오히려 일본의 본질을 '인자'라고 하며 무가 뛰어난 점은 그와 모순되지 않는다고 변명하기 위해 이 말을 인용하고 있는 것처럼 보인다. '무국'이라 불리는 일을 그다지 기뻐하지 않는 것은 유학자로서는 당연한 태도라고 할 수 있겠다. 이처럼 에도시대의 지식인들에게도 다양한 입장이 있었다. 그 점도 이 문제와 관련하여 이해해 두어야 할 중요한 포인트 중의 하나이다.

'무'의 하강사관의 변질

이제 18세기로 눈을 돌리면서 다시 적극적인 주장으로서의 '무국'론의 계승과 변화를 살펴보도록 하겠다. 마쓰미야 간잔 (1686~1780)은 에도시대 중기의 유학자·군학자(軍學者)이며 국학자(國學者)이기도 했다. 신도나 천문·수학에도 정통하며 박학한 인물이다. 그의 저서 『학론』에는 호레키(寶曆) 5년(1755)의 서문이 있다. 제목 그대로 학문을 논한 책인데 그 중요한 강조점은 '무학(武學)'의 필요성을 논하고, 또 중국을 존숭하는 유학자(오규 소라이〈荻生徂徠〉등을 의식하였을 것이다)를 비판한 데 있다.

『학론』은 첫머리에서 일본에는 일본의 풍토가 있다고 하며, 유자가 중국을 '화(華)'라 하고 일본을 '이(夷)'라 하는 것은 부당하다고 본다. 또 일본에는 '중엽 이후' 무장이 권력을 쥐고 천황 가문을 도와 평화를 유지해 왔으므로 저절로 '무학'이 발달해 왔다고 한다. 간잔도 문무의 균형이 중요하다고 한 것인데 이는 문만이 아니라 무를 중요하게 생각하자는 '무' 쪽 입장의 주장에 강조점이 있는 것 같다. 그러한 주장 속에서 권상(卷上)의 한 절에서는 '본래 우리나라는 상세(上世)에는 구와시호코치타루노쿠니라 했다. 무비가 융성함을 알 수 있을 것이다. 그때 이래로 무는 국민의 기풍이 되어 갔다'

고 적었다. 야마가 소코 등과 관련하여 살펴보았던 '구와시호코치타루노쿠니'가 여기서도 등장하며 일본의 '무'의 유래로 여겨지는 것이다.

『학론』은 그 후 역시 무를 배운다면 일본을 알아야 한다면서 신화시대로 거슬러 올라간다. '국조무비(國朝武備)'의 시작은 아마테라스 오미카미에 있다는 것이다. 천손이 삼종신기를 지니고 강림하여 복종하지 않는 자들을 정벌한 일, 그리고 진무 천황이나 야마토타케루노 미코토(日本武尊), 진구 황후가 동정·서정(西征)을 행한 일을 배우고, 진무 천황이 해를 등지고 싸운 계책이나 야마토타케루노 미코토가 초원에서 풀을 베어 없앤 책략, 진구 황후가 히루타마·미쓰타마를 사용하여 신라를 정벌한 일 등 다양한 고사를 알아야 한다고 설파한다. 그리고 오진 천황의 시대에 문과 무의 학문이 함께 일어나 후세 사람들에게는 큰 은택(恩澤)이 되었다고 한다. 앞서 보았던 구마자와 반잔의 언설과의 관계는 명확하지 않지만, 반잔이 진무 천황부터 오진 천황까지의 시대에 무위가 강했다고 서술하였던 것은 혹 이러한 뜻이었을까? 여하튼 간잔도 역시 신화적인 '무'의 황금시대를 가정했다. 그리고 이『학론』에 문하생인 주조 노부타카(中條信敬)가 쓴 발문이 다음과 같이 실려 있다.

  간잔 선생은 무학을 가르쳐 주셨다. 그 말씀에 따르면 "문을 경시하는 것이 아니다. 그때의 나라의 모습에 맞추어 중요한 점을 주창하는 것이다. 지금은 우리나라에서는 문학은 성행하고 있지만 무비는 크게 해이해져 있다. 중국을 숭배하고 우리나라를

바탕으로 하는 일은 모른다(그러므로 일본의 무를 중시하는 것이다)"라
고 하셨다.

　여기서 말하는 '문학'은 오늘날의 이른바 문학이 아니라 유학을 말한다. 유학이 성행하는 반면에 '무'는 해이해졌는데, 이는 중국을 숭배하고 일본 본래의 '무' 정신에 바탕을 두는 일을 게을리하고 있기 때문이라는 논리다. 여기서는 외래문화 유입에 의한 '무'의 하강사관이라는 점에서 앞서 살펴본 요시카와 고레타리와 유사한 발상이 확인된다. 요시카와 고레타리의 경우에는 일본의 '무'를 약화시킨 외래문화로서 상정되는 것은 불교 같은데, 마쓰미야 간잔이 문제삼고 있는 것은 유학이다. 이는 제자가 쓴 발문이고 간잔 자신의 글은 아니지만, 유자이기도 했던 마쓰미야 간잔은 '일본 본래의 무'를 중시한 나머지 유학 비판에 가까운 내용을 서술했다고 볼 수 있는 점이 주목된다. 그리고 한 가지 더 말하자면 요시카와 고레타리가 서술한 '무'의 쇠퇴란 스이코 천황 시대 이래라는 과거의 긴 역사에 관한 문제이며, 그 쇠퇴는 도쿠가와 막부에 의해 회복되었다고 주장하는 데 반해, 이 발문이 말하는 무비가 해이해진 '지금'이란 바로 간잔이 살아 있는 시대를 가리킨다고 해석된다. 이른바 겐나(元和)의 언무(偃武)(오사카 전투 이후 평화의 도래)부터 이미 백년 이상 경과하여 오랜 태평 속에서 유학만 융성해지고 진지하게 '무'를 배우려는 무사다운 무사가 없어지고 말았다. 마쓰미야 간잔의 위기감은 그러한 부분에 있었던 것이 아닐까?

아이자와 세이시사이 『신론』의 역사관

　그러한 위기감을 보다 선명하게 보여주고 있는 것이 아이자와 세이시사이의 『신론』이다. 아이자와 세이시사이(1782~1863)는 후기 미토학(水戸学)을 대표하는 유학자이다(미토학은 미토번(水戸藩)에서 발전한 것으로, 유학과 역사학을 중심으로 한 학문). 『신론』은 그의 주요 저서라 할 수 있겠다. 존황양이(尊皇攘夷)를 이론적으로 체계화한 것으로 분세이(文政) 8년(1825)에 썼지만 공식 간행을 허락받지 못하였는데, 몰래 필사되어 세간에 유포되었고 안세이 4년(1857)에 간행되어 막말 지사(志士)들에게 큰 영향을 끼쳤다. 락스만과 레자노프의 내항, 페이튼호 사건 등이 연이어 발생하고 이 책이 간행되기 직전에는 이국선 격퇴령[異國船打拂令]이 공표되는 상황 속에서 막부의 정치를 재구축해야 한다는 위기감에 가득찬 책이다. 그러한 『신론』의 「국체(國體)·중(中)」 장은 다음과 같이 글을 시작한다.

　　'천조(天朝)'(일본)가 무로써 나라를 세우고 무위를 떨쳐온 유래는 오래다. 활과 화살이나 창을 사용한 일은 신대부터 있었다. 보검은 삼종신기 중의 하나이다. 그런 까닭에 '구와시호코치타루노쿠니'라 부르는 것이다.

　이전 사례와 마찬가지로 '구와시호코치타루노쿠니'를 인용하여 '무국'의 기원을 논하였는데, 『신론』의 경우 그로부터 '무'의 황금시대의 역사가 상세히 서술된 것으로 보아 역시 『대일본사(大日

本史)』편찬을 담당해 온 미토학 학자라 할 만하다. 진무 천황, 스진 천황(崇神天皇)의 시대나 야마토타케루노 미코토의 싸움 내지 군사적 업적을 열거한 뒤, '마침내 삼한을 평정하고 부(府)를 임나(任那)에 세웠다'고 하며 오진 천황에 이은 닌토쿠 천황(仁德天皇)의 시대에는 평화가 찾아왔다고 한다. 에도시대 초기 이래로 가정되어 왔던 '무'의 황금시대에 대한 역사는 여기서 가장 구체화되었다고 할 수 있겠다. 물론 이는 일본이 본래 '무국'이었다고 하는 역사관에 맞추어 『일본서기』에서 적절히 골라낸 '역사'에 지나지 않지만, 신화적 기술에 의해 막연히 고대의 황금시대를 가정할 뿐만 아니라 그 후의 구체적인 '역사'를 묘사해낸 점은 주목할 만하다 하겠다.

『신론』은 닌토쿠 천황 이후 리추 천황(履中天皇), 한제이 천황(反正天皇) 시대부터 일본은 마침내 쇠약해져 갔다면서 한반도에서의 권익 상실을 기술한다. 그러나 한편으로는 에미시(蝦夷)[78] 정복 등을 언급하며 헤이안시대 초기만 해도 '무'는 아직 쇠퇴하지는 않았다고 한다. 아이자와 세이시사이에게 있어 중요한 것은 '무'가 쇠퇴한 과정보다도 그 원인이다. 이는 '병제(兵制)'의 변화, 즉 제정일치 하에서 군사(軍事)가 천명에 의해 이루어진 고대에서 각지의 무사가 무가의 동량(棟梁)을 따르는 시대로, 그리고 다이묘의 통치 하에서 무

---

78 고대에 지금의 도호쿠 지방 일대에 살았던 집단으로, 기나이 지방을 중심으로 하는 야마토 정권에 복종하지 않았다. 그로 인해 이민족으로 간주되고 토벌의 대상으로 여겨졌다. 오랜 토벌과 동화 과정을 거치면서 거주 영역은 도호쿠 북부로 밀려났다. 중세 이후에는 '에조'라고 불리게 된다.

사들이 영지로부터 분리되어 조카마치(城下町)에 사는 시대로 옮겨 간다는 변화로써 설명된다.

아이자와 세이시사이의 이상(理想)은 자기 땅에 밀착해 있던 백성이 여차하면 모두 병사가 되어 천명(즉, 천황의 칙명)을 받들어 일치단결하여 싸우는 사회였다. 이는 모든 백성이 천황 직속 군대로서 '무국'을 짊어진 황금시대를 현대에 되살리려 하는 것이다. 이 이론이야말로 존황양이의 초망(草莽) 지사들을 떨쳐 일어나게 한 것이며, 나아가 근대 일본 국가를 지탱하는 논리가 되었음은 제4장 제2절에서 살펴볼 것이다. 무사가 자기 토지로부터 완전히 분리되었던 에도시대에 들어서는 일본 국가는 그러한 이상과는 멀어져 버렸고, 조카마치의 무사들과 분리된 서민은 싸움을 생각하지 않았으며 '무'는 약해지고 말았다. 그래도 이에야스(家康) 시대의 무사들은 절의(節義)를 중시하고 용감하여 죽음을 두려워하지 않았으며, 세상의 보통 사람들도 아직 싸움을 잊지 않고 위기에 대비하는 자세를 늘 잊지 않았다. 그래서 구조적으로는 '무'가 약해졌다고 하더라도 현실에서는 잘 드러나지 않았다. 아이자와 세이시사이의 역사관도 '무'의 하강사관이기는 하지만 이처럼 '무'의 쇠약함을 지적하는 관점이 독특하다. 즉 외래의 '문'이 타락을 불러왔다는 식이 아니라 무사의 사회적 존재 형태의 분석에 입각한 역사적·구조적인 논의가 전개되고 있다. 그 결과 요시카와 고레타리의 현 체제 옹호론과는 크게 다른 현상 비판이 주를 이루는 셈이다.

---

79 전국시대부터 에도시대에 걸쳐 다이묘의 거점인 성(城)을 중심으로 하여 그 바로 주변에 발달하는 도시를 말한다. 다이묘를 섬기는 무사단과 상공업자들이 모여 살았다.

요즘 무사는 해이해져 있다

다만 『신론』은 단순한 역사론이 아니다. 위와 같은 역사적인 무사론 내지 군제·국가론에 이어서 격렬한 당대 비판이 전개되는 것이다.

> 천하의 부로 무사를 키우면 무사의 주위에는 재화가 모이고 상인이 모여든다. 그래서 무사들은 사치에 익숙해져 정욕에 탐닉하고 그 결과 가난해지고 만 자들은 더욱 이익을 추구하게 된다. 모두 이익에 눈이 멀면 의로움을 잊고 부끄러움을 잊는다. 그리고 나라 전체가 부끄러움을 잊으며 생기를 잃고 약체화하는 것이다.

농지나 백성으로부터 분리되어 조카마치에서 안락한 삶을 보내는 사이 무사들이 타락하고 마는 것이라고 아이자와 세이시사이는 말했다. 이 부분은 역사론이라기보다도 실제로 눈 앞에 있는 무사들에 대한 불만과 짜증에 바탕을 둔 것으로 보이는 서술이 눈에 띈다.

> 무사는 조카마치에서 나오지 않고, 그들의 화젯거리는 부녀자나 술과 음식, 배우나 잡극(雜劇), 나무 심기나 꽃꽂이, 새 사냥이나 낚시 이야기 뿐이다. 검술을 익히는 자는 사적인 결투에 도움이 될 뿐이고, 활과 화살이나 총을 익히는 자는 연무장(演

武場)에서 겨루기를 보여주는 데 지나지 않는다. 말을 키우더라도 그저 위엄을 갖출 따름이고, 갑옷과 투구나 무구도 보기에 아름다운 것만 생각하며, 의복이나 기구 따위도 어디에 쓰는지를 잊어버리고 말아 전장에서 실제로 사용할 것을 생각하지 않는 것이다.

오랫동안 이어진 태평함으로 인해 싸움을 잊고 도시에 살며 사치에 익숙해진 무사들에 대한 생생한 분노가 분출되고 있다.

무사라는 자에게는 근력이 중요하다. 달리거나 뛰거나 험한 산을 오르고 바람과 눈을 무릅쓰며 거친 옷과 거친 밥, 굶주림과 목마름을 견디는 것이 무사이다. 그러므로 병사에 소질이 있는 사람은 시골의 소박하고 올곧은 농부인 것이다. 도회적이고 경쾌하며 세련된 남자는 가장 기피해야 한다. 그렇지만 요즘 무사는 도시민과 함께 생활하며 성질은 경박하고 화려함을 추구하며 좋은 술을 마시고 생선을 먹으며 몸은 풍만하지만 손발은 연약하여 다다미 위에서는 잘 돌아다니지만 위험한 전장에서 고난을 견디는 등의 일은 도저히 할 수 없다. 이는 병사에는 가장 적합하지 않으며 필요할 때에는 아무 도움도 되지 않는 것이다.

요컨대 요즘 무사들은 해이해져 있다는 것이다. 단순한 정신론이 아니라 무사의 존재 형태가 이러한 타락을 가져온다며 국민개병(國民皆兵)을 이론적으로 뒷받침하고 있다. 또한 무사의 현 상태에 대한 불만이 그러한 논리에 생기를 불어넣는 것도 분명하다. 이처럼 '무'의 하강사관은 에도시대를 통틀어 계속 이야기되면서 그 내용은 미묘하게 변질되어 갔다. 무가 정권 옹호의 논리에서 체제 비판, 현 상태 비판의 논리가 되었다. 하지만 그 근본에는 일관되게 일본을 '무국'으로 칭송하는 내셔널리즘이 있었음은 틀림없다. 다음으로 내셔널리즘이라는 관점에서 '무국'론을 재검토하겠다.

제3절
내셔널리즘과 '문무'

막부 말기의 위기와 『상무론』

아이자와 세이시사이의 『신론』은 이국선의 내항이 계속되는 상황 속에서 위기감을 바탕으로 집필되었다. 「형세(形勢)」 장에서는 국제 정세를 상세히 분석하고 서양 열강, 특히 러시아의 침략에 대비하라고 설파하고 있다. 러시아가 청나라를 탐내지만 청나라는 아직 그리 간단히 쓰러뜨릴 수 없으니 일본을 노릴 것이라고 분석했다. 그러나 『신론』이 간행을 기다리는 사이에 아편전쟁이 일어난다(1840~1842). 영국이 청나라에 아편을 팔기 위해 분쟁을 도발하여 영토와 재물을 약탈한 무법한 전쟁이었는데, 대국인 청나라가 영국에게 일방적으로 패배했다는 소식은 금세 일본 국내에 퍼져 큰 충격을 주었다. 일본도 충분한 무력을 갖지 않으면 열강에게 침략당하리라는 위기감이 고조되었다. 그런 상황에서 '무'의 필요성을 소리 높여 외치는 것도 자연스러운 일이었다. 그러한 시대적 배경 하에서 가에이(嘉永) 3년(1850)에 나카무라 주소(中邨中倧)의 『상무론(尙武論)』이 간행되었다(간행 연도로는 『신론』을 앞서고 있다). 나카무라 주소(나카무라 모토쓰네(中村元恒), 1778~1851)는 시나노(信濃) 다카토번(高遠藩)의 의술과 유학을 담당했다. 『상무론』은 오늘날에는 유명하지 않지만 본서에서 다루는 '무국'론의 극치라고도 할 수 있는 책이다.

『상무론』은 첫머리에서 다음과 같이 서술한다.

일본은 무국이다. 중국은 문국이다. 문국은 문을 숭상하고 무 국은 무를 숭상한다. 무슨 이상할 것이 있겠는가? 당연하지 않 는가? 일본에서는 상고의 수백 년 동안 신하가 반역하는 일도 없었고 외적이 침입하는 일도 없었다. 신분이 높은 자도 낮은 자 도 평안하였고 사방이 무사히 다스려지고 있었다. 중국의 요·순 임금의 치세와 견줄 수 있는 이상적인 시대였다. 당시에는 유교 는 아직 들어오지 않았고 불법(佛法)도 아직 융성하지 않았다. 그 런데 왜 이상적인 시대였을까? 그것은 단지 무로써 다스렸기 때 문이다. 일본에는 무가 있다. 우리나라의 자연스러운 도이므로 무를 숭상하는 것이 당연하다.

이미 앞서도 나왔던 '일본=무국', '중국=문국'론에 이어서 '무'의 신화적 황금시대가 기술된다. 이 책에서는 그 시기를 구체적으로 특정하지 않고 그저 '상고의 수백 년'이라고 할 뿐인데, 유교나 불교 가 전래되기 이전이라는 의미가 크다. 요컨대 요시카와 고레타리

이래의 '문국에서 온 나쁜 외래사상이 일본의 무의 이상향을 망가뜨렸다'고 하는 구도를 계승하였으며, 그렇게 일본 본래의 '무'를 '우리나라의 자연스러운 도'로 규정하는 것이다.

『상무론』의 역사관

이어지는 『상무론』의 문장을 읽어 보자.

왜 일본이 '무국'임을 알 수 있는가? 일본은 '미즈호노쿠니(瑞穗國)'라고 한다. 쌀이나 조가 풍성하게 넘쳐나는 나라라는 의미다. 또 '구와시호코치타루노쿠니'라고 한다. 양질의 무기를 많이 갖춘 나라라는 의미다. 무기가 우수하고 쌀과 조는 풍족하다. 그것이 '무국'이 아니면 무엇이겠는가? 또 '오노고로섬'은 강한 남자라는 뜻이다. '우라야스노쿠니(浦安國)'는 외적에게 침범당하지 않고 사해가 안녕하다는 의미이다. 이 또한 '무국'인 이유가 아닌가?

역시 앞서도 나왔던 '구와시호코치타루노쿠니'다. 다만 이 책에서는 『일본서기』 진무 천황 31년조에 보이는 일본의 별칭에서 '우라야스노쿠니'도 인용하며 그 밖에 '미즈호노쿠니'나 '오노고로섬'에 대해서도 언급했다. 하지만 '우라야스노쿠니', '미즈호노쿠니'를 '무국'의 증거로 삼는 것은 억지스럽다. 게다가 '오노고로섬'을 강한 남자(원문에는 '장부〈丈夫〉'라는 뜻으로 해석한 근거도 명확하지 않다.

모두 상당히 무리 있는 해석인데, 기본적으로는 '무국'론의 정석에 따른 논술이라 할 수 있다.

이 책은 또한 원래부터 '무국' 일본이 이국의 '문'에 의해 망가졌다는 '무국'론과 대부분 공통된다. 더 나아가 태평함 때문에 사람이 일락(逸樂)과 사치에 빠져 위기에 놓였다고 지적한다는 점에서 아이자와 세이시사이의 『신론』과 유사하다. 그러나 그 역사관이 독특하다. 이 책은 일본의 역사를 '무'와 '문'의 다툼으로 파악하고 늘 '무' 쪽이 승리해 왔다고 강조한다.

(임신의 난의) 오토모 황자(大友皇子)는 문이었다. 끝내 덴무 천황(天武天皇)의 무를 이길 수 없었다. 헤이케는 문이었다. 끝내 겐지의 무를 이길 수 없었다. 남조는 문이었다. 끝내 아시카가의 무를 이길 수 없었다. 닛타(新田)와 구스노키(楠木)는 무신(武臣)이지만 남조에 속했기 때문에 결국 이길 수 없었다. 그 이유는 닛타와 구스노키의 싸우는 방법이 잘못되었기 때문이 아니다. 그들에게는 지(知)와 용맹이 있었다. 그러나 '하늘이 돕는 바는 곧 무에 있다.' 무의 편에 속해 있지 않으면 하늘의 뜻을 얻을 수 없어 이길 수 없었던 것이다.

하늘은 '무'의 편을 든다, '무'야말로 정의다, 아시카가도 '무'의 편이었으므로 하늘이 편을 들어서 이긴 것이라는 말이다. '유무사관(唯武史觀)'이라고 해야 하지 않을까? 이 책은 내셔널리즘의 입장에서 '무국'론을 주장한다는 점에서는 미토학의 아이자와 세이시사이와도 공통된다. 미토학 학자가 이 책을 읽으면 격노하지 않았을까? 미토학은 남조를 정통으로 여기고 구스노키 마사시게(楠木 正成)를 충신으로 칭송했는데, 이 책은 남조가 하늘의 뜻에 반하는 자였다고 주장했으니 불구대천의 적이라고 비난받을 만하다. '문'에 대항하여 '무'를 칭송하는 '무국'론은 이러한 책까지 탄생시킨 것이다.

『상무론』의 반'문'과 '무사도'

그렇다면 『상무론』이 적대시하는 '문'이란 무엇인가? 이 개념은 잡다하고 관념적이며 이해하기 어렵지만, 이국으로부터 들어온 유교·불교가 '무국'에 적합하지 않다고 간주한 것은 분명하다. 하지만 불교는 그렇다 쳐도 나카무라 주소 자신이 유학자인데도 유교를 비판했다니 어떤 연유일까? 주소의 말에 따르면 본래 공자의 가르침은 괜찮지만 맹자는 이미 불순하였고, 더 나아가 일본의 '유도(儒道)'는 '유(儒)'의 본원(本源)'을 깊이 밝히지 못하고, 그저 '문사장구(文辭章句)'에 구애되어 연약해지고 말았다. 그러한 '문인 유자'는 '유민(游民)의 무리'로서 배격해야 한다는 것이다. 아무래도 주소가 비판하는 '문'이란 현실에서 도움이 되지 않는, 문장이나 관념의 세계에 갇혀 있는 사람이나 학문을 말하는 듯하다. 그래서 현실에 유용한 '진유(眞儒)'라는 개념이 등장한다. 일본은 무국이니까 무도를 돕는 '진유'를 쓰면 된다, 그렇게 하면 유도가 나라를 해치는 일도 없다는 식으로 겨우 유학의 유용성을 설파했다. 게다가 '문'에 대한 비판은 외래 문화에 한정되지 않는다. 일본 전통 와카 같은 문학도 비판의 대상이 된다.

> 조정이나 귀족에서는 와카를 일본의 도로 여긴다. 와카는 스사노오노 미코토(素戔嗚尊)로부터 시작하였고, 렌가는 야마토타케루노 미코토로부터 시작했다. 하지만 그 둘은 원래 노래의 도를 깨우친 전문가가 아니라 잠시 노래의 형식으로 생각을 풀어냈을 뿐이다. 그런 것처럼 오늘날 학자들이 배우고 익힌 바에 따라 노래를 읊는 것은 상관없다. 그러나 시가를 배우는 일을 학문의 목적으로 삼는 것은 결코 인정할 수 없다. 히토마로(人麿)나 아카히토(赤人)[80]를 세상 사람들은 가성(歌聖)이라 부르지만 두 사람 다 단순한 문인이며 원래 도를 아는 자는 아니다. 내가 보기에는 이백이나 두보의 아류에 지나지 않는다. 도라 할 만한 것은 무이며 노래는 아니다.

제2장에서 살펴본 『요시사다 군기』나 가토 기요마사는 '무'의 도를 시가관현 등과 대비시켰지만, 제3장에서 살펴보았던 대부분의 '무국'론자들은 적어도 표면적으로는 '문무양도'를 내걸었으며 '문'을 배격하지는 않았다. 하지만 나카무라 주소는 '문' 따위는 '도'가 아니라고 말한다. 여기서 '도'란 사람이 진지하게 추구해야 하는, 살아가는 목적 또는 인생의 지침 같은 의미일 것이다. 그러면 일본인에

---

80 나라시대의 대표적인 가인(歌人)들인 가키노모토노 히토마로(柿本人麻呂)와 야마베노 아카히토(山部赤人)를 가리킨다.

게 있어 '도'란 무엇인가? 주소는 그것을 '무사도'라고 말한다.

> *일본는 무국이다. 저절로 무사도가 있었다. 따라서 유도를 빌리*
> *지 않고 부처의 뜻을 이용하지 않는다. 일본 본래의 자연스러운*
> *도다.*

일본인은 외래문화에 의존하거나 와카 따위에 몰두하지 말고 본래 자연스럽게 몸에 지니고 있는 '무사도'에 입각하여 일어서야 한다. 그것이야말로 일본인의 '도'라는 말이다. '무사도'라는 말은 제2장 제3절에서 살펴본 것처럼 중세 말기부터 근세에 걸쳐 사용되기 시작하였고, 당초에는 현장에서 싸우는 무사들의 거칠고 살벌한 기풍을 가리키는 말이었다. 에도시대에는 그러한 무사를 유교 도덕을 바탕으로 하여 교정하려고 하는 '사도(士道)'가 논의되었다. 예를 들면 야마가 소코는 무사가 백성에게 모범을 보이는 존재여야 한다고 논했다. 하지만 그러한 질서를 우선시하는 가르침에 반해, 무사 본래의 거친 전투 정신을 지키려고 하는 자들은 '무사도'를 표방했다. 유학의 권위자였던 오규 소라이는 그러한 자들을 시대에 뒤떨어진 전국시대 풍습을 두고두고 간직하는 야만적인 패거리라고 통렬하게 비판했다(『태평책(太平策)』). 한편 주소는 그러한 유학자들에 대하여 반발하며 내셔널리즘의 입장에서 '무사도'를 주장한 것이다.

'무국'론과 유학

흥미롭게도 『상무론』은 유학에 대한 반발심을 가진 유학자들을 중심으로 퍼져 나갔다. 앞 절에서 살펴본 '무국'론자들 중 대부분은 유학·신도·병학(군학) 등을 공부한 학자들이었다. 요시카와 고레타리도 유학을 배운 유가 신도로 분류된다. 야마가 소코는 병학과 화학도 배웠지만 근본적으로는 유학자이며 기본적인 논리 체계도 유학에 기초를 두고 있다. 구마자와 반잔, 마쓰미야 간잔, 아이자와 세이시사이 모두 유학자였다. 에도시대 학문의 중심은 유학이며 대부분 학자들은 어떠한 형태로든 유학을 배웠다. 그러나 유학을 배웠으면서도 중국을 숭배하는 데는 반발하여 갈등하는 자도 많았다. 또 문관을 중시하는 관료제 사회인 중국에서 발원한 가르침이 일본의 무가 사회에서는 도무지 딱 들어맞지 않는다며 위화감을 느끼는 자도 많았다. 기본적인 사고 양식은 중국 문화에 의해 형성하면서도 그 머리로 자신들의 현실에 적합한, 그리고 일본인의 정체성을 훼손하지 않을 수 있는 이론을 짜내려 했다. '무국'론의 이론화는 그러한 바람에서 이루어졌다.

'무국'론이란 '문국'인 중국에 대하여 '무국' 일본의 독자성을 주장하는 내셔널리즘이지만, 그 근원은 아이러니하게도 중국 문화에 있다. 애초에 '문무'라는 개념, '문'과 '무'를 조합하여 대립항으로 삼는 구도 자체가 중국에서 시작되었기 때문이다. 제2장 제2절에서 살펴본 것처럼 '문무'는 『시경』 등에도 보이는 옛 한자어이며, '문무양도론'의 출처도 『제범』 같은 중국 고전에서 비롯된다. 따라서

'문무'의 구도 자체는 중국 문화를 계승하고 그 구도의 틀 안에서 사고하면서도, '문'을 중시하는 중국에 반해 일본의 독자적인 '무'를 중시한 것이 '무국'론자였다.

내셔널리즘과 유학·국학

그 문제를 내부로부터 밝히고 있는 것이 국학이다. 일본의 고전적인 내셔널리즘이라고 하면 유학보다도 오히려 국학을 떠올리는 사람이 많을 것이지만, '무국'론은 가모노 마부치(賀茂眞淵)나 모토오리 노리나가(本居宣長) 같은 정통적인 국학의 전통에서 태어난 것은 아니다. 예를 들면 모토오리 노리나가는 결코 '무국' 따위는 입밖에 낸 적이 없었고, '연약한 문학은 나라를 해친다' 같은 말은 입에 담았을 리도 없다. 노리나가는 『만엽집(萬葉集)』으로 시작되는 와카 모음집을 연구하여 『만엽집 다마노 오고토(萬葉集玉の小琴)』, 『고금집 도카가미(古今集遠鏡)』, 『신고금집 미노노 이에즈토(新古今集美濃の家づと)』 등을 저술하고, 『겐지 모노가타리』를 연구하여 『자문요령(紫文要領)』과 『겐지 모노가타리 다마노 오구시(源氏物語玉の小櫛)』를 저술했다. 문학의 가치는 유교나 불교의 도덕론으로 판단해야 하는 것이 아니고 '모노노아와레'[81]를 아는 데 있다고 하면서 문학의 의의를 주장한 것이다. 유교 등을 '가라고코로'[82]라 하며 배척하고

---

81 사물이나 현상을 접하였을 때 느껴지는 비애나 감동의 감정. 모토오리 노리나가는 이 용어를 사용하여 헤이안시대 문학을 이해하는 데 있어 자연과 인생에서 느껴지는 아름다움, 섬세함, 애수의 개념을 주장했다.

82 중국 문화에 심취되어 있는 마음, 중국적인 사고방식을 말한다.

일본 문화의 존귀함을 주장하는 내셔널리즘이라는 점에서는 얼핏 보기에 '무국'론과 닮은 듯도 하지만, 노리나가의 경우 애초에 '문무'라는 구도와 거리가 있다.

『일본서기』에 나오는 '아메노누보코(天瓊矛)'는 『고사기』에도 '天沼矛'라는 표기로 기록되었는데, 노리나가의 『고사기전(古事記傳)』에서는 이를 '무국'의 유래에 갖다붙이는 식의 이야기는 한 마디도 적지 않는다. 다만 '이 창에 대해서 여러 가지 설이 있는데 취할 것이 못 된다'는 주가 달려 있으며, 이 주기(注記)가 '무국'론적인 언설을 의식하였을 가능성은 고려할 만하다. 여하튼 노리나가는 '아메노누보코'를 '무국'의 유래로 보는 설을 묵살하였거나 혹은 일축한 것이다. 단어 하나하나의 이해를 축적하여 고전을 정확하게 해석하는 것을 목표로 했던 노리나가의 입장에서 보면 딱 봐도 견강부회인 '아메노누보코'론 따위는 논할 거리도 못 되는 것이었으리라. 덧붙이자면 『일본서기』진무 천황 31년조에 보이는 '구와시호코치타루노쿠니'라는 별칭은 『고사기』나 『일본서기』신대권(神代卷)에는 나오지 않는다. 『일본서기』를 『고사기』에 비해 가치가 떨어지는 서적으로 보는 노리나가는 이 단어를 그다지 언급하지 않았다.

국학도 역시 다양하게 전개되어, 노리나가 이후의 국학자들 중에 '무국'론자가 없었던 것은 아니다. 예를 들면 히라타 아쓰타네(平田篤胤)의 『대도혹문(大道或問)』(안세이 4년〈1857〉 성립)은 '황국(皇國)이 무를 본체로 삼는 것은 자연스러운 형세이다'라며 아메노누보코 등 신화에 나오는 무기를 열거했다. '무국'론의 기본적인 형태에 들어맞는 것인데 이는 극단적인 내셔널리즘에 빠진 아쓰타네가 '무국'론을 채용한 것이며, 노리나가로 대표되는 국학의 정통적인 계승이라고는 할 수 없을 것이다.

　여하튼 에도시대 사상의 전개는 종류가 다양하다. '무국'론은 에도시대 후기에는 특히 융성하게 되었는데, 앞서 서술한 것처럼 모든 사람들이 이런 생각을 갖고 있지는 않았다는 점에 주의해야 한다. 에도시대의 일본 문화는 매우 풍성하고 다채롭다. 아메노누보코 신화를 '무국'의 기원으로 여기며 중요하게 여기는 이도 있는가 하면 그러한 해석에는 눈길도 주지 않고 학문적 주석에 힘쓰는 이도 있으며, 또 한편으로는 '사카호코'를 성적 비유로 보고 마구 말장난을 하는 센류 작가들도 있었음을 잊어서는 안 될 것이다. 이국의 문화를 배제하는 '무국'론은 이국의 문화를 토대로 하여 태어났고, 그것을 키워낸 자들 중 대부분은 자국의 문학을 사랑하지 않는 자들이었다. 현대에 이르기까지 일본의 국수주의자들은 자주 이국의 문화를 배격하라고 주장하지만, 그럼에도 불구하고 자신들의 생각을 일본 말로 서술하려 하지는 않고 딱딱한 한자를 즐겨 사용하는 자들이 많다(요즘은 어쩌면 그런 교양도 사라지고 있는 건지도 모르겠지만 말이다). 이는 그들이 유학의 유전자를 계승하고 있기 때문이다.

겉과 속, 이상과 현실

　이처럼 '무국'론은 발상의 근본을 중국 문화에 두면서도 동시에 그것에 반발하는 것이었다. 이는 근세 일본의 지배적 이데올로

기였던 유학에 대한 반발을 일종의 에너지로 삼아 전개된 게 아닐까? 외래의 소원한 논리인 '문'에 일본인의 '자연'스러운 도, 즉 받아들이기 쉬운 감각으로서의 '무'(무사도)를 대치시킨 『상무론』은 그 전형적인 모습을 보여주고 있는 듯하다. 외국산은 아무래도 일본인의 몸에 맞지 않는다. 외국의 가르침은 논리가 올바를 수는 있지만 우리들의 현실에는 어쩐지 맞지 않는 듯한 느낌이 든다. 그러한 감각이 그 밑바닥에 흐르고 있는 것이 아닐까? 이러한 문제를 조금 다른 각도에서 살펴보자. 가이바라 에키켄의 『문무훈(文武訓)』(교호 2년(1717) 간행)은 '일본의 병술(兵術)을 배우면서 문학을 배우지 않는 사람은 도리에 어두운 자이다'라며 그러한 도리에 어두운 인물은 다음과 같은 발언을 한다고 비판한다.

> 모로코시의 도에 근거하고 있어서는 일본의 무도를 깊이 추구할 수 없다. 일본은 무국이므로 모로코시와 같은 정직하고 미지근한 풍속으로는 공명을 세울 수 없으며, 일본의 풍속에는 맞지 않다. '비뚤어지고 날쌔어서'(마음이 비뚤어지고 날쌔어서 방심할 수 없는 모습으로) 남의 공명도 빼앗아 자신의 공명으로 삼고 남이 벤 목도 가로채어 자신의 공적으로 삼는 것이 일본의 무도다.

아마도 병법자들 중에 이러한 이야기를 하는 자가 있었을 것이다. 우리들은 그 목소리를 직접 들을 수 없고 정통파 유학자의 입장에서 비판하는 가이바라 에키켄의 문장을 통해 아는 수밖에 없다. 이 노골적인 표현이 다소 과장되었을 가능성을 부정할 수는 없겠지만 말이다. 이러한 말을 하는 이가 실제로 있었다고 한다면 '모로코시'(중국)의 실태를 알면서 일본과 비교하고 있는 것은 아닐 것이다. '말만 번지르르한 이론은 현장에선 쓸모가 없는 거야'라는 식의 언설, '모로코시'의 설이든 일본의 설이든 원칙론은 현실에서는 통용되지 않는다며 이상을 부정하려는 이는 어느 시대에나 어느 장소에나 있다. 하물며 전쟁터에서는 허울 좋은 말이 통용되지 않는다는 것은 실제로 그렇기도 할 것이다. 전국 다이묘인 아사쿠라 소테키(朝倉宗滴)가 남긴 "무사는 개라고 불리든 짐승이라 불리든 이기는 게 중요하다"(『아사쿠라 소테키 화기〈朝倉宗滴話記〉』)는 말에 중세 이래의 거친 '무사도' 정신이 잘 드러난다. 에도시대에도 이 무사도 정신에 집착했던 자들이 허울 뿐인 이상에 반발한 것은 당연한 일이었다. 현실 속의 전장에서 수단을 가리지 않고 적을 쓰러뜨리며 살아남아 온 입장에서 보면 평화로운 사회의 모든 이상론이 부정의 대상이 되었다고 해도 이상하지 않다. 다만 거기서 현실과 대치하는 이상은 이 시대에는 '모로코시'의 유학을 뜻했고, 여기에 반발하는 움직임이 일본의 내셔널리즘으로 이어졌던 것이다. 이러한 심정이 내셔널리즘으로서의 '무국' 의식의 밑바닥에 흐르는 하나의 저류로서 존재했던 것이다.

'무국'론과 반지성주의

겉과 속이 다른 문화는 어느 나라에서나 흔히 있는 일이다. 일본의 경우 겉치레에 해당하는 체계적·이론적 도덕은 불교나 유교 등 외래 사상에 기반을 두었다. 신도도 교리를 설파하려고 할 때는 불교나 유교의 이론 혹은 개념을 빌렸다. 외래의 도덕을 그들의 감각에 맞추어 수정하고 또는 자신들의 감각을 외래의 논리에 따라 표현하면서 지내왔던 것이다. 이는 일본인 문화의 개성이며, 좋은 것도 나쁜 것도 아니지만, 그러한 방식 가운데 자주 외래의 이론에 대한 미묘한 위화감이 남았음은 쉽게 상상할 수 있다. 그런 때에 실제 감각에 바탕을 둔 원칙에 대한 반발은 외국에서 온 이론에 대한 거부로 이어져서 배외주의로 흐르기 쉽다. 이는 불교나 유교를 서양 문화로 치환한다면, 현대 사회에서도 똑같은 문제가 일어날 수도 있다.

필자는 '무국'론에 일본적인 반지성주의가 깔려 있다고 생각한다. 다만 '반지성주의'란 모리모토 안리(森本あんり)에 따르면 미국의 그리스도교를 배경으로 하여 탄생한, 지성과 권력의 결합에 대한 반감이며, 평등 이념을 바탕으로 특권적인 지성에 대항하는, 민중을 기반으로 한 운동이다. 한편 여기서 문제로 삼아 온 '무국'론은 종종 체제 옹호의 역할도 하는 지식인과 무사 계급을 기반으로 한 이론이다. 아예 판판이 아니냐는 이야기를 들어도 어쩔 수 없겠다. 그러나 필자가 '무국'론과 반지성주의의 유사함을 느끼는 데는 두 가지 이유가 있다. 첫 번째는 '무국'론의 흐름이 제2장 제3절에서 본 『요시사다 군기』 이래의 '시가관현'에 대한 반발, 즉 문학과 예술에 대한 반감을 자주 동반하고 있기 때문이다. 이는 귀족층, 즉 신분이 높은 사람들의 문화에 대한 반감이다. 예로부터의 교양의 축적에 입각하는 전통 문화를 자신들에게는 필요 없는 것이라고 말

하고 싶어하는 것은 미국의 반지성주의가 유럽의 구세계에서 유래하는 낡은 권위를 부정하고 싶어하는 것과 매우 닮지 않았나? 그리고 두 번째 문제는 '무국'론이 외래의 이론, 올바르다고 여겨지는 원칙 논리에 대한 반발을 하나의 기초로 삼고 있는 것으로 보인다는 점이다. 외래의 이론에 반발하여 자신들의 감각에 맞는 '자연스러운 도'를 대치시킨다(이런 류의 주장은 대부분의 경우 자신들에게 '자연스럽게 느껴지는 것을 누구에게나 '자연'스러운 것이라고 믿어버리는 사람들에 의해 전개된다). 이는 외래 문화의 권위에 대항하여 자신들의 근거가 되는 권위나 회귀해야 할 시원을 억지로 만들어내려고 하는 사고로 연결된다. '아메노누보코', '구와시호코치타루노쿠니' 같은 수정되고 갖다붙여진 신화나 '무'의 황금시대의 역사를 가정하는 데서 그러한 사고가 두드러지게 나타난다. 이는 지식인들의 표면적 논리에 대하여 '자연'스럽고 알기 쉬운 본질을 대치시켜 '시원으로 돌아가라'고 외치는 미국의 반지성주의와 겹쳐 보인다.

필자는 '무국'론을 주장한 자들이 지성적이지 않다고 이야기하고 싶은 것이 아니다. '무국'론자 중에도 훌륭한 학자, 사상가는 많다. 예를 들면 야마가 소코나 구마자와 반잔 또는 아이자와 세이시사이 같은 사람은 에도시대를 대표하는 사상가다. 그 점은 미국의 반지성주의와는 겹치지 않는다. 그러나 그런 뛰어난 학자·사상가들이 '무국'의 기원에 대해서는 어리석은 견강부회의 논의를 거듭하는 것은 어찌된 일일까? 거기에는 내셔널리즘이 지니는 함정이 있는 것이 아닐까? 자기 안에 설치된 그런 함정에 빠져 갈등하는 것이 일본의 지식인들에게 자주 있을 법한 일인 듯도 싶다. 그렇다고 한다면 그 문제는 현대를 살아가는 우리들에게도 교훈을 준다고 생각한다. 이는 단지 전근대를 공부함으로써 현대인이 교훈을 얻을 수 있다는 이야기에 그치지 않는다. '무국'론은 근세에서 끝난 것이 아니고 근대 일본에서도 현실적으로 강력하게 살아남았던 것이다. 마지막으로 그 문제에 대하여 생각해 보고자 한다.

제4장 '무국'에서 '군국'으로

제1절
'무국' 의식의 확산

'무국' 의식과 서민

제3장 제3절에서는 지식인들을 중심으로 고찰하였는데, '무국'론의 문제는 지식인이나 무사의 논리로만 파악될 것은 아니다. 그 배후에는 '서민', '민중' 등으로 불리는 많은 사람들이 있음을 알아야 한다. '무국' 의식을 지식인이나 무사 등의 계층의 전유물로 이해해서는 안 된다. 물론 저작을 남기지도 않는 일반 서민의 의식을 탐색하는 것은 어려운 일이며, 애초에 자신들의 나라가 어떠한 나라인가를 생각하는 '서민'이 얼마나 존재할 것인지도 미지수다. 근세 시대 대부분의 일본인에게 있어 '나라'는 고향을 뜻하며, 그 넓이는 겨우 번(藩) 단위에 머물렀을 것이다. '나라'라는 단위의 일본이 가지는 특색을 다른 국가와 비교할 계기도 없이 일생을 마치는 사람들이 훨씬 많았으리라.

하지만 근대의 국민국가로서의 '나라' 의식과는 다르더라도 일반 서민이 일본이라는 '나라'에 대하여 어떠한 의식도 갖지 않았다고는 할 수 없다. '무국'론이 에도시대의 많은 사람들에게 수용되고 있던 양상은 제3장 제1절에서 언급한 조선군기물이나 조루리 등에서도 살펴본 것이다. 식자율이 높았던 근세 일본에서는 오락 서적이 간행되어 무사 계급 이외의 사람들에게도 많이 읽혔다. 또 조루리·가부키 등의 예능이 도시를 중심으로 전개되면서 전국의 많은 민중에게 사랑받았다는 건 잘 알려진 사실일 것이다. 그러한 미디어 속에서 일본인은 무력에 뛰어나다, 일본은 외국으로 진출할 힘을 갖고 있다고 하는 메시지가 반복적으로 재생산되고 있었다. 이는 근세 일본의 문화가 무사적인 가치관이 많이 반영되어 갔다는 점에 큰 원인이 있을 것이다. '무사는 에도시대 일본 인구의 극히 일부에 지나지 않는다'는 것은 사실이며, 또한 '에도시대에는 그때까지 문화를 이끌어 온 사람들 대신 조닌이 문화의 주체가 되었다'는 것도 틀림 없지만, 무사 이외의 압도적 다수인 민중이 무사적인 가치관을 도입한 예능이나 문예에 열광하였던 것도 분명하다. 무로마치시대의 『요시사다 군기』가 귀족적인 가치관에 대한 반항 같은 형태로 무사적 가치관을 제시하고 있는 데 반해, 에도시대에는 무사적인 가치관이 사회의 주류에 가까운 위치까지 올라온 것으로 보인다.

『표류기담』

추상적인 논의가 아니라 막부 말기 민중의 '무국' 의식에 관한 한 가지 예를 살펴보자. 덴포(天保) 3년(1832)에 오와리 회선(尾張廻船: 오와리에서 에도로 상품을 운반하는 배)인 호준 호[寶順丸]에 탑승한 후 폭풍우를 만나 표류하다가 미국 북서부에 도착하여 목숨을 건진 뱃사람 3명이 있었다. 그 중 한 사람은 이름을 오토키치(音吉)라 했다 ('乙吉'이라고도 표기함). 오와리국(尾張國) 지타(知多)반도 출신 뱃사람이었던 그들은 그 후로 영국을 거쳐 지구를 말 그대로 일주하고 마카오로 왔다. 그리고 덴포 8년(1837), 규슈 출신 표류민과 함께 미국 올리펀트 상회의 배 모리슨 호를 타고 일본으로 향했다. 올리펀트 상회로서는 표류민 송환을 계기로 하여 일본에게 통상을 요구할 의도가 있었을 것이다.

그러나 미우라(三浦)반도 앞 먼바다에서 에도만으로 들어가려고 한 모리슨 호를 맞이한 것은 우라가(浦賀)의 포대에서 가한 포격이었다. 분세이 8년(1825)에 발포된 이국선 격퇴령(무조건 격퇴령[無二念打拂令]) 이래로 일본 연해에 다가오는 외국 배에 대해서는 무차별적으로 포격을 가하여 격퇴하는 것이 막부의 방침이었다. 모리슨 호는 하는 수 없이 마카오로 되돌아갔다. 이른바 모리슨 호 사건이다. 배 위에서 그리운 후지산과 이즈(伊豆)의 해안을 보고 일본에 돌아왔다며 두근거리던 바로 그때 조국으로부터 포격을 받은 오토키치 일행의 심경은 어떠했을까?

마카오로 되돌아간 오토키치는 통역 등에 종사하면서 중국에서 지냈다. 자기 자신은 귀국을 포기했지만, 같은 처지의 표류자를 만났을 때는 그의 귀국을 도왔다고 한다. 그러던 사이에 에이리키 호[榮力丸]의 선원과 만난다.

셋쓰국(攝津國)의 상선인 에이리키 호는 가에이 3년(1850)에 에도를 떠나 돌아가는 길에 조난을 당하였고, 뱃사람들은 미국 배에게 구조되어 샌프란시스코까지 간 다음 중국으로 향하여 가에이 6년(1853)에 상하이에 와서 오토키치를 만난 것이었다. 에이리키 호의 선원들 중 절반 이상은 오토키치의 조언을 받아 청나라 배로 안세이 원년(1854)에 나가사키로 가서 귀국할 수 있었다. 그 중 한 명으로 호키국(伯耆國) 출신인 리시치(利七)의 이야기를 돗토리번(鳥取藩)의 유신(儒臣)이었던 호리 돈사이(堀敦齋)와 쇼가키 데키쇼(正墻適處)가 청취하였고 이를 편집하여 남긴 것이 『표류기담(漂流記談)』이라는 책이다. 그 『표류기담』 속에는 상하이에서 리시치에게 오토키치가 한 이야기가 들어 있다. 여기서는 그 이야기를 사례로 들고자 한다.

표류자 오토키치의 '무국' 의식

오토키치와 리시치가 처음으로 만난 것은 페리가 흑선(黑船)[83]을 타고 일본 우라가로 내항하기 직전이었던 듯하다. 페리는 미국에서 대서양을 경유하여 가에이 6년(1853) 4월에 홍콩에 도착하고 5월에 상하이를 출발하였던 것인데('4월', '5월'은 양력 기준), 『표류기담』

---

83 전국시대, 에도시대에 유럽이나 미국에서 일본으로 내항한 서양식 함선을 부르던 말이다. 선체가 검게 칠해져 있던 데서 유래한 표현이다.

에 따르면 오토키치가 '다음 달에는 미국 배가 일본으로 가기로 정해져 있다'고 말하고 있다.

이번에는 우선 난징의 상황을 확인하고 나서 일본에 갈 예정이며, 전달부터 군함 13척을 소집하여 다 모이는 대로 출발할 예정이었다. 일본은 '여러 나라들보다 뛰어나고 매우 용맹스러운 특색을 지닌 나라'이며, 각국은 이를 '서양 등지의 인쇄물'(엮은이는 '뉴시펫파라〈ニューシペツパラ〉', 즉 신문지를 말한다고 주를 달고 있다)에서 보아 알고 있다. 그 '무위'를 알고 있기 때문에 일본에 가면 격퇴당할 것이 분명하다고 생각해서 배가 전혀 모이지 않는다. 그러나 미국의 총독은 꼭 일본에 가야겠다고 결의하였으므로 만일 13척이 모이지 않는다 해도 7척이든 8척이든 모아서 다음 달에는 일본에 가기로 결심했다.

페리는 실제로는 4척의 증기선을 타고 내항했다. 그로 인해 일본이 겪은 일대 혼란은 다음 문장에 잘 드러나 있다. '태평 세상의 잠을 깨우는구나, 조키센(증기선)이여! 겨우 네 잔 뿐인데 밤에도 잠못 드네[泰平の 眠りをさます 上喜撰 たつた四杯で 夜も眠れず]'(원래 노래의 형태는 '太平の ねむけをさます 上喜撰 たつた四はいで 夜もねられず'라고도 한다)라는 교카(狂歌)가 그 예이다. 일본은 정면으로 통상을 요구해온 페

---

84 조키센(上喜撰, じょうきせん)이란 우지(宇治)에서 나는 고급 녹차 브랜드 기센(喜撰) 중 상등품에 붙은 이름이다. 증기선(蒸氣船)과 일본어 발음(조키센, じょうきせん)이 동일한 데서 비롯된 말장난이다.

85 단카(短歌)의 일종으로 풍자와 익살을 주된 소재로 한다.

리의 함대를 예전의 모리슨 호처럼 격퇴할 수 없었고, 페리는 내년에 다시 답변을 받으러 오겠다고 선언하고 떠나갔다. 이듬해 정월, 리시치를 다시 만난 오토키치는 그 전말에 대하여 '그 일은 실로 뭐라고 말할 수 없는 상황이다'라며 한숨을 쉬면서 다음과 같이 이야기했다.

저 미국 배는 13척을 소집했지만 전혀 모이지 않았다. 일본으로 건너갈 일에 대해서는 여러 나라 사람들도 몰래 비웃으며 '무용이 무쌍한 일본에 발을 들인다면 이익을 얻는 일 따위 생각할 수도 없다. 소용없는 일을 해서 위기에 빠지는 일은 그만 두는 편이 낫다'는 등의 말을 나누었지만, 설령 격퇴당하여 몸이 바다의 물고기밥이 된다고 해도 가야만 하기 때문에 결사의 각오로 일본으로 향한 것이다.

그렇지만 뜻하지 않게 격퇴당하지 않았기 때문에 페리는 그 허점을 찔러 우라가까지 진입하여 방약무인한 행동을 했다. 그리고 마음껏 행패를 부리고 내년 봄이 되자마자 답변을 받으러 오겠다고 말한 뒤 돌아갔다고 전하면서 다음과 같이 분개했다.

원래 이번 건은 페리 일행이 '일본의 무위'를 매우 두려워하고 있었기 때문에 근해에서 단 한 발만 쏘아서 쫓아버리면 다시 일본에 접근해 오는 일도 없었을 터이다. 그런데 그렇게 온건하게 대처를 했으니 이제부터 어떤 일이 일어날지 알 수 없다. 여기에는 분명 사정이 있을 것인데 모처럼만의 기회를 잃어버리고 만 것이다.

오토키치는 페리에 대한 일본의 대응이 연약하다며 분노하고, 외국인들은 일본의 무위가 두려워 견딜 수 없으므로 말을 섞을 필요도 없이 무력으로 쫓아내 버리면 되었다고 말하는 것이다.

미국은 일본의 무위를 두려워했는가

훗날에 역사를 되돌아보는 현대인의 시각으로 보면 페리가 그 정도로 일본의 '무위'를 두려워했다고는 생각할 수 없다. 상선이면 몰라도 증기선 군함으로 편성된 서양 함대가 일본이 '단 한 발로' 격퇴할 수 있을 만한 상대가 아닌 것도 명백하다. 실제로 그 후 사쓰에이 전쟁(薩英戰爭, 1863년)이나 4국 연합 함대 시모노세키 포격 사건(1864년)으로 군사적 실력 차이는 명확해졌다. 그러나 페리가 막 내항하였을 시기에는 당장 격퇴시키라는 의견이 일본 국내에 많이 있었던 것도 잘 알려진 그대로이다.

그렇기는 하나 양이(攘夷) 지사의 언설이라면 그렇다 쳐도 세계를 일주하고 20년이나 외국을 보아 온 표류자가 이와 같은 발언을 한 것에 대해서는 적잖이 기이하게 생각하는 독자도 있을 것이다. 현대 역사 드라마에서는 외국을 보아 온 표류자는 서양의 선진 문명을 접한 체험을 거쳐, 일본은 여러 면에서 뒤처져 있고 이대로는 외국에게 이길 수 없으며 개화가 필요하다고 생각한다는 식의 묘사가 이루어지기 마련이다. 그러나 실제로는 반드시 그렇다고만 할 수는 없는 것 같다.

그것은 그렇다 쳐도 오토키치의 자국 인식에 의외의 인상을 받은 독자도 있을 것이다. 일본은 '매우 용맹스러운', '무용이 무쌍한' 나라이며, 여러 나라는 그 '무위'를 두려워하고 있다는 이해, 단 한 방으로 격퇴시키면 페리 함대 따위 바다의 물고기밥이 되어버릴 게 당연하다는 확신은 어디에서 온 것일까? 그것을 확인하기란 어렵다. 오토키치는 자신의 저서 같은 것을 남길 인물이 아니고, 상하이에서 만난 리시치의 회상에 의해 단편적인 발언이 남아 있을 뿐이다. 오토키치 본인의 경력으로서 알려진 사실도 적다. 알 수 있는 사실들 중에서 한 가지 추측 가능한 것은 일찍이 자기 자신이 탄 모리슨 호가 격퇴되었던 경험으로 인해 일본이 외국 배를 격퇴할 수 있다고 인식했다는 추측이 가능하다. 하지만 그 경험만으로 일본이 '매우 용맹스러운', '무용이 무쌍한' 나라라는 인식이 생겨날 수 있을까?

일본이 '매우 용맹스러운' 나라라는 인식은 제3장 제1절에서 살펴본 『요시노 진고자에몬 각서』의 '일본은 신국이므로 "신도 맹용의 기풍"'이 있고, "사람의 마음이 용맹한 것"은 삼국 중에서도 제일이다'라는 기술을 상기시킨다. 그리고 비참한 실패였던 조선 출병을 일본의 '무위'를 빛낸 쾌거로 파악하는 언설이 '조선군기물'이나 그 주변의 예능 세계에서 에도시대를 통틀어 일반화되었다는 점도 지금까지 살펴본 그대로이다. 조선 출병 관련 서적이나 예능은 물론 일례에 지나지 않는 것이며, 에도시대에는 다양한 이야기물을 통하여 '무국' 의식이 서민에게 스며들어 갔던 것이 아닐까? 오와리의 뱃사람 오토키치가 막부 말기에 남긴 말은 그 결과였으리라 생각한다.

무국 의식과 요시쓰네 이야기

근세의 '무국' 의식이 서민에 침투한 것에 대하여, 또한 그것이 근대로 어떻게 연결되어 가는지를 고찰하기 위한 구체적인 사례로서, 다음으로 요시쓰네 입이설(義經入夷說: 요시쓰네가 고로모가와〈衣川〉에서 죽지 않고 홋카이도로 건너갔다는 설)에서 요시쓰네 칭기스 칸설로 전개되는 흐름을 살펴보고자 한다.

약간 시간을 거슬러 올라가서 이야기를 시작하겠다. 제1장 제2절에서 조금 다루었던 『온조시 시마와타리』라는 무로마치시대 오토기조시가 있다. 젊었을 때 후지와라노 히데히라 밑에서 지냈던 미나모토노 요시쓰네가 지시마(千島)의 '가네히라 대왕'으로부터 비전된 병법 두루마리 '대일(大日)의 법(法)'을 빼앗아 오는 공상적인 이야기다. 요시쓰네는 '지시마의 수도'에 도착하자 대왕의 딸 '아사히 천녀(天女)'와 사랑하는 사이가 되었고 천녀의 도움을 받아 두루마리를 훔쳐냈으며, 대왕이 보낸 추격자들을 천녀의 도움으로 따돌린 후 일본으로 돌아간다. 그 후 '대일의 법'으로 헤이케를 멸망시키고 겐지의 세상을 이루었다는 이야기다.

이는 요시쓰네의 청년 시절 이야기이며, 그 후 일본으로 돌아왔음을 대전제로 하는 이야기다. 일본으로 귀국하지 않으면 헤이케를 멸망시키고 천하를 차지하는 일은 불가능하므로 당연한 일이다. 그런 의미에서는 만년의 요시쓰네가 히라이즈미(平泉)에서 홋카이도로 도망쳐 목숨을 부지했다는 입이설과는 전혀 다른 것이지만, 요시쓰네 입이설이 태어난 원인 중 하나는 바로 이 『온조시 시마와타리』에 있었다. 긴다이치 교스케(金田一京助) 등이 밝혀내었듯이 『온조시 시마와타리』는 가타리모노(語り物)로도 만들어져 일본인에게 매우 친숙한 이야기였다. 그것이 홋카이도에도 전해지고, 또 아이누 민족이 설화로 전해온 영웅신 오키쿠루미 등의 이야기를 요시쓰네로 이해한 화인(和人: 일본인)들이 아이누 민족이 요시쓰네를 숭상한다는 이야기로 만들어진 듯하다. 예를 들면 마쓰미야 간잔의 『에조담필기(蝦夷談筆記)』(호에이(寶永) 7년〈1710〉 성립)에는 다음과 같은 서술이 있다(마쓰미야 간잔에 대해서는 제3장 제2절 참조).

> 에조 사람은 요시쓰네를 '우키구루'라고 하며, 벤케이(辨慶)는 그대로 '벤케이'라 부른다고 한다. 요시쓰네가 옛날 이 나라의 '하이'라는 곳으로 건너와 에조 대장의 딸과 친해져 비장의 두루마리를 빼앗았다는 이야기를, 그들 사이에서 지혜가 뛰어난 자가 조루리로 만들어 이야기하고 있다고 한다.

요시쓰네가 에조 대장의 딸과 친해져 비장의 두루마리를 빼앗았다는 것은 바로 『온조시 시마와타리』에 나오는 일화인데, 이러

---

86 긴 이야기에 곡조나 억양을 붙여서 말하는 예능을 가리킨다. 조루리도 가타리모노의 일종에 해당한다.

한 줄거리가 아이누 민족 사람들의 입으로 이야기되고 있다는 것이다. 다만 이 내용이라면 요시쓰네는 그 후 일본으로 돌아왔다고 해석해도 무리가 없으므로, 일본인에게는 요시쓰네가 홋카이도에 살아있었다는 증거로 받아들여지게 된다.

에조치에 대한 높아지는 관심

애초에 아이누 민족이 이러한 이야기를 하고 있다는 정보가 어찌하여 에도 지식인들의 기록에 남았을까? 이는 17세기 후반에 일본인들의 에조치(蝦夷地: 홋카이도)에 대한 관심이 높아졌기 때문이다. 대략적으로 말하자면 중세까지의 일본인은 '일본'의 북쪽 끝, 동쪽 끝을 기본적으로는 사도(佐渡)섬이나 쓰가루(津輕)에 두고 있으며, 홋카이도라는 섬에 대해서는 일본 국내로는 간주하지 않았다. 이는 『온조시 시마와타리』가 '지시마'를 공상적인 타향으로 그리고 있던 점에서도 명확하다 하겠다. 그러나 에도시대에 들어 마쓰마에번(松前藩)이 성립하며 점차 홋카이도에 대한 구체적 지식이 전달되어 왔다. 그리고 간분 9년(1669)에 일어난 샤쿠샤인의 난을[87] 통해 일본인들은 급속하게 에조치의 존재를 의식하게 되었던 것이다. 앞서 본 마쓰미야 간잔의 『에조담필기』 등도 그러한 관심 표현의 일종이다.

---

87 에조치 동부에 거점을 둔 아이누 부족 추장 샤쿠샤인이 일으킨 반란이다. 반란은 추장들 간의 투쟁으로 시작되었지만, 마쓰마에번이 아이누와의 교역에서 주도권을 강화하고 그로 인해 아이누측의 불만이 확산한 것이 반란의 배경으로 알려져 있다.

그런 가운데 하야시 가호 등이 편찬한 『속본조통감(續本朝通鑑)』(간분 10년〈1670〉 성립)은 요시쓰네의 죽음을 기록한 다음 '속설에 또 이르기를'이라면서 '실은 요시쓰네는 고로모가와에서는 죽지 않고, 도망쳐서 에조섬에 도달했다. 그 자손이 있다고 한다'고 부기되어 있다. 이는 『온조시 시마와타리』 같은 청년 요시쓰네 이야기가 아니라, 그가 고로모가와에서 도망쳐 나와 에조섬에서 자손을 남겼다는 설이다. '속전(俗傳)'임을 밝힌 부기이기는 하지만, 유학의 중심이었던 하야시 가문이 편찬한 권위 있는 역사서에 요시쓰네 입이설이 포함되었던 것이다.

그 후 아라이 하쿠세키의 『독사여론(讀史餘論)』(쇼토쿠 2년〈1712〉 초고, 교호 9년〈1724〉 발문)은 기본적으로는 요시쓰네가 고로모가와에서 죽었다고 하면서도 '세상에 전하기를 이때 요시쓰네는 죽지 않았다고 한다'고 했다. 요시쓰네 정도 되는 인물이 그리 쉽게 고로모가와에서 죽었을 리는 없다고 하는 '수상함'을 길게 서술하며 '지금도 에조 땅에 요시쓰네의 집터가 있다고 한다. 또 에조 사람이 모시는 오키쿠루미라는 것은 요시쓰네를 말하며, 요시쓰네가 에조 땅으로 갔다는 등의 이야기가 전해지고 있다'고 적고 있다. 하쿠세키는 이를 세상에 떠도는 속설이라고 하면서도 오히려 요시쓰네 입이설을 믿고 싶어하는 듯이 보인다.

하야시 가호나 아라이 하쿠세키 같은 당시 최고봉이라 할 만한 지식인이 이러한 '속전'을 소개하거나 또는 긍정적으로 다루는 배경에는 통속 문예의 세계에서 요시쓰네 입이설이 확산되었기 때문이다. 예를 들면 『이본 의경기(異本義經記)』나 『요시쓰네 지서기(義經

知緖記)』는 둘 다 무로마치시대의 『의경기(義經記)』와는 다른 책으로, 요시쓰네에 관한 입이설을 많이 포함하고 있다. 아마도 17세기 후반 무렵에 성립한 것으로 보이는 작품들인데, 그 안에는 요시쓰네가 에조섬으로 건너가서 섬의 수장이 되어 요시쓰네 대명신(大明神)으로 숭배되었다는 설이 소개되어 있다.

게다가 바바 노부노리(馬場信意)의 『요시쓰네 훈공기(義經勳功記)』(쇼토쿠 2년⟨1712⟩ 간행)에서는 히타치보 가이손(常陸房海尊) 또는 잔몽선인(殘夢仙人)이라 불리는 인물이 요시쓰네와 함께 에조섬에서 몇백 년이나 살아있었다는 명백하게 허구인 이야기를 기술한다. 가이손 등은 인어 고기를 먹었기 때문에 불사의 몸을 얻었다는 것이다. '히타치보 가이손'이나 '잔몽선인'이란 원래 몇백 년이나 장수를 유지하는 노인이 실제로 보고 들은 이야기로서 옛 역사를 말해주는, 야오비쿠니(八百比丘尼) 등으로 불리는 화자의 유형이다. 본래는 그러한 화자가 고로모가와에서 요시쓰네가 죽는 장면을 직접 보았다고 말해주는 이야기였겠지만, 여기서는 요시쓰네 자신도 선인이 되어 살아있다는 이야기로 변화하여 판타지스러운 양상을 보여주고 있다. 그리고 이러한 픽션 속전이 요시쓰네는 실제로 에조섬으로 건너갔다는 입이설을 뒷받침하게 된다.

지카마쓰 몬자에몬의 문제

이러한 속전의 발전과 보급을 추적한 연구는 이미 많아서 여기서 검토할 생각은 없지만 주목하고 싶은 것은 바로 앞서 언급

한 『이본 의경기』 등에서 본 것처럼 요시쓰네가 에조섬으로 건너
가 섬의 수장이 되거나 신으로 숭배되었다고 하는 전승이다. 거기
에서 요시쓰네는 에조섬을 정복한 영웅으로 이야기되고 있다. 여
기서 '무국' 일본의 영웅이 주변 지역에 무위를 빛내는 이야기라는
해석이 가능하지 않을까? 그러한 통속 문예의 대표로서 다음으로
지카마쓰 몬자에몬의 「미나모토노 요시쓰네 장기경(源義經將棊經)」
을 예로 들고자 한다('棊'는 '棋'의 이체자〈異體字〉로 '將棊'는 '將棋'와 같음).
초연은 쇼토쿠 원년(1711) 정월 이전으로 추정되고 있는 작품이다.
이 작품의 후반에서는 니시키도(錦戸) 형제(후지와라노 히데히라의 아들인
구니히라〈國衡〉·야스히라〈泰衡〉)가 요시쓰네를 죽이려고 공격해 왔는데,
요시쓰네는 자해한 것처럼 꾸미고 벤케이와 함께 에조섬으로 향한
다. 니시키도 형제는 요시쓰네·벤케이의 가짜 목을 바치고 요리토모
의 분노를 사게 되자, 요시쓰네를 죽여 에조섬의 왕이 되려고 쫓아
온다. 요시쓰네는 니시키도 형제의 군세를 모조리 무찔렀고, 섬 사
람들은 요시쓰네를 대명신으로 숭상했다.

> *역시 겐지의 번창은 대일본의 바깥까지도 가로막히지 않고 변
> 함없이 쇠퇴하는 이 없다. 따라서 이에 복종하는 안전한 국토의
> 백성이야말로 풍족하다.*

그렇게 이야기가 마무리되는 것이다. 에조섬의 사람들 입장에
서 보면 요시쓰네가 도망쳐 오지 않았다면 니시키도 형제도 쳐들
어오지 않았을 것이며, 요시쓰네가 니시키도 형제를 죽였다고 해

서 별로 감사할 이유도 없을 것이다. 그런데도 이 작품의 기본적인 세계관은 일본의 '무위'를 빛내는 영웅이 주변 지역이나 국가를 정복하여 다스리고, 그 땅의 사람들에게 감사받는다는 것을 자명한 전제로 하고 있다. 그러한 사고방식이 보이는 것은 비단 이 작품만이 아니다.

이미 살펴보았듯이 지카마쓰는 「본조삼국지」에서는 가토 기요마사와 고니시 유키나가가 무용으로써 조선을 정복하는 모습을 묘사하였으며(제3장 제1절), 「국성야합전」에서는 일본에서 태어난 국성야(정성공)에 의한 명나라 부흥을 그렸다(제3장 제2절). 그리고 「국성야합전」의 속편인 「국성야후일합전(國姓爺後日合戰)」에서는 부흥한 명나라를 국성야가 일본의 지배하에 두려고 하는 것이 아닌가 하고 의심을 받는 이야기가 전개된다. 궁궐 축조나 감휘(甘輝) 장군의 결혼식 등에서 일본풍의 방식을 주장하는 국성야에 대하여 명나라 감휘 장군은 다음과 같이 말한다.

> *무릇 적을 멸하고 세상을 다스린다고 하면 그 나라의 오랜 방식을 부활시키는 것이 좋은 정치라는 것이다. 당신(국성야)은 명나라 풍습을 고쳐 일본풍 궁궐과 예의범절을 도입하려고 하니까 '만민이 일본의 무위를 두려워하여' 불안에 빠지는 것도 당연하다.*

그리고 히데요시(작중에서는 '헤이키치(兵吉)')의 조선 출병을 언급하며 사람들의 귀를 잘라서 귀무덤을 세운 '일본의 신군(神軍)'의 무서움은 중국의 백성들도 모르는 자가 없다고 말한다. 하지만 이러한 비판을 받으면서도 결국 국성야는 중국을 잘 통치하는 것이다.

지카마쓰의 세계에서는 이처럼 '일본의 무위'는 인근 여러 나라에게 널리 알려져 있고, 일본의 영웅은 인근 여러 나라나 지역을 정복하고 통치할 수 있다는 인식이 드러나고 있다(이 점은 한경자〈韓京子〉가 지적한 바 있다).

영웅 도항 전설

근세 일본인의 이러한 인식은 지카마쓰만의 문제가 아니며 또한 요시쓰네만의 문제도 아니다. 북쪽으로 간 요시쓰네 전설과 좋은 대조를 이루며 이야기되는 것이 남쪽으로 간 미나모토노 다메토모이다(최근에 하라다 노부오〈原田信男〉의 『요시쓰네 전설과 다메토모 전설』도 간행되었다).

다메토모에 대해서는 호겐의 난에서 패하고 이즈오시마(伊豆大島)섬으로 유배된 뒤 오니가시마(鬼ヶ島)섬으로 건너갔다는 이야기가 가마쿠라시대의 나카라이본 『호겐 모노가타리』에 보이는데, 무로마치시대 후기에는 다메토모가 류큐(琉球)로 건너갔다고 하는 설도 등장한다. 16세기 전반에 오산(五山) 승려인 겟슈 주케이(月舟壽桂)가 저술한 『환운문집(幻雲文集)』의 「학옹자명 및 서문[鶴翁字銘幷序]」에는 다메토모가 류큐로 건너가 귀신을 부려 '창업 군주[創業之主]'가 되었다는 설이 기록되었다. 이는 『호겐 모노가타리』의 '오니가시마'를 실제로 존재한 류큐에 대입한 설이라 할 수 있는데, 다메토모가 류큐의 '창업 군주'라고 한다면 류큐 왕가는 겐지의 자손이라는 것이 되며 류큐는 일본의 부용(付庸: 속국)이라는 주장과도 연결된다.

그렇다고는 해도 겟슈 주케이가 이 설을 주장했던 것은 아니며, '실로 믿어야 할 것인가 믿지 말아야 할 것인가'라고 반신반의하는 형태로 기술한 것뿐이다. 그렇지만 그 후 게이초 14년(1609)에 사쓰마(薩摩)의 시마즈씨가 류큐를 침공한다. 사쓰마를 섬기던 분시 겐쇼(文之玄昌)가 그당시에 쓴 「류큐를 토벌하는 시의 서문[討琉球詩序]」에도 젊은 시절의 다메토모가 류큐를 토벌했다고 하는 설이 등장한다. 그리고 사쓰마에 무력으로 복속당한 뒤 류큐는 중국(명·청)과 일본 양쪽에 조공하는 난처한 입장을 강요당한다.

류큐의 정사로 알려진 중산세감의 표지

그런 가운데 게이안(慶安) 3년(1650)에 성립한 류큐의 정사(正史) 『중산세감(中山世鑑)』은 다메토모가 류큐로 건너왔고 그 아들인 손톤(尊敦: 슌텐〈舜天〉)이 왕조를 개창했다는 설을 역사적 사실로서 채용했다(단, 그 전에는 오랜 기간에 걸친 천손씨〈天孫氏〉의 왕통이 있었고, 또한 슌텐 왕통은 3대로 단절되었다고 했다). 편찬자인 하네지 조슈(羽地朝秀: 상상현〈向象賢〉)는 현실적인 정치가였고, 류큐에 세이와 겐지(清和源氏)의 왕통이 있었다고 함으로써 겐지의 자손을 칭하는 도쿠가와씨(德川氏) 막부와 시마즈씨의 사쓰마번과 대등한 입장을 주장하는 의도가 있었다고도 이야기된다(와타나베 교이치〈渡邊 臣一〉).

다메토모 전설에 담긴 생각은 일본측과 류큐측이 서로 달랐을지 모르지만, 여하튼 다메토모가 류큐를 정복하고 왕조를 개창했다는 설은 점차 확산되어 간다. 분카(文化) 4년(1807)부터 분카 8년(1811)에 걸쳐 간행된 교쿠테이(다키자와) 바킨(曲亭〈瀧澤〉馬琴)의 『진세쓰 유미하리즈키(椿說弓張月)』는 다메토모가 류큐에 표착하여 내란을 평정하고 그 후 아들인 스테마루(舜天丸)가 왕위에 오른다는 내용의 요미혼으로 크게 인기를 끌었다. 요미혼은 허구를 전제로 한 소설이기는 하지만, 바킨은 많은 자료를 조사하여 지리 풍속에 정확을 기하였고, 습유 권1의 서문에서는 '소설이라고는 하나 고실(故實)을 인용하고 정사에 따른 것이다'라고 주장하고 있다. 이 작품이 다메토모는 류큐 왕실의 선조라는 설의 보급에 수행한 역할은 매우 컸을 것이다. 이는 동시에 일본의 영웅이 주변 여러 나라나 지역을 정복한다는 이야기의 보급판이기도 하다. 덧붙이자면 류큐 정복과 관련해서는 메구로 마사시(目黒將史)가 지적하고 있듯이 사쓰마측에서 류큐 침공을 그린 이야기 『살류군기(薩琉軍記)』가 에도시대에 유포되었던 점도 빠뜨릴 수 없다. 게다가 이들과 비슷한 사례로는 아사히나 사부로 요시히데(朝比奈三郎義秀)의 고려 도항 전승도 있다. 아사히나(朝比奈, 朝夷奈)는 와다 요시모리(和田義盛)의 아들로 힘이 센 것으로 유명하다. 겐포(建保) 원년(1213), 아버지 요시모리가 일으킨 반란(와다 전쟁)에서 쇼군 어소(御所)의 정문을 부수고 돌입하여 크게 분전한 것으로 유명하다. 『아즈마카가미』에서는 와다측이 패하자 5백 기를 이끌고 아와(安房)로 향했다가 전사했다고도 기록되어 있다. 그런 아사히나가 아와에서 고려로 건너갔다는 설이 근세에 이야기된다. 최초의 사례로 알려진 것은 하야시 라잔(林羅山)의 『본조신사고(本朝神社考)』(간에이 21년〈1644〉 무렵까지는 성립함)로, 그 후 18세기 초엽 무렵까지 『일본백장전초(日本百將傳抄)』, 『속본조통감』, 『화한삼재도회(和漢三才圖會)』, 『대일본사』 등의 문헌에 기록되었다. 그 기록들에 따르면 아사히나의 용맹함에 복종한 조선[88]사람들이 부산에 사당을 세워 모셨다고 한다. 무력에 의한 정복이라는 성격은 살짝 약하지만, 국내의 전쟁에서 패한 영웅이 인근 지역에서 숭배받는다는 구도는 요시쓰네나 다메토모와 마찬가지다. 아사히나는 현대의 지명도로는 요시쓰네나 다메토모와는 비교가 안 되지만, 도항 전승의 발생 시기는 비교적 이르다. 도쿠타케 요시아키(德竹由明)는 요시쓰네의 에조 도항이 활발하게 이야기된 데는

88　원문 그대로 번역했다.

앞선 다메토모나 아사히나 전승에 의해 촉발되었을 것이라고 지적했다. 요시쓰네 입이설의 배경에서는 이러한 근세 일본의 전반적인 경향을 확인할 수 있는 것이다.

요시쓰네 도만설

그러면 요시쓰네 이야기로 돌아가자. 에조로 건너가 아이누 사람들에게 신으로 숭배되었다는 요시쓰네 입이설은 에도시대 중후기에는 요시쓰네가 대륙으로 건너갔다는 도만설(渡滿說)로 전개되어 간다. 요시쓰네가 에조에서 더 멀리 대륙으로 건너갔다는 설은 근세 전기부터 일부 존재했던 듯하나, 일반화된 시기는 교호 2년(1717)에 간행된 가토 겐사이(加藤謙齋)의 『가마쿠라 실기(鎌倉實記)』부터일 것이다. 이 책은 『금사별본(金史別本)』이라는 책의 「금사(金史) 열장전(列將傳)」에 요시쓰네가 대륙으로 건너가 금나라의 장군이 되었다는 기록이 있다고 주장했다. 금나라는 여진족 나라로 12세기 후반에는 중국 동북부(만주 지방)를 중심으로 세력을 보유하고 송나라를 압박하였지만 나중에 원나라에게 멸망당했다. 요시쓰네가 만주 지방으로 건너갔다는 의미로 요시쓰네 도만설 등으로 불린다.

이 『금사별본』이 위서(僞書)임은 바로 드러났다. 요시쓰네 입이설에는 마음이 끌렸던 것처럼 보이던 아라이 하쿠세키도 이 책에 대해서는 한 눈에 위서임을 알 수 있다며 분개했다. 이 책이 그 후로 여러 학자들의 비판을 받으며 위서 제작의 진상까지 규명된 점에 관해서는 하라다 노부오가 요령 있게 정리했다. 그렇지만 그러한 합리적 논증에 의해 이처럼 딱 봐도 사기인 설이 자취를 감추었느냐 하면 그렇지 않다. 요시쓰네 도만설은 사라지기는커녕 더욱 더 발전해 나가게 된다.

도 에이쇼(藤英勝)가 지은 『통속 요시쓰네 에조 군담(通俗義經蝦夷軍談)』은 메이와(明和) 5년(1768)에 간행된 이야기책인데, 첫머리의 '범례(凡例)'에 요시쓰네는 달단(韃靼)[89]으로 건너갔고 그 자손이 지금 중화를 통일하였으며, 국호를 청(淸)으로 지은 건 세이와 겐지(淸和源氏)[90]의 후예이기 때문이라는 등의 이야기를 적었다. 제3장 제2절에서도 언급하였듯이 청나라는 여진족 왕조였다. 금나라와 같은 민족이다. 『금사별본』을 날조한 『가마쿠라 실기』가 요시쓰네는 금나라의 장군이 되었다고 하는 데 반해, 요시쓰네는 청나라 황제의 선조라는 설은 한층 더 업그레이드된 도만설이라고 할 수 있겠다. 이러한 속설이 통속 서적들 사이에서 발전하였고 나아가 그 '근거'가 날조되었다. 모리 나가미(森長見)의 수필 『국학 와스레가이(國學忘貝)』는 덴메이(天明) 3년(1783) 서문을 담고 있으며 덴메이 7년(1787)에 간행되었다. 권하(卷下)에 다음과 같은 내용의 서술이 있다.

청나라가 편찬한 『도서집성』이라 하는 1만 권 짜리 책이 있다.
그 중에 『도서집감(圖書輯勘)』 130권이 있는데, 그 서문을 청나

---

89 타타르의 음차 표기로, 타타르는 몽골의 한 부족 명칭이자 몽골 전체를 가리키는 말이다.

90 세이와 천황의 황자 또는 황손으로 미나모토(源) 성씨를 하사받고 일반 신하로 하강한 사람들을 가리킨다. 미나모토노 요시쓰네는 세이와 천황의 손자인 쓰네모토왕(성씨를 하사받은 뒤로는 미나모토노 쓰네모토)의 후손이다.

라 황제가 직접 썼다. 그 서문에는 '짐의 성은 미나모토(源)이며, 조상은 요시쓰네다. 선조가 세이와 천황으로부터 나왔기 때문에 국호를 청이라 하는 것이다'라고 되어 있다. '청'이란 세이와 황제[清和帝]의 '淸'이라는 것이다.

모리 나가미는 위의 문장에 이어서 이 '청나라 황제가 직접 쓴 서문'에 대하여 진위는 알 수 없다고 적었다. 또한 『가마쿠라 실기』의 『금사별본』에 대해서도 언급하며 '그 사실 여부를 알지 못한다'고 적으면서도 '요시쓰네를 에조치에서 신으로 모시는 일은 실제 있는 것 같다'는 등 요시쓰네 도만설에 긍정적인 서술을 계속한다. 결국 현재의 청나라가 요시쓰네의 후예라면 요시쓰네가 중국을 장악했다고 하는 것은 '실로 유쾌한 일'이라고 그 기사를 끝맺었다. 이 『도서집감』(『도서집감록〈圖書輯勘錄〉』이라고도 함)도 물론 날조된 것이었다. 『도서집성』(『고금도서집성〈古今圖書集成〉』)은 실제로 존재하지만 그 안에 『도서집감』은 없으며, 청나라 황제의 서문도 물론 조작된 것이다. 모리 나가미 자신이 날조한 것인지 아닌지 필자는 확인하지 못하였지만, 허황된 설이라는 것은 이처럼 '사실인지 아닌지 알 수 없지만 사실이라고 한다면 재미있겠다'는 식의 지식인들의 언설, 그리고 허구를 전제로 하여 서민을 대상으로 한 통속 문예가 뒤얽히면서 발전하게 된다. 지식인들을 비롯한 대중들은 자주 진실보다도 믿고 싶어하는 것, 그렇게 되기를 바라는 일을 믿는 것이다.

『도서집감』이 가짜라는 것은 얼마 지나지 않아 많은 학자들에 의해 검증된다. 그러나 요시쓰네가 청나라 왕가의 선조라는 설은 그 후로도 끊이지 않았다. 예를 들면 다치바나 난케이(橘南谿: 다치바나 하루아키라〈橘春暉〉, 1753~1805)의 저서로 저자가 사망한 뒤에 출판된 『북창쇄담(北窓瑣談)』 후편 권1에는 중국의 『대청회전(大淸會典)』에 지금의 청 왕조는 요시쓰네의 후예라 적혀 있고, 그 책은 '나가사키의 당통사(唐通事) 가미요씨(神代氏)'에게 있으며 '가미요의 자식 다추(太仲)'가 늘 보고 있었다는 소문을 기록했다. 분명 위의 『도서집감』에 의한 설을 재탕한 것이다(『대청회전』은 청대에 편찬된 종합 법전이다). 다만 다치바나 난케이는 이를 '필경 뜬소문일 것이다'(어차피 유언비어일 것이다)라고 일축했다. 게다가 그 후에 일찍이 『대청회전』을 소지하고 있다고 하는 문인 기무라 겐카도(木村蒹葭堂)에게 그 책에 그런 기사가 없음을 확인했다고 단정짓기도 했다. 여하튼 다치바나 난케이와 기무라 겐카도 사이에 그러한 대화가 오갈 정도로 그와 같은 소문이 유포되어 있었음은 사실인 것이다.

요시쓰네 칭기스 칸설의 등장

이와 같은 요시쓰네 도만설의 연장선상에서 생겨난 것이 요시쓰네 칭기스 칸설이다. 요시쓰네 칭기스 칸설이 처음으로 보이는 것은 가에이 3년(1850) 서문이 있는 에이라쿠샤 잇스이(永樂舍一水)의 『요시쓰네 에조 군담(義經蝦夷軍談)』으로 여겨진다. 시마즈 히사모토(島津久基)의 소개에 따르면 이 책은 그 서문에서 요시쓰네가 에조에서 만주로 건너가 '철목진(鐵木眞)'(테무진) 또는 '성길충한(成吉忠汗: 충

〈忠〉은 원문 그대로)'(칭기스 칸)으로 이름을 바꾸고 달단을 복속시켜 국호를 원이라 하며, 나아가 그 자손이 청 왕조를 개창했다는 등의 서술을 했다고 하는데, 현재는 소재 불명이다(앞서 인용된 『통속 요시쓰네 에조 군담』과는 다른 책이다).

거의 같은 시기, 막말에 일본으로 온 지볼트도 칭기스 칸설을 주장했다. 그렇다고는 해도 지볼트는 네덜란드 귀국 중이던 1852년에 집필한 대저(大著) 『일본』에서 약간의 주기로서 적은 것으로, 통역인 요시오 주지로(吉尾忠次郎)에게 들은 이야기를 바탕으로 하면서, 요시쓰네와 칭기스 칸의 연령이 비슷한 점과 백기를 사용하는 점 등 약간의 논거에 의한 메모에 지나지 않는다. 하지만 그 후 다시 일본으로 왔을 때는 이 설을 퍼뜨리고 다녔던 듯하다(마쓰우라 다케시로〈松浦武四郎〉『서에조일기(西蝦夷日記)』 2편).

『요시쓰네 재흥기』 표지

---

91 원래 일반적인 한자 표기는 成吉思汗이며, 忠은 思의 잘못된 표기로 보인다.

　이 설이 본격적으로 퍼지는 것은 메이지 18년(1885)에 간행된
『요시쓰네 재흥기(義經再興記)』부터일 것이다. 이 책은 정치가·문필
가로 유명한 스에마쓰 겐초(末松謙澄)가 런던 체재 중에 영어로 출
판한 것을 우치다 야하치(內田彌八)가 번역하여 간행한 것으로 여겨
진다. 야마오카 뎃슈(山岡鐵舟)가 제목의 글씨를 썼고, 표지에는 '우
치다 야하치 역술(譯述), 야마오카 뎃슈 제자(題字)'라고 내세웠지만
스에마쓰 겐초의 이름은 없다. 서문 중에는 '영어로 된 책'을 번역했
다고 하는데 원서의 저자도 제목도 없이 '역술'한 사람만이 적혀 있
는 이상한 책이다. 내용적으로도 기묘한 것으로 '칭기스 칸'은 미나
모토노 요시쓰네(源義經)의 일본어 음독(音讀) '겐기케이(ゲンギケイ)'
의 발음이 변한 것이라든가, 칭기스 칸의 아버지 '에조카이'[92]는 요시
쓰네가 건너간 '에조의 바다[蝦夷の海][93]'를 뜻한다든가 하는 언어 유
희가 많고, 그 중에는 만주인의 머리카락을 미는 습속이 벤케이 같
은 요시쓰네를 수행한 승려를 흉내낸 것이라는 등 기묘한 발상도
있다. 대체로 제대로 된 고찰이라고 하기에는 다소 거리가 멀지만
이 책은 판을 거듭하며 잘 팔렸던 듯하다.

　이와 같은 책이 집필되고 유포되는 배경에는 아시아 안에서 일
본만이 서양에 비견할 수 있는 뛰어난 나라라고 서양인으로부터
인정받고 싶다는, 혹은 일본인 자신이 그렇게 믿고 싶다는 욕구가
있었을 것이다. 『요시쓰네 재흥기』의 마지막은 다음과 같은 문장으
로 끝을 맺는다.

92　칭기스 칸의 아버지 이름은 예수게이로 알려져 있다. 여기서는 원문 그대로 옮겼다.
93　바다를 뜻하는 '海'는 음독으로 '카이(かい)'라 읽을 수 있다.

나의 설, 즉 칭기스 칸은 정주(定住)도 하지 않는 '사납고 악한 야
만족' 중에서 나온 것이 아니라는 설이 확정된다면, 그와 같은
영웅호걸은 문명의 진보와 더불어 선혈을 흘리고 화염 속에서
죽는 것 같은 살육이 없으면 결코 나타나지 않는다는 철리(哲理)
도 또한 확정될 것이다.

이 문장의 후반부는 그 책 제2장에서 알렉산드로스나 나폴레
옹 같은 영웅은 뛰어난 민족이 격렬히 피를 흘리는 싸움을 전개하
는 가운데서 나오기 마련이라는 문장이다. 즉, 칭기스 칸과 같은 영
웅은 몽골인 같은 야만적인 유목민족이 아니라 일본인처럼 문명이
진보한 민족이 격렬한 싸움을 전개하는 가운데 탄생한 것이라는
말이다. 오늘날의 시점에서 보면 한심하다고 여길 정도로 어리석지
만 탈아입구(脫亞入歐)[94]에 필사적이었던 당시의 일본인으로서는 이
와 같은 어리석은 설에 의해서라도 일본인이 서양과 동등한 '문명'
적 민족이라고 믿고 싶었던 것이 아닐까 생각하면 약간 안타까운
느낌이 든다.

요시쓰네 칭기스 칸설과 오야베 젠이치로

칭기스 칸이 요시쓰네라고 하는 설은 오늘날에도 진실이라고
믿지는 않지만 들어본 적은 있다는 사람이 많다. 이런 황당무계한

---

94 19세기 말 일본에서 내세운 슬로건으로 후진적인 아시아를 벗어나 선진적인 유럽에 들어간
다는 뜻이다.

설을 유명하게 만든 최대 원인은 후잔보(富山房)에서 다이쇼(大正) 13
년(1924)에 간행되어 대형 베스트셀러가 되었던 오야베 젠이치로(小
谷部全一郎)의 『칭기스 칸은 미나모토노 요시쓰네다[成吉思汗ハ源義經
也]』이다. 이 책은 책 첫머리에 주손지(中尊寺) 절에 소장된 요시쓰네
의 목조상과 칭기스 칸의 초상화, 몽골 사람들과 풍경 혹은 만몽
(만주·몽골)을 여행했을 때의 호조(護照: 여권) 등의 사진을 풍성하게
실었다. 당시로서는 호화로운 구성인데 저자 자신이 실제로 중국
동북부를 현지조사했음을 보여주는 식으로 책이 제작되어 있다.
거기서 오야베의 열정이 전해져 오는 것은 분명하다. 또 예를 들면
표지에는 잎 넓은 용담[笹龍膽] 무늬가 각인되어 있다. 이는 요시쓰
네가 사용한 문장(紋章)이라고 생각해서 넣은 것이리라. 제7장에서
하바로프스크에는 '일본식 신사'가 있고 거기에는 '잎 넓은 용담 무
늬가 있는 일본식 갑주를 입은 무사 인형'이 신체(神體)로 모셔지고
있다는 이야기와 대응한다. 그러나 이는 신사에 몰래 숨어들어가
신체를 실제로 보았다는 인물의 말을 들은 것에 지나지 않는다. 애
초에 세이와 겐지가 잎 넓은 용담 무늬를 사용했다는 것은 후대의
속설일 뿐이며, 요시쓰네는 이 문장을 사용하지 않았다는 것이 당
시에 이미 정설이었다. 혹시 만에 하나 잎 넓은 용담과 비슷한 문장
이 실제로 대륙에서 발견되었다 하더라도 그것이 요시쓰네와 연관
지을 증거는 되지 않는다.

　이 책이 드는 논거는 '칭기스 칸'은 '겐기케이'라는 기존 설의 계
승도, 잎 넓은 용담 건 같은 새로운 설의 제시도 모두 학문적·객관
적인 고증과는 한참 거리가 먼 것들뿐이다. 물론 학자들은 곧바로

잎 넓은 용담 무늬
(『칭기스 칸은 미나모토노 요시쓰네다』 표지에서)

다양한 관점에서 강하게 반론하였지만, 오야베는 들으려 하지 않았다. 긴다이치 교스케가 말한 것처럼 오야베의 태도는 '일단 결론을 믿고 거기에 맞는 사실을 편할 대로 해석하여 채용'하는 것이고 '논술에 객관성을 부여'하는 일은 생각하지 않는, 요컨대 '요시쓰네 신앙'의 고백인 것이었다. 그렇다면 그 열정은 어디에서 온 것이었을까?

오야베 젠이치로는 아키타(秋田)의 호족인 시라토리씨(白鳥氏)의 후예로 알려졌으며, 고생을 무릅쓰고 미국으로 유학을 갔고 육군 통역관이 되어 만주나 시베리아를 정력적으로 조사했다. 그 열정은 모리무라 무네후유(森村宗冬)가 지적하였듯이 '자기비대화'의 욕구라고 해도 되겠다. 단, 그것이 베스트셀러가 된 것은 많은 국민들이 오야베의 열정에 공감했기 때문이다. 그 공감은 왜 생겨났는가? 이 책의 말미에는 다음과 같이 적혀 있다.

> 일찍이 칭기스 칸, 즉 미나모토노 요시쓰네를 낳은 '우리 신주 (神洲)'는 현재 아시아의 위기를 강 건너 불구경하듯 바라보고 있어도 되는 것인가? 칭기스 칸 2세가 욱일승천의 기세로 다시 해 뜨는 동쪽 나라로부터 출현하는 것은 대아시아가 존망의 기로에 놓인 때일 것이다.

오야베에게 있어 칭기스 칸은 백인을 압도하고 세계에 일대 제국을 세운 아시아의 영웅이었다. 그런 사람이 사실은 일본인 미나모토노 요시쓰네였다면 국제 정세가 긴박하게 돌아가는 오늘날, 일본에서 다시 영웅이 나타나 아시아를 석권하고 백인을 몰아내어 세계적 규모의 제국을 세우지 않을까? 이러한 생각이 당시 일본인들의 마음을 흔들었다.

이 책이 출판되기 10년 전에 해당하는 1914년에는 제1차 세계대전이 시작되었고, 그 이듬해에 일본은 중국 정부에 21개조 요구를 내밀었다. 1918년에는 시베리아 출병이 시작되었고, 일본은 대륙으로 진출하려는 야망을 품었다. 그러한 가운데 무력으로 아시아를 제압하는 영웅 이야기가 요구되었음은 쉽게 알 수 있다. 이는 인근 지역을 정복하는 영웅이라는 에도시대 내내 말해져온 이야기의 연장선상에 있었다. 다만 예전의 공상적인 꿈 이야기와는 달리 오야베의 요시쓰네 칭기스 칸설은 눈앞의 국제 정세와 부즉불리(不卽

不離)인 것이며, 현실의 싸움에 대한 열정을 불러일으키는 이야기였다. 이처럼 요시쓰네의 이야기는 근세부터 근대에 걸쳐 '무국' 일본의 영웅이 인근 여러 지역을 정복하는 이야기로 성장·발전을 계속하여 지식인부터 일반 서민까지 일본 국민 전체에 영향을 계속해서 끼쳤다. 그리고 요시쓰네의 이야기뿐만 아니라 많은 통속 문예나 예능이 일본은 '무국'이라고 국민들로 하여금 믿게 만드는 역할을 수행했다. 표류민 오토키치의 '무국' 의식에는 이렇게 해서 만들어진 국민 상식이 깔려 있다고 봐야 하지 않을까?

제2절
막말유신기의 '무국'론

요시다 쇼인의 '무국' 의식

요시쓰네 이야기가 근세에서 근대로 전개되는 과정을 따라가는 사이 시대를 건너뛰어 다이쇼 후반까지 와 버렸는데, 다시 시간을 거슬러 올라가고자 한다. '무국'론의 근세에서 근대로의 접속을 고찰하기 위해서는 우선 막말유신기에 대하여 살펴보자.

    메이지 유신(明治維新)에 영향력을 지녔던 사상가라고 하면 먼저 요시다 쇼인(吉田松陰, 1830~1859)을 들어야 할 것이다. 요시다 쇼인도 일종의 '무국'론자였다. 그것이 최초로 나타나는 것은 가에이 5년(1852) 6, 7월 무렵에 집필된 것으로 보이는 「구루하라 료조(来原良三)에게 답하는 글」(『요시다 쇼인 전집〈吉田松陰全集〉』에서는 『시문습유(詩文拾遺)』에 수록됨)일 것이다. 그 글에 따르면, 전해 겨울에 출발한 도호쿠(東北) 여행 중에 미토에서 아이자와 세이시사이, 도요다 히코지로

(豊田彦二郎) 등과 담화를 나눌 기회를 얻은 쇼인은 역사를 배울 필요성을 통감하고 육국사(六國史:『일본서기』부터 『일본삼대실록』까지 6개의 관찬(官撰) 국사)를 읽었다. 그리고 옛 '성천자(聖天子)'가 '만이(蠻夷)'를 복속시켜 온 역사야말로 '황국이 황국다운 까닭'이라며 감탄했다고 한다. 이 글에서 일본 국가의 시원을 '황조(皇朝)는 무로써 나라를 세웠다'고 파악하고 있는 점은 아이자와 세이시사이의 『신론』「국체·중」이 '천조'(일본)가 무로써 나라를 세웠다고 서술한 것(제3장 제2절 참조)의 영향을 받았을 것이다. 일찍이 한반도에 지배권을 갖고 있던 일본이 점차 약체화했다고 보는 역사관도 『신론』과 유사하다.

이 글은 그 후의 일본이 신라나 몽골의 침략은 물리쳤지만 주변 지역에 무위를 떨치지는 못했다는 관점이다. 고대와 같은 무위를 잃어버렸다고 보는 것으로, 역시 '무'의 하강사관이다. 그러나 그중에 예외적으로 높이 평가받는 것이 히데요시의 조선 출병이다. 쇼인은 히데요시를 찬미하고 그 세력은 실로 옛 위세를 회복할 정도였지만 히데요시가 죽고 '대업(大業)'이 이어지지 않았던 것은 애석해 할 만하다고 보았다. 주변 지역에 무위를 떨치는 일이야말로 일본 본래의 모습이라 생각하고, 히데요시는 그 모습을 되찾을 뻔했지만 도중에 죽고 말았기 때문에 좌절했다고 보는 것이다. 실제로는 조선 출병은 히데요시의 죽음으로 좌절되었던 것이 아니라 애초에 참담한 실패였지만, 그럼에도 불구하고 그 후에는 명예로운 역사로 이야기되었다. 이는 제3장 제1절에서 살펴본 대로인데, 쇼인의 눈에는 인근 여러 나라들을 복종시키려 한 일이 '무국' 본래 면목을 되찾고자 한 쾌거로 비친 것이다. 그렇지만 그러한 쾌거는 히데요시에게 그렇게 보였을 뿐이고 이후의 일본은 완전히 쇠퇴하여 최근에는 일본열도로 몰려오는 서양 열강에 대해서도 제대로 대응하지 못하였고, '국위의 쇠퇴는 지금까지 있어 본 적 없는 바이다'라고 쇼인은 한탄했다.

「급무책일칙」의 위기의식

이듬해인 가에이 6년(1853)에 쓴 「급무책일칙(急務策一則)」에서도 첫머리에 '황조는 무로써 기틀을 세우고', '사방의 수많은 오랑캐들'을 복속시켜 온 것이 일본의 '국체'였지만, '중세' 이래로 '무신'이 권력을 빼앗아 나라가 혼란해졌다고 했다. 원래는 조정이 직접 군사를 통괄하고 있었는데 무가 정권이 생기면서부터는 군웅이 할거하게 되고 결국 국가의 군사력이 약해졌다고 보는 역사관은 아이자와 세이시사이의 『신론』과 유사하다.

최근에는 '구구한 해적'에 의해 업신여김을 당하고 있다, 이는 도대체 무슨 일이냐며 분노했다. '구구하다'는 보잘것없다, 하찮다는 뜻이다. '해적'이란 같은해 6월에 우라가로 내항한 미국의 페리나 7월에 나가사키로 내항한 러시아의 푸탸틴을 가리킨다. 이런 자들에게 업신여김을 당한 것은 '개벽 이래 미증유의 국욕(國辱)'이며, '황국에서 태어난 자'는 어떻게 해서든 '황조의 무를 옛날대로 되돌리는 일'을 생각해야 한다는 것이다. 이처럼 요시다 쇼인의 '무국' 의식은 예전의 일본을 강력한 '무국'이었다고 상상하는 한편, 현실의 일본은 그러한 '옛날'의 모습과는 대조적인 매우 약한 나라가 되고 말았다는 위기의식으로 연결되고 있는 점이 특징적이다. 일본이 '무국'이라고 해서 이국의 배 따위 '단 한 방에 격퇴해 버려라'라는 식으로는 말하지 않는다. 그것이 용이하지 않음을 쇼인은 잘 알고 있었던 것이다.

「급무책일칙」은 우선 오사카(大阪)에서 기이국(紀伊國: 지금의 와카야마현)까지와 와카사국(若狹國: 지금의 후쿠이현)의 해안선 방비를 굳게 하고 긴키(近畿) 지방을 외국에게 빼앗기지 않도록 하며, 그런 다음 전국의 방비를 완비해 나가면 '해적'을 응징할 수 있다. 그렇게 하면 '황도(皇道)'를 밝히고 '국체'를 세우며 '황조의 무'를 '옛날대로 되돌릴' 수 있을 것이라고 끝을 맺고 있다. 이는 일종의 방책으로서 집필된 것이므로 끝 부분은 밝은 전망을 제시한 것처럼 보이기도 하지만 실제로는 이 글을 쓴 시점에도 쇼인은 그다지 낙관적이지 않았을 터이다.

이 글을 쓴 이듬해인 가에이 7년(안세이 원년, 1854) 3월, 쇼인은 미국으로 밀항을 기도했다가 실패한다. 다시 일본으로 와서 이즈의 시모다(下田)에 정박해 있던 페리 함대의 파워탠(Powhatan)호에, 쇼인은 야음을 틈타 작은 배를 타고 접근하여 "이 배에 동승하여 미국으로 가고 싶다"고 요청했다. 그러나 거절당하고 시모다에서 자수하여 투옥되었던 것이다. 전해에는 페리의 배를 '구구한 해적'이라 불렀던 쇼인이었지만 '무국' 일본의 본래 면목을 되찾기 위해서는 그 '해적'에게 탄원해서라도 미국으로 건너가 그 군사력을 배워야 한다고 결심할 정도로 그 위기의식은 강했다.

'무국'이라는 의식을 가진 자들 중에서도 '일본은 지금도 강하니까 이국 따위는 당장 격퇴해라'라고 생각하는 자도 있는가 하면, '예전의 강한 일본을 되찾기 위해서는 이국으로부터도 배워야 한다'고 생각하는 자도 있었던 것이다.

『유수록』의 역사관

밀항에 실패하고 투옥된 쇼인은 그해(안세이 원년(1854)) 늦가을에 에도에서 하기(萩)의 노야마옥(野山獄)으로 옮겨져 그곳에서 『유수록(幽囚錄)』을 썼다. 밀항 실패에 이른 경위를 설명하면서 그 배경으로 일본이 처한 상황과 외교사에 대하여 서술한 것이다.

그 책에서도 쇼인은 다음과 같이 적었다.

고대에 '신성(神聖: 천황)'은 늘 웅대한 계략을 갖고 '삼한'을 부리며 '에미시'를 '개간'하셨다. 원래 '사이'를 통괄하고 '팔황(八荒: 나라의 팔방의 먼 끝)'을 병탄하려고 하는 뜻이 있었다.

일본은 옛날부터 인근 민족을 정복하고 세계를 제패하려고 해왔다는 역사관인 것이다. '삼한' 운운하는 것은 진구 황후 설화 등을 의식한 것이리라. 『유수록』에서는 그 밖에도 『일본서기』에 보이는 한반도 관계 기사를 많이 채택하고 있으며, 『일본서기』를 신뢰하는 한 이러한 역사관이 형성되는 것도 당연한 일이라 생각되는 부분이 있다.

그러나 '에미시'의 '개간'에 대해서는 근거가 되는 기사를 『유수록』 안에서는 좀처럼 발견할 수 없다. '에미시'를 언급한 기사로서는 게이코 천황(景行天皇) 조(條)의 야마토타케루 동정, 오진 천황 3년조의 '동에미시(東蝦夷)' 조공, 고교쿠 천황(皇極天皇) 원년조의 '고시(越)의 에미시가 내부(內附)'한 일이 기록된 것뿐이며, 그 기사들은 『일본서기』에 대응하지만 모두 '에미시'의 '개간'을 보여주는 기사라고 하기는 어렵다. 아마도 홋카이도 통치가 문제시되고 있던 정세에 이끌려 『일본서기』 기사로부터 상상을 부풀린 것이리라. 쇼인의 경우 '아메노누보코', '구와시호코치타루노쿠니' 같은 '무국'의 신화적 기원에는 흥미를 보이지 않는 것 같지만, 역사서를 자의적으로 해석하려고 하는 자세가 있는 점은 부정할 수 없다. 그 결과 역사를 창작하려고 하는 것처럼 보이는 경우도 있는 것이다.

『유수록』과 근대 일본

『유수록』의 내용은 이어진다. 이제는 증기선으로 원양 항해가 용이해진 시대가 되었으므로 일본의 상황은 미국, 러시아, 오스트리아 등, 더 나아가서는 유럽 여러 나라들을 시야에 넣고 논해야 한다고 주장한다. 그러한 정세 하에 다가오는 타국으로부터 이 나라를 지키려고 한다면, 혹은 예전의 웅대한 나라를 되찾고자 한다면, 군비를 충실히 하고 인근 여러 지역을 정복해야 한다고 쇼인은 서술한다.

이제 당장 군비를 충실히 하고, 군함과 대포가 완비되면 우선은 홋카이도를 개간하여 여러 다이묘들을 이주시키고 틈을 타서 캄차카나 오호츠크를 빼앗고, 류큐를 타일러 국내의 여러 다이묘와 같은 입장으로 만들고, 조선을 공격하여 고대와 같이 조공시키며, 북으로는 만주 땅을 점령하고 남으로는 대만과 필리핀의 여러 섬들을 우리 것으로 삼아, 점차 진취적인 기세를 보여야 한다. 그런 다음 백성을 사랑하고 사(士)를 양성하며 변경을 단단히 지킨다면 나라를 잘 보전할 수 있을 것이다.

쇼인의 의식으로서는 이는 어디까지나 국방, 방위의 문제다. 그러나 동서고금의 침략 전쟁이 주관적 혹은 명목적으로는 자주 방위 전쟁으로서 일어났음은 잘 알려진 사실이며, 이 대책이 실행에 옮겨지면 객관적으로는 침략전쟁에 해당한다. 그리고 실제로 그 대책이 메이지 유신을 짊어진 그의 제자들이나 그 제자의 후배들에 의해 실행에 옮겨지게 되었음은 말할 것도 없다. 다만 쇼인이 꼭 이와 같은 대책을 계속 주장했다고 볼 수는 없다. 그가 노야마옥을 나와 쇼카손주쿠(松下村塾)를 개창한 뒤, 안세이 5년(1858)에 쓴 「대책일도(對策一道)」(『무오유실문고(戊午幽室文稿)』 하(下))에서는 다음과 같이 서술했다.

무릇 일본 백성은 신분에 관계 없이 추천·발탁하여 '군수(軍帥)', '박사(舶司)'로 삼아 큰 함선을 건조하여 해전을 익히고 일본 근해를 항해하여 바다에 익숙해지고 나서, 조선과 만주, 청국으

로 진출하고 혹은 광동(廣東)·자카르타·희망봉·오스트레일리아 등에 관(館)을 설치하여 장사(將士)를 배치하며 각지의 정보를 모으고 또 교역을 해야 한다. 이는 대략 3년이면 가능할 것이다. 그런 다음 캘리포니아를 방문하여 화친조약을 맺는 것이 마땅하다.

쇼인은 주장은 인근 여러 지역을 당장 군사력으로 정복하자는 것이 아니고, 평화적인 정보 수집과 교역에 중점을 둔 대책이다. 쇼인 자신으로서도 당장 취해야 할 구체적 대책에 대해서는 시기에 따라 주장이 변동되기도 하였다. 그리고 무엇보다 쇼인의 사상 속 깊숙한 곳에 고대에 위엄을 떨친 '황조의 무'를 '옛날대로 되돌린다'고 하는 발상이 있었음은 주의해야 한다. 근대 일본이 취한 정책도 때에 따라 변동은 있으면서도 근본적인 발상으로서는 어딘가에 쇼인과 같은 '무국'론적 관념을 계속 간직하였으리라 여겨지기 때문이다.

존황 지사 히라노 구니오미

막말 인물을 한 명 더 살펴보고자 한다. 히라노 구니오미(平野國臣, 1828~1864)는 요시다 쇼인과 동시대 인물로 역시 아이자와 세이시사이의 『신론』에 감화된 존황양이 지사였다. 후쿠오카번(福岡藩) 번사였지만 안세이 5년(1858)에 탈번(脫藩)하여 상경하였고 사이고

---

95 무사가 자신이 소속된 번을 탈출하는 일을 말한다. 이렇게 번을 떠나 소속을 포기하는 무사

다카모리(西鄉隆盛) 등과 친분이 있었다. 존황양이파로서 각지에서 활동하였고 분큐(文久) 3년(1863)에는 덴추구미(天誅組)에 호응하여 거병을 계획했지만 완수하지 못하고 붙잡혀 이듬해 신센구미(新撰組)에 의해 처형되었다. 그런 히라노 구니오미가 붙잡히기 전 해인 분큐 2년(1862)에 저술한 짧은 글이 『정구설(征寇說)』이다. 이 책은 '뜻이나 계책이 크지 않으면 큰 성과는 거둘 수 없다. 존황양이의 지사들도 눈앞의 해방(海防)을 논하기만 해서는 안 된다'고 하며 역사를 회고한다. 먼저 상대(上代)를 돌아보면 진구 황후나 사이메이 천황(齊明天皇) 처럼 여성도 외국을 정벌했다(사이메이 천황은 한반도에 백제 구원군을 파견했다). 그것이 '신주의 황풍(皇風)'이었다고 한다. 그러나 그 후로 그것은 쇠퇴했다. 히라노는 말한다.

> 후세에 부처를 믿고 신을 소홀히 하며, 문예를 숭상하고 무의 일을 천하게 여기며, '모적세과(矛滴細戈)의 국체'가 상실되고 말았다. 그로 인해 왕실은 마침내 쇠락하고 병권은 신하에게 돌아갔으며 조정과 막부가 병립하여 존엄이 둘로 나뉘고 말아 천조의 쇠약함은 나날이 더욱 더 극에 달하였던 것이다.

'모적세과'란 무엇인가? '모적'이란 '아메노누보코'에서 떨어지는 물, '세과'는 '구와시호코치타루노쿠니'를 가리킨다. 제3장 제2절에서 지겹도록 보아왔던 '무국'의 신화적 기원이며, 이러한 생략 표현

를 낭인(浪人, 일본어 발음은 로닌)이라 부른다.

으로도 의미가 통할 정도로 이 말이 일반화되어 있었음을 알 수 있다. 히라노 구니오미도 역시 '무국'의 신화적 기원을 일본의 원점에 두고 있었던 것이다. 일본은 본래 '무국'이었는데 불교를 신봉하고 문예를 숭상하였기 때문에 쇠퇴했다는 역사관도 제3장에서 이미 나온 '무'의 하강사관이다. 황실에 대한 존숭이 쇠퇴하고 '병권이 신하에게 돌아갔다'는 점을 쇠약해짐의 원인으로 보는 사고방식은 앞서 다룬 요시다 쇼인의 「급무책일칙」에서도 찾아볼 수 있다(유사한 내용은 요시다 쇼인 『무교전서강록〈武敎全書講錄〉』의 「언어응대〈言語應對〉」 항목에도 보인다). 그리고 『정구설』은 '도쿠가와씨에 이르러 평화를 칭하며 3백 년이 지나려 하고 있다. 그런 가운데 사람들은 안락한 생활에 익숙해져 무가는 교만해지고 국체는 점차 약해지고 말았다'고 서술했다. 에도의 태평함에 의한 '무'의 약체화라는 지적은 아이자와 세이시사이의 『신론』과도 통하며 또한 소박한 실제 감각에서 비롯된 것이기도 하다.

'무국'론과 메이지 유신

막말의 위기는 이처럼 내셔널리즘을 동반하여 '무국'론을 불러일으켰다. 서양 열강에 대항하는 '무'가 요구되었던 것인데, 그 현실적 방책으로서 서양의 나라들처럼 최신 무기와 그에 맞는 전술을 정비하는 일이 필요해진 건 요시다 쇼인에 관해서도 살펴본 대로이다. 히라노 구니오미로서도 '무기나 전술만으로는 안 될 것이고, 싸움을 뒷받침하는 정신적인 근거로서 일본이 "무국"이라는 역사

인식이 필요하다'라고 생각했다. 그러한 의미에서 '무국'을 강조하는 시각은 요시다 쇼인보다도 히라노 구니오미 쪽이 더 두드러진다고 할 수 있겠다. 『정구설』에서는 다음과 같이 이야기된다.

3천만 여 일본 국민은 일치단결하여 외국의 침략에 대비해야 한다. 그리고 2천 년 전 옛날로 돌아가 사해 만국을 다니며 먼 외국도 '위협하여 복속'시키고 온 세계에 '황위'를 빛내야 한다. 그리고 나서 굳게 나라를 잠그고 영원히 침략에 대한 방비를 잊지 않도록 한다. 그래야 비로소 외국에 의한 침략을 막을 수 있다.

외국의 침략을 막으려면 단지 지키고 있기만 해서는 안 된다. 한 차례 전세계에 일본의 강함을 보여주는 것이 필요하며, 그 후에 다시 한 번 쇄국(鎖國)하면 된다는 것이다. 그때 일본의 강함을 보여주는 것을 '2천 년 전의 옛날로 돌아가'는 일로 설정한데 주목해야 한다. 국방을 위해 '황조의 무를 옛날처럼 되돌리는 일'을 목표로 한 요시다 쇼인과 맥락상 똑같다고 할 수 있다. 히라노 구니오미는 사상가도 교육자도 아니고 요시다 쇼인과 비교하면 다음 세대에 대한 영향력은 적었던 것으로 보인다. 하지만 메이지 유신을 이룩한 사람들은 히라노의 동지들이었다. 물론 그들은 얼마 지나지 않아 양이론을 깨끗이 포기하고 서양 문명의 도입에 매진하게 되지만, 그들이 젊은 시절에 『정구론』과 같은 발상을 공유하였음을 잊어서는 안 될 것이다. 요시다 쇼인과 히라노 구니오미의 저작에서 공유되고 있는 역사관은 메이지 신정부를 이끈 정치가들에게도 어느 정도 공유되었다고 보는 것이 타당하다. 그리고 그것은 아마도 역사관에만 한정되는 문제는 아닐 것이다. 역사관은 어느 시대에나 현실적인 방침을 근본으로 규정되었기 때문이다.

제3절
'무국'론과 '군국' 일본

군제 개혁과 『군인칙유』

메이지 신정부는 군제 개혁을 급속하게 추진했다. 메이지 4년(1871)에는 사쓰마·조슈(長州)·도사(土佐) 세 번에서 모은 합계 1만 명의 병사로 중앙 직할군을 편성하였고, 이듬해인 메이지 5년(1872)에는 육군성과 해군성을 설치하였으며 메이지 6년(1873)에는 징병령을 제정했다. 이렇게 해서 창출한 새 국가의 군대는 메이지 10년(1877)에는 세이난 전쟁(西南戰爭)에서 사쓰마의 사족(士族)들을 격파하게 되었다. 이러한 무력을 여러 번의 무사 계급에 의존하는 체제에서 전국을 통괄하는 국민개병(國民皆兵)의 군대 제도로의 전환은 서양식 군제를 도입한 것인데, 한편으로는 백성이 모두 병사가 되어 칙명을 받들어 싸운다는 아이자와 세이시사이의 이상이 실현된 것이었다.

세이난 전쟁 이전에 메이지 7년(1874)에는 대만 출병(당시 호칭은 '정대의 역〈征臺の役〉'), 메이지 8년(1875)에는 강화도 사건이 있었다. 애초에 사이고 다카모리가 하야하게 된 계기는 정한론(征韓論)의 좌절 때문이었다. 요시다 쇼인이 그랬던 것처럼 인근 지역으로의 진출에 대한 방향성은 일찍부터 나타나고 있었다. 그러한 가운데 메이지 15년(1882) 1월 4일, 군인을 대상으로 메이지 천황의 칙유(勅諭)가 내려졌다. 이른바 『군인칙유(軍人勅諭)』다. 그 초안은 야마가타 아리토모(山縣有朋)의 명을 받아 니시 아마네(西周)가 초안을 작성한 것이지만, 야마가타 아리토모는 내용을 수정하도록 손을 썼고 그 뜻을 받들은 후쿠치 겐이치로(福地源一郎: 호는 오치〈櫻痴〉)가 문장을 많이 고쳤다. 더 나아가 이노우에 고와시(井上毅), 미노와 준(箕輪醇) 등도 수정에 관여했다고 한다(우메타니 노보루〈梅溪昇〉). 『군인칙유』는 '일본의 군대는 대대로 천황께서 통솔하시는 바이다'로 시작하는 전문(前文)과 '군인은 충절을 다하는 것을 본분으로 삼아야 한다', '군인은 예의 바르게 행동해야 한다', '군인은 무용을 숭상해야 한다', '군인은 신의를 중시해야 한다', '군인은 질소(質素)함을 으뜸으로 여겨야 한다'는 문장들로 각각 시작하는 5개조로 구성되어 있다. 그 전문(前文)에 해당하는 부분에서는 일찍이 진무 천황으로 시작하는 고대 병제에서는 '천황이 몸소 군대를 이끄시는 제도'로 '병권을 신하에게 위임하신 일'은 없었지만, '중세에 이르러' '당국풍(唐國風)'의 제도를 도입한 결과 '조정의 정무도 점차 문약에 빠져' 마침내 '병마(兵馬)의 권(權)'은 '무사들의 동량인 자에게 돌아갔'다고 서술하고 있다.

266

『군인칙유』의 역사관

이와 같은 『군인칙유』의 역사관은 제3장 제2절에서 살펴보았던 근세의 '무국'론과 기본적으로 같다. 특히 아이자와 세이시사이의 『신론』이 「국체·중」 장에서 예전에는 천황이 '천신(天神)'의 명을 받아 병사를 이끌었는데, 그 체제가 무너져 가마쿠라 막부나 무로마치 막부가 '병권'을 통솔한 바 '호족·대성(大姓)'이 각지에서 할거하여 국가가 약해졌다는 역사관에 가깝다고 할 수 있다. 게다가 요시다 쇼인의 「급무책일칙」이 '중세 이래 무신이 권력을 훔치고, 황도가 밝지 않으며 국체가 서지 않았다'는 식으로 서술하며 히라노 구니오미의 『정구설』이 일본의 쇠약함을 '왕실은 끝내 쇠퇴하고 병권은 신하에게 돌아갔다' 운운하며 묘사하고 있는 점 등과 자구(字句) 수준으로도 겹친다.

'병권'을 '신하에게 위임하는' 일에 대한 경계는 『군인칙유』가 쓰인 상황으로 보면 자유민권운동(自由民權運動)이 고양되는 가운데 군대를 의회로부터 분리하여 천황이 친히 통솔하는 군을 창출하려고 한 기획에서 나온 것으로 보인다. 그러한 사고방식은 근본적으로는 '무국'론적인 역사관에 의해 뒷받침되었다고 해석해도 좋을 것이다.

우메타니 노보루에 따르면 『군인칙유』의 초안을 작성한 니시 아마네는 근대적·합리적 사상을 보유하고 있었는데, 니시의 초안으로 만족하지 못한 야마가타 아리토모와 후쿠치 겐이치로가 절대주의적인 국체관·천황관을 담은 것으로 여겨진다. 하지만 전문에 보이는 것 같은 근세부터 이어진 '무국'적 역사관은 니시가 작성한 초고인 「칙유고(勅諭稿)」 단계에도 기본적으로는 같은 내용이 적혀 있다(유사한 표현은 메이지5년 <1872>에 이미 보인다).

옛날에는 천황이 친정(親征)하지 않는 경우에도 황후나 황태자가 대신 군을 이끌었으며 결코 '병권'을 신하에게 위양(委讓)하지 않았지만, 중고(中古) 이래로 남을 모방하는 바가 있어 '위사(衛士)나 사키모리(防人) 제도'가 생겨나 병사를 모으게 되었고, 나아가서는 병권이 신하에게 옮겨가 완전히 무신의 손에 떨어지기에 이르렀다. (우메타니의 탈초에 의한 「칙유고」 본문을 바탕으로 요약)

니시 아마네는 서양의 학문을 일본에 도입하였고 일본 근대철학의 원조와 같은 존재이다('철학'이라는 번역어 자체도 니시가 창시한 것이라 한다). 야마가타 아리토모 등에 비해 상대적으로는 근대적·합리적인 사상을 지녔음은 틀림없을 것이다. 그러나 그런 니시에게도 '무국'론적인 역사관은 공유되었다고 보아야 하지 않을까?

『칙유연의』와 '무국' 신화

『군인칙유』를 이해하는 데 있어 중요한 것이 그 주석서인 『칙유연의(勅諭衍義)』이다. 『군인칙유』가 내려진 이듬해(메이지 16년〈1883〉)에 출판된 것이다. 저자인 곤도 마코토(近藤眞琴)는 도바번(鳥羽藩)의 번사 출신 양학자(洋學者)로 해군 일등교관으로 근무하였고 메이지

19년(1886)에 사망했다고 한다.『무사도전서(武士道全書)』제1권 해설
에서는 '칙유의 해석으로서는 이보다 나은 것은 아마도 없을 것이
다'라고 했다. 그 내용은『군인칙유』그 자체의 정신을 부연한 것으
로 보아도 될 것이다.

　『칙유연의』는『군인칙유』의 문장 하나하나마다 자세한 주석
을 달았는데, 먼저 전문 첫머리의 '일본의 군대는 대대로 천황께서
통솔하신 바이다'에 대해서는 '대일본사에 이르기를'이라며 '이자
나기노 미코토, 이자나미노 미코토가 누보코를 들고 야시마를 획
정하시어 상무의 형상이 나타났다'고 하며, 이어서 천손강림 때 보
검을 전한 일로 인해 '상무의 도'가 명확해졌고, 진무 천황이 여러
나라를 평정하고 즉위한 일로 인해 '상무의 가르침'이 정해졌다고
보았다. 일본이 '상무'의 나라인 까닭을 신화로써 설파하는 것이다.
'대일본사에 이르기를'이라고 되어 있는 것은 미토번에서 만들어진
『대일본사』권350 병지(兵志) 제1의 문장을 인용한 것이다. '야시마
를 획정하시어'라고 한 것은 누보코의 창끝에서 떨어지는 바닷물
이 굳어져 오노고로섬이 생겨났다는 본래의『일본서기』서술과는
미묘하게 다른데, 이는『대일본사』에 의거하였기 때문이다. 여하
튼 아메노누보코에 의해 '상무의 형상'이 분명해졌다는 것은 제3장
제2절에서 살펴본 '무국' 신화와 궤를 같이 하는 것이라 해도 될 것
이다.『군인칙유』의 맨 처음 문장의 주석은 이처럼 근세에 활발히
논의된 '아메노누보코' 신화로부터 시작하는 것이다. 그리고 '군인
은 무용을 숭상해야 한다'로 시작하는 제3조의 문장 '무릇 무용은
일본에서는 예로부터 매우 중시한 바이므로 일본의 신민된 자는

무용 없이는 안 될 것이다'에 대한 주석에서는 다음과 같이 서술되었다.

> 일본이 상무를 국시(國是)로 삼고 있음은 개략을 맨처음에 서술한 그대로이다(앞의 전문 첫머리 주석을 받은 서술일 것이다 – 인용자 주). 우리나라는 일명 '구와시호코치타루노쿠니'라고도 하며 백성의 풍속은 예로부터 의(義)를 숭상하고 일에 임해서는 몸을 돌아보지 않으며 용감함을 다투어 왔다. 오늘날에 이르러서도 명예를 중시하고 부끄러움을 알며 '용결과감(勇決果敢)'하니 도망치려하는 마음이 조금도 없는 것을 '야마토다마시(大和魂)[96]'라고 하는 것이다.

역시 '아메노누보코'론을 받아서 '구와시호코치타루노쿠니' 서술이 전개된다. 근대 일본의 군제는 서양의 군사 기술을 들여온 것이기는 했지만 그것을 지탱하고 있던 정신은 근세에 만들어진 신화를 포함한 '무국'론이었다고 해도 될 것이다. 덧붙이자면 '야마토다마시'는 헤이안시대에는 학문다운 학문(한재(漢才))에 대하여 실무 능력이나 배려하는 능력 등을 가리키는 단어로, 오히려 '여자마음[女ごころ]'에 가깝다고도 이야기된다(사이토 쇼지〈齋藤正二〉). 그것이 목숨을 아끼지 않는 용감함과 같은 의미로 사용되기에 이른 것도 에도시대 후기의 일로 보인다. 『칙유연의』는 그와 같은 에도

---

96 야마토는 일본의 다른 명칭이며, 다마시는 혼, 정신을 뜻한다. 즉, 야마토다마시는 일본인들의 고유한 정신을 의미하는 말이다.

시대, 특히 에도시대 후기의 '무국'론적인 언설을 흡수하여 작성된 것이다.『군인칙유』자체에 대해서도 완전히 같은 이야기를 할 수 있겠다.

근대 '무사도'론과 '무국'론

'아메노누보코', '구와시호코치타루노쿠니'의 '무국' 신화가『군인칙유』,『칙유연의』의 세계에서도 중요한 위치를 차지하고 있었음을 살펴보았다. 서양의 군사 이론을 도입하여 편성된 근대 군대가 실은 '무국'론적인 역사관에 의해 뒷받침되고 있었던 것인데, 이는 군대만의 문제가 아니었다. 역사학이나 철학 같은 국가의 근간을 규정하는 학문에서도 서양의 인문과학을 체계적으로 도입해 나가는 가운데 '무국' 신화는 계속 살아 있었다. 그것이 현저하게 나타나는 것은 이른바 '무사도'론의 영역이다. '무사도'에 대해서는 제2장 제3절에서『갑양군감』등에 나오는 이 단어가 공가적인 '문'과 대치되는 조야하고 살벌한 남자 냄새 나는 '도'의 표현이었음을 살펴보았다. 또 제3장 제3절에서는 근세 유학과의 관계에 대하여 다루었다. 중세의 끄트머리에 탄생했다고 여겨지는 '무사도'는 근세에는 그다지 많이 사용되는 단어는 아니지만 중세의 거친 전투 정신을 나타내는 말로서 유교적인 '사도'와 때로는 절충하고 때로는 서로 반발하면서 살아남은 듯하다. 그러한 가운데 '무사도'라는 말이 표현하고 있는 것은 주로 무사다운 용맹한 행위나 명예에 집착하는 행동 등을 의미하며, 도덕이나 사상이라 할 정도의 것은 아니었다. 다만 19세기에는 용례 수도 늘어나고 윤리·도덕과도 연관된 단어로서 일반화해 나가는 양상이 엿보인다(이에 관해서는 사에키 신이치, 『전장의 정신사』 및 「'무사도' 연구의 현재」 참조).

　이러한 흐름을 따라서 메이지시대 후기에는 도덕을 의미하는 말로 새롭게 다시 태어난 '무사도'론이 유행하기 시작한다. '무사도'가 일본인 전체에 잘 알려진 도덕적 개념이 되어 가는 것은 20세기의 일이다. 그 가운데 오늘날 유명한 것은 니토베 이나조(新渡戶稻造)의 『BUSHIDO, THE SOUL OF JAPAN』(나중에 일본어로 번역되어 『무사도(武士道)』라는 제목이 붙었다)일 것이다. 필자도 전작인 『전장의 정신사』에서는 니토베를 중요한 예로 들었다. 이는 '속임수를 써서 죽이기[たまし討ち]'를 테마로 한 전작에서 '무사도'라는 말을 '페어 플레이'라는 개념과 결부시켰다는 점에서 니토베가 중요했기 때문이다. 그러나 전작에서도 서술하였듯이 20세기 전반에 크게 유행했던 '무사도'론 중에서 니토베는 특수한 위치에 있었고 거의 고립되어 있었다고 해도 과언이 아니다. 니토베가 지향한 것은 일본 문화에는 서양과 상통하는 바가 있음을 드러내는 것이고, 서양의 고전 속에서 발견할 수 있는 일화와 유사한 사례를 일본이나 동양의 역사에서 찾아내는 형태로 서술이 이루어진다.

　니토베는 미국에서 영어로 이 책을 썼는데, 독자층으로 삼은 대상은 유럽과 미국 사람들이었다. 동양문화에 대한 이해가 아직 매우 빈곤했던 서양인에 대하여 서양문화와 동일한 것이 동양에도 있고, 특히 일본의 '무사도'는 유럽 사람들이 자랑하는 '기사도'와 같은 것이라고 설파한 것이다. 하지만 그와 같은 관점에서 '무사도'

를 논한 것은 거의 니토베뿐이며, 그 밖의 엄청난 수에 달하는 '무사도'론은 '무국'론의 계보를 잇는 내셔널리즘의 산물이라고 해도 된다. 요컨대 '무사도'란 '무국'인 일본인 특유의 정신이라고 주장하는 것이 근대 '무사도'론의 주류였던 것이다. 오늘날에는 그러한 사정은 잊혀지기 쉽고 '무사도'론이라고 하면 니토베만 알려져 있지만, 이는 주류파의 '무사도'론이 패전 후에 군국주의와 함께 버려졌기 때문이다.

아다치 리쓰엔의 『무사도 발달사』

니토베 이나조의 『BUSHIDO, THE SOUL OF JAPAN』이 미국에서 간행된 것은 메이지 32년(1899)의 일이었던 것 같다(간행연도는 사쿠라이 오손〈櫻井鷗村〉이 번역하여 메이지 41년〈1908〉에 간행된 데이비〈丁未〉출판사판『무사도』에 대한 자서〈自序〉에 의한다. 1900년 간행으로 보는 경우도 많다).

일본에서는 그 전해인 메이지 31년(1898) 2월에 잡지 『무사도』가 대일본무술강습회(大日本武術講習會)에서 간행되었고, 같은해 5월에 4호까지 나온 것이 확인 가능하다. 또 메이지 32년(1899)에는 미카미 레이지(三神禮次)[97]의 『일본 무사도(日本武士道)』가 시게노 야스쓰구(重野安繹)의 서문과 야마오카 뎃슈(山岡鐵舟)의 사진을 책 첫머리에 내걸고 간행되었다('판매처'는 미카미 가이운도〈三神開雲堂〉)[98]. 그리고 2년 뒤인 메이지 34년(1901) 6월에는 아다치 리쓰엔(足立栗園)

---

97 원문에서는 미카미를 '三上'이라고 표기했지만 『일본 무사도』 책의 표기에 따라 '三神'으로 고쳤다.

98 가이운(開雲)은 미카미 레이지의 호(號)이다.

의 『무사도 발달사(武士道發達史)』가 이노우에 데쓰지로(井上哲次郎)의 서문을 달고 세키젠칸(積善館)에서 간행되었고, 같은해 7월에는 이노우에 데쓰지로의 『무사도』가 병사잡지사(兵事雜誌社)에서 간행되었다.

'무사도'론은 이 무렵부터 왕성해지는 것이다. 청일전쟁(1894~1895)에서 승리를 거둔 요인으로 '무사도'가 자주 거론되었던 점이나 메이지 20년(1887) 무렵부터 나타난 반유럽화주의의 흐름이 본격화된 것을 그 이유로 들 수 있겠다. '무사도'가 이 무렵부터 급속히 유행하기 시작했다는 점은 '무사도'론 서적 중 하나인 기요하라 사다오(淸原貞雄)의 『무사도사 십강(武士道史十講)』(메구로쇼텐〈目黑書店〉, 1927)에도 기록된 그대로이다.

그런 책들 중에서 여기서는 일단 아다치 리쓰엔의 『무사도 발달사』에 주목하고자 한다. 이 책은 아마도 사상 처음으로 '무사도'를 역사적으로 증명하려고 한 책일 것이다. 저자인 아다치 리쓰엔은 이 무렵부터 왕성한 저작 활동을 시작하여 쇼와(昭和) 연간 전기까지 윤리학, 청소년 도덕, 근세사상, 국방론, 해사사(海事史) 등의 분야에서 매우 많은 책을 지은 인물이다.

이 책은 첫머리에 '무사도는 일본 민족 상무의 기상에 연원(淵源)을 둔 것으로 일본에서 특이한 점이다'로 시작하는 이노우에 데쓰지로의 서문을 배치했다. 니토베 같은 보편주의와는 대조적으로 '무사도'는 '상무의 기상'을 지닌 '일본 민족' 고유의 것이라는 『칙유연의』의 첫머리와도 비슷한 주장이다. 저자인 아다치 자신의 저술은 '서언(緒言): 무사도란 무엇인가'로 시작된다. 거기에는 '무사도'의 역사가 다음과 같이 개괄되었다.

> '무사도'라는 이름이 붙은 도는 근세가 되어서 생겨난 것이 틀림없다. 고래로 조금씩 키워져 온 '여러 덕'이 근세가 되어 부흥하고, 문교의 힘으로 훌륭한 것이 되었던 것이리라. 우리 국민은 에도시대 초기에 다시 태어난 것처럼 전대의 미덕을 부흥시킨 것이다. (요약)

'다시 태어났다', '부흥'이란 표현을 사용한다고는 해도 아다치 리쓰엔이 '무사도라는 이름이 붙은 도는 근세가 되어서야 생겨났다'고 단언하는 점은 흥미롭다. 실제로 '무사도'라는 말이 사용되기에 이른 것은 중세 극말기 이후, 거의 근세의 일이다.

『무사도 발달사』와 '무국' 신화

하지만 그렇다면 아다치 자신은 일본인이 고래로 '상무'의 기상을 지닌다는 '무국'론과는 연관이 없을까? 그렇지는 않다. 앞의 내용에 이어지는 문장은 다음과 같다.

> 그 경과를 짚어 보면 우리 국민의 충효심(忠孝心)은 원래 '상대의 무부(武夫), 즉 천손인종'에게 거의 고유한 것이고, 그것이 '인대(人代)'가 되어서도 계속된 것이었지만, 그 충효 사상들은 유교

---

99 신대(神代)에 대응하는 표현으로 진무 천황 이후 인황(人皇)이 다스리는 시대를 가리킨다.

등의 힘으로 한층 더 국민의 뇌리에 스며들었고 그로 인해 국민 개병이 되었고······ *(이하 생략)*

'무사도'는 근세에 생겨났다고 단언한 다음에 완전히 전환하여, 그것은 신대 시대부터 존재한 '충효심'이 '인대'에 이어져 온 것이라고 주장한다.

'서언'에 이어지는 제1장은 '구와시호코치타루노쿠니'라는 제목으로 다음과 같이 시작한다.

무사도의 본질을 알고자 생각하면 다 제쳐두고 우리 일본국이 고래로 무용의 나라였음을 먼저 알아두어야 한다. 일본은 저 옛날에 '구와시호코치타루노쿠니'라 칭했다. 이는 병기가 충분히 갖추어진 나라라는 의미로 황송하게도 이자나기노 미코토께서 이름붙이셨다고 한다. *(중략)* 옛날 신대 때부터 우리나라는 무용으로 세계 만국보다 뛰어났음을 알 수 있다.

요컨대 아다치는 '무사도'라는 도덕의 성립 그 자체는 근세로 보면서도 그 본질을 이루는 '무용'의 정신은 신대까지 거슬러 올라간다고 서술한 것이다. '무사도'의 기원을 근세라고 보면 이는 외국 문화인 유교의 영향에 의해 생겨난 것이 되어버릴 수도 있다. 그렇다면 '천손인종'에서 유래하는 '일본 민족' 고유의 '상무의 기상'을 논하였던 이노우에 데쓰지로의 서문과는 모순되고 만다. '무용'의 기원은 저 먼 옛날에 두고 근세에는 그 정신이 '부흥'한 것이라고 논함에 따라 그 모순은 어찌어찌 회피되고 있다. 그렇기는 하나 신대 이래의 '충효심'과 '무용'이 전쟁이 많이 일어난 고대·중세 동안 계속 복류(伏流)하고 평화로운 근세가 되어 갑자기 '무사도'로 부흥했다는 전망도 역시 이해하기 쉽지 않다. 아마도 실제로는 거의 근세에 시작된 단어인 '무사도'에 대하여 논하면서 '무'의 기원을 신대에서 찾는 근세 '무국'론의 전통을 받아들였기 때문에 이러한 무리가 발생하는 것이다.

여하튼 근대 '무사도'론도 근세 '무국' 신화의 영향을 받았음을 확인할 수 있다.

이노우에 데쓰지로의 『무사도』

『무사도 발달사』에 서문을 쓴 이노우에 데쓰지로(1855~1944)는 도쿄대학 철학과 제1회 졸업생으로 독일에서 유학한 뒤 일본인으로는 처음으로 도쿄제국대학 철학과 교수가 된 철학계의 거물이다. 도야마 마사카즈(外山正一), 야타베 료키치(矢田部良吉)와 함께 『신체시초(新體詩抄)』를 낸 것으로도 유명하며, 또한 도덕교육 등 교육관련 발언도 많이 했다. 『교육칙어(教育勅語)』의 주석인 『칙어연의(勅語衍義)』(메이지 23년〈1890〉 간행)를 쓴 것으로도 유명하다. 도쿄대학 이외에도 많은 대학에서 가르쳤고 귀족원 의원 등도 역임했다.

이노우에는 '무사도'론에도 열심이었다. 『무사도 발달사』보다 1개월 늦게, 메이지 34년(1901) 7월에 자신의 저서 『무사도』를 간행한다(병사잡지사). 그렇다고 해도 이는 강화체(講話體) 소책자(4×6판, 총 65

이노우에 데쓰지로(『이노우에 데쓰지로 자전〈井上哲次郎自傳〉』에서)

쪽)에 지나지 않지만, 이노우에는 그 후 메이지 38년(1905)에는 '무사도' 관련 전적을 모은 『무사도총서』 전 3권을 아리마 스케마사(有馬祐政)와 공편(共編)으로 하쿠분칸(博文館)에서 간행한다. '무국'론적인 근대 '무사도'론을 주도한 것은 분명 이노우에 데쓰지로이다.

이노우에의 『무사도』는 '무사도는 태고로부터 있었다고 해도 결코 지장이 없다고 생각합니다'라고 서술하면서도 '무사도가 크게 발달한 것은 가마쿠라시대의 일임에 틀림없습니다'라고도 적는다. 게다가 '그래서 점점 가마쿠라시대 때부터 (중략) 도쿠가와씨의 시대에 이르러 크게 발달한 것은 의심할 여지가 없는 듯합니다'라고도 한다. 이래서는 고대·중세·근세 중 어디에 중점을 두는 것인지 알 수 없지만, 이노우에도 아다치 리쓰엔과 마찬가지로 실제로는 근세에 중점을 두고 '무사도'를 생각한 듯하다. 왜냐하면 전체 65쪽 중에서 15쪽 후반부터 51쪽 전반까지의 총 36쪽, 전체의 절반 이상을 할애하여 야마가 소코를 '무사도의 조사(祖師)'로 칭찬하고 있기 때문이다. 아다치에게 보이는 것 같은 모순은 이노우에의 모순이기도 했다. 아니다. 이노우에 데쓰지로야말로 근대 '무사도'론의 모순을 체현(體現)하는 존재다. 이노우에는 『국민도덕개론(國民道德概論)』(산세이도〈三省堂〉, 메이지 45년〈1912〉)에서 '국민도덕'이란 국민이 무의식적으로, 자연스럽게 발전시켜 온 도덕이라고 강조한다. 그것은 '신도'이고 '무사도'이며, 조상 숭배이자 가족제도였다고 이노우에는 주장했다. 그렇기 때문에 '무사도'도 외국의 영향을 받기 이전부터 일본인이 갖고 있던 것이어야 한다. 거기서 근세 '무국'론과 부합되는 점을 발견하는 것은 손쉬운 일이다. 근세 '무국'론의 기조는 불교나 유교 등이 전래됨에 따라 훼손되어 버린 일본인 본래의 정신을 되찾으라는 주장이었다. 이노우에의 경우, 유교나 불교에 대하여 반드시 부정적이지는 않지만, '무사도' 등을 일본인이 독자적으로 자연스레 창출한 도덕으로 설정하기 위해서는 그 기원은 불교나 유교 전래 이전이어야 한다. 이노우에 데쓰지로의 경우 그러한 '국민도덕'에 바탕을 두고 '국민교육'이 이루어져야 한다고 주장한 점에 주의해야 한다. 이노우에는 철학자·윤리학자임과 동시에 실천적인 도덕교육에 종사하는 교육자이기도 했다. 그의 도덕론은 교육론과 불가분의 관계에 있었다.

앞 절까지에서 살펴본 근세 '무국'론은 그 나름의 확산을 보여주고 있으며, 서민들 중에도 일본을 '무국'이라고 믿는 자들이 있었던 것도 맞다. 그렇지만 '국민'에게 조직적으로 철저히 교육되는 식의 것이 아니었고, 모두가 같은 생각을 갖고 있는 것도 아니었다. 내셔널리즘의 입장을 취하는 자들이 꼭 '무국'론자라고 할 수 없는 점도 모토오리 노리나가 등과 관련하여 앞 장에서 살펴보았다.

그러나 근대국가는 '국민'에게 조직적으로 균일한 교육을 시행하고, 같은 사상을 공유하는 '국민'을 육성한다. 일본인이 '무국'이라는 자의식을 갖기 시작한 16세기 말부터 3백 년 정도를 거쳐 '무국'은 마침내 완성된 것인지도 모른다. 아니다. 그것이 완성되었을 때에는 일본은 이미 '무국'이 아니라 '군국'이었다고 해야 할까?

시게노 야스쓰구의 '무사도'론

이노우에 데쓰지로와 비슷한 시기에 '아메노누보코' 등의 신화를 기점으로 둔 '무사도'론이 논의되고 있었음은 마쓰모토 아이주(松本愛重)의 「무사도 이야기[武士道の話]」(잡지 『천칙〈天則〉』 4권 5호, 메이지 24년〈1891〉 11월. 『현대대가무사도논총〈現代大家武士道論叢〉』에 재수록), 같은 저자의 「무사도」(『국사논찬〈國史論纂〉』, 고쿠가쿠인〈國學院〉, 메이지 36년〈1903〉) 등에서도 확인된다. 같은 문장은 다른 데서도 발견할 수 있을 것이다. 하지만 여기서는 시게노 야스쓰구, 구사카 히로시(日下寬)의 『일본 무사도』에 주목하고자 한다. 메이지 42년(1909), 다이슈도(大修堂)에서 간행된 책이다. 통사의 형태로 저술된 이 책의 '제1편 무사도의 본원(本原) 제1장 건국의 정신'은 다음과 같이 시작된다.

> 일본의 무사도는 멀리 그 연원을 찾아보면 그 단서는 이미 신대에 발생하였고, 건국과 함께 일어난 것이다. 이자나기·이자나미 두 신이 아메노누보코를 가지고 오야시마를 개벽하신 것을 시작으로 하여 아마테라스 오미카미가 보검을 삼종신기 중 하나로 추가하신 것처럼 (중략 – 오나무치, 스이닌 천황〈垂仁天皇〉, 세이무 천황〈成務天皇〉의 사례 등을 열거함) 이들은 모두 무로 나라의 기틀을 삼고 국민 상무의 기상을 양성해 온 것들이다.

근세 '무국'론의 전통이 여기서도 충실히 계승되고 있음이 분명하다. 이 책에 주목하려는 것은 저자가 시게노 야스쓰구(1827~1910)

시게노 야스쓰구(『일본 무사도』에서)

이기 때문이다. 다만 아마도 실제로 집필한 것은 공저자인 구사카 히로시였을 가능성이 크다. 구사카 히로시도 메이지시대 후반부터 다이쇼 연간에 걸쳐 일본중세사나 한문학 등에서 많은 저술을 남긴 인물이었다. 그러나 일본사학을 대표하는 노대가(老大家)였던 시게노 야스쓰구만큼의 무게감은 없었고, 시게노는 감수적인 입장이었을 것이다. 그러나 그렇다고는 해도 시게노가 공저자로서 이름을 내건 책의 첫머리가 이렇게 시작하고 있는 것이다. 시게노 야스쓰구는 근대 일본사학의 아버지로도 불릴 만한 인물이다. 메이지 15년(1882)부터 편찬이 시작된 『대일본편년사(大日本編年史)』는 오늘날에도 간행되고 있는 『대일본사료(大日本史料)』의 전신인데 이를 만들기 시작한 것이 시게노 야스쓰구였다. 시게노는 사료 비판을 존중하는 엄밀한 실증주의자로 유명하며, 고지마 다카노리(兒島高德) 비실재설 등으로 인해 사료의 고증보다도 역사로부터 교훈을 이끌어내는 것을 중시하는 사람들로부터 거센 공격을 받아 '말살박사(抹殺博士)' 같은 별명을 얻었다. 그런 시게노가 한편으로는 이와 같은 책을 내고 있었다. 시게노 자신이 단독으로 쓴 논문 「무사도는 모노노베·오토모 두 씨족에서 시작하고 법률 정치는 후지와라씨에 의해 이루어지다[武士道は物部大伴二氏に興り法律政治は藤原氏に成る]」(『현대대가무사도논총』에 수록됨)에서는 제목 그대로 '무사도'의 기원을 상대의 모노노베(物部)·오토모(大伴) 두 씨족으로 보고 있다. 거기서는 신화에 대해서는 언급하지 않지만 시게노의 논점으로서는 '무사도'의 기원이 오래되었다는 것이 중요했다. 시게노는 다음과 같이 말했다.

무사도라는 단어는 가마쿠라시대 이후 많이 사용되기에 이르렀다. 그러나 무사도라는 것은 '일본의 국체'라고 보아도 될 정도인 것이므로 결코 겐페이 이후에 시작된 것은 아니다. 원래부터 '세상 사람들'도 무사도라는 것을 겐페이 이후에 나타났다고 생각하는 사람은 거의 없을 것이다.

역시 '무사도'의 상대 기원을 논하고 있는 것인데, 이를 '일본의 국체'라고까지 말하고 있는 것은 주목할 만한다. 일본은 상대로부터 '무사도'를 '국체'로 삼는 나라였다는 것이다. 시게노는 실증주의 역사가로서 유명한 반면 국가주의자이자 '무국'론자이기도 했다(이 시대의 지식인으로서는 딱히 특이한 일은 아니다). 예를 들면 시게노도 이노우에 데쓰지로보다 조금 늦게 『교육칙어』의 주석 『교육칙어연의』(메이지 25년〈1892〉 간행)를 저술했다. 그것은 '일단 위급한 일이 있으면 의와 용기를 공(公)에 바치며' 항목에 『군인칙유』 전문을 인용하여 군인정신과 국민도덕의 일치를 설파하는 등 『교육칙어』의 성격을 『군인칙유』에 접근시킨 것으로 평가된다(우메타니 노보루). 그 시대의 뛰어난 지식인이 현대의 관점에서 보면 기이하고 뒤틀린 '무국'론자라는 사례는 근세부터 근대에 이르기까지 많다. 여하튼 철학의 이노우에 데쓰지로, 역사학의 시게노 야스쓰구 같은 각각의 학문을 대표하는 대가가 이처럼 일본은 본래 '무'의 나라라고 주장하고 있었던 것이다.

쇼와의 역사학과 '무사도'론

이와 같은 상황은 다이쇼·쇼와 시기에도 이어졌다. 하시모토 미노루(橋本實)의 『무사도의 사적 연구(武士道の史的研究)』(유잔카쿠〈雄山閣〉, 쇼와 9년〈1934〉)는 당시의 '무사도'론을 다음 네 가지 설로 정리하고 있다.

제1설: 무사도는 건국 당초부터 존재한다.
제2설: 무사도의 성립은 무사 발흥 이후의 일이지만 그 원류는 멀리 건국 정신에 있다.
제3설: 무사도는 순전히 무사의 발흥 이후에 성립했다.
제4설: 무사도는 메이지시대가 되어 비로소 나타났다.

제1설이란 요컨대 무사가 나타나기 이전부터 '무사도' 정신이 존재하고 있었다는 불가사의한 설이며, 제2설도 하시모토가 '제1설과 동교이곡(同巧異曲, '巧'자는 원문 그대로)'이라고 하는 것처럼 제1설을 부드럽게 만든 것에 지나지 않는다. 하지만 이와 같은 '학설'이 학계의 1인자라고 할 만한 인물에 의해 설파되고 있었던 점은 앞서 살펴본 대로다(하시모토도 제1설의 주창자로서 '역사가'로는 시게노 야스쓰구, '윤리학자'로는 이노우에 데쓰지로의 이름을, 그 밖에 '윤리학자'로서 후카사쿠 야스후미〈深作安文〉, '신도가'로서 다나카 요시토〈田中義能〉 등의 이름을 들고 있다).

하시모토 자신은 제3설의 입장에서 시게노나 이노우에 등등의 설을 비판한다. 그 비판은 지극히 정당하다. 예를 들면 오토모노

야카모치(大伴家持)의 와카 중 '바다로 가면 물에 잠긴 시체, 산으로 가면 풀이 자라는 시체[海ゆかば 水漬くかばね 山ゆかば 草むすかばね]'가 천황에 대한 충의를 노래하고 있는 데 반해 요리토모 시대의 무사들의 충의는 종자의 주군에 대한 것이며, 양자는 서로 다르다고 생각해야 한다는 등의 비판은 너무나도 당연한 것이다. 그렇지 않으면 조큐의 난에서 고토바원이 패배하여 유배당하거나 남조가 멸망의 길로 내몰리거나 하는 일도 없었을 것이 아닌가?

또 제1설과 제2설의 논자가 '야마토다마시'와 '무사도'를 명확한 정의를 하지 않은 채 혼동하고 있다는 비판도 아주 정당하다 하겠다(앞서 서술하였듯이 애초에 '야마토다마시'를 애국심이나 충의와 동일시하는 것 자체가 실은 새로운 용법인 것이지만). 게다가 이러한 혼동의 선례를 근세의 '병학자'들 사이에서 발견할 수 있다는 지적은 필자가 본서에서 이야기하는 '무국'론의 문제에 대한 선구적인 업적으로서 주목된다.

하시모토 미노루는 이 책 이후에도 중세사 등의 분야에서 여러 권의 저작을 남겼다. 이처럼 시게노 야스쓰구나 이노우에 데쓰지로 같은 대권위자의 논설을 비판하는 논자가 학문의 세계에는 존재하였던 것이다. 이 점은 이 시대의 일본인의 명예를 위하여 확인해 두고자 한다. 다만 그것이 아마도 학문의 세계 안에 머물렀고 세간에는 일반적으로 시게노나 이노우에 같은 '무국'론이 압도적인 힘을 지녔다고 보아야 한다.

전시 하의 '무국'론

쇼와 16년(1941) 12월 19일, 진주만 공격으로부터 11일 뒤에 일본 육군은 홍콩에 상륙했다. 쓰지타 마사노리(辻田眞佐憲)가 지적하듯이 대본영은 그 전과(戰果)를 다음과 같이 발표했다.

제국 현지 육해군 최고 지휘관은 '조국(肇國)의 무사도 정신'에 바탕을 두고 홍콩 총독에 대하여 2회에 걸쳐 항복을 권고하였지만 완미(頑迷)한 적은 이를 거절하였으므로 하는 수 없이 단호하게 철퇴 같은 타격을 가하기로 결정했다.

쓰지타는 중세에서 유래하는 '무사도'에 '나라의 시작'을 의미하는 '조국'이라는 말을 사용하는 것은 과잉 수식이라는 의문을 제기했다. 합당한 의문이기는 하지만 앞서 보았듯이 당시 '무사도'는 '건국 당초'부터 존재했다는 것이 유력한 '학설'이었던 이상 그 점에 관한 한 대본영만이 이상하다고 할 일은 아닐 것이다. 그로부터 1주일 남짓 지나 『요미우리 신문(讀賣新聞)』의 같은 해 12월 28일자 조간에는 이노우에 데쓰지로가 '미·영에 신의 채찍: 우리의 대승은 "청명심(淸明心)"에 있다'는 제목으로 홍콩 상륙을 평하는 글을 기고했다. 그 글의 시작은 다음과 같다.

우리 일본은 타국과 상당히 다른 특색을 보유하며, 신대로부터 그것이 잘 나타나 있다. 일본은 분명 도덕적인 국가다. 그것이

신대에 이미 잘 나타나 있고, 그때 이래로 그 정신이 발달하여
오늘날에 이르는 것이다.

　일본에는 예로부터 '청명심'이 있고, '무사도'도 그로 인해 발달
해 왔다. 한편, 미국·영국은 '검고 더러운 마음'으로 세계를 정복하
려고 해왔다. 이번에 홍콩이 함락된 것은 미·영이 저지른 악행의
인과응보이며, 일본은 그들을 쳐부셔야 하는 책임이 크다. 또 일본
에 노기(乃木) 장군이나 도고(東鄕) 원수 같은 명장이 나타나 정말
강한 군대를 보유하고 있는 점도 미국과는 다른 전통에 의한 것이
라고 강조했다.

　그 이듬해인 쇼와 17년(1942)부터 이노우에 데쓰지로는 『무사도
전서』를 지다이샤(時代社)에서 간행했다. 메이지 38년(1905)에 간행
한 『무사도총서』전 3권을 대폭 증보하여 별권을 포함해 전체 13권
으로 만든 것이다. 종이를 비롯한 자원이 모자라게 되어 출판사업
이 다양한 제약을 받는 가운데 이 총서는 쇼와 19년(1944) 4월에 별
권을 내며 당당히 완결을 지었다. 사에키 아리요시(佐伯有義), 우에
키 나오이치로(植木直一郎), 이노베 시게오(井野邊茂雄)를 편자로 두고
이미 90세에 가까웠던 이노우에는 감수자가 되었는데, 그 제1권에
실은 서문에는 다음과 같은 구절이 있다.

100　노기 마레스케(乃木希典, 1849~1912)를 가리킨다. 일본의 육군 군인으로, 러일전쟁에서 뤼순
　　　공방전을 지휘한 것으로 유명하며 메이지 천황이 사망하자 그 뒤를 따라 순사(殉死)했다.

101　도코 헤이하치로(東鄕平八郎, 1848~1934)를 가리킨다. 일본의 해군 군인으로, 러일전쟁에
　　　서 연합함대군사령관으로 참전하여 쓰시마 인근 해역에서 러시아의의 발틱함대를 상대로
　　　대승을 거두었다.

사람에 따라서는 무사도는 가마쿠라시대부터 시작된 것이라고 말한다. 이런 생각이 안팎의 사람들에게 있다. 그러나 이는 매우 잘못된 것으로 무사도는 신대로부터 발생하여 온 것이며, 진무 천황 이래로 점차 발달을 이룩한 것으로, 이미 『고사기』, 『일본서기』에 무사도에 관한 내용은 다양하게 보일 뿐만 아니라 『만엽집』에는 웅대한 무사도의 정신을 노래한 명품 걸작도 있다. (이하 생략)

일찍이 이노우에 자신이 지은 『무사도』 등에 비해 논지는 다소 변화하였고, 문체도 냉정함을 잃은 것은 나이 탓일까, 시국 탓일까? 어느 쪽이든 이 시기 일본의 병적인 열광을 상징하는 듯이 느끼는 것은 필자뿐일까?

'군국'의 국민 도덕

여기서 화제는 맨처음으로 돌아간다. 제1장 제1절에서 언급한 『착한 아이』는 쇼와 16년(1941) 2월에 발행된 교과서였다. 바로 이 시기에 사용된 것이다. 그 '일본, 좋은 나라, 맑은 나라', '일본, 좋은 나라, 강한 나라'라는 말은 이노우에 데쓰지로가 말하는 '청명심', 맑고 밝으며 또 동시에 '무사도'의 강함을 지닌 나라라는 이미지의 표현이라고 해도 될 것이다. 그리고 그것은 '신대로부터 발생하여 온 것'이다. 온 세계에서 일본만이 그러한 특별한 역사를 갖고 있는 '신의 나라'이며, '세계에 빛나는 위대한 나라'라는 것이다.

고대부터 일본인이 자의식으로 삼고 있던 '신국' 의식은 이와 같은 형태로 '무국' 의식, 그리고 자국 우월의식이나 천황 숭배와 일체화하여 일본 역사상 하나의 특수한 시기를 창출했다. '무국' 의식은 16세기 말 무렵부터 보이게 되었지만, 그것이 천황 숭배와 결부되는 것은 주로 19세기의 후기 미토학 등 존황양이의 사조 속에서 일어났다고 해야 할 것이다. 그리고 20세기 전반에는 그러한 의식이 '국민도덕'으로 일본 전국을 물들이게 된다. 이는 내용적으로도 에도시대의 '무국'론과 많은 점이 다르지만, 문제는 이 교과서에서 보이는 것처럼 그러한 사상이 학교 교육을 통하여 모든 일본인들에게 어릴 적부터 조직적으로 주입된다는 점이다. 그로 인해 일본은 '무국'이라기보다도 '군국'으로 변했다. 그러나 이런 시기는 매우 짧았다. 근세 '무국'론을 계승한 근대 '무사도'론이 유행하기 시작한 1890년대 후반부터 패전한 1945년까지는 딱 50년 정도다. 국민 전체가 '군국'의 백성이었던 것은 그 시기에 국한된 일이라고 해도 되지 않을까? 그리고 『착한 아이』가 교과서로 사용된 기간은 겨우 5년도 되지 않는다. 그렇다고는 해도 이런 나라의 형태가 패전에 의해 갑자기 붕괴하고 국가의 존재 방식이 극적으로 변화하였기 때문에 그 정리가 아직 끝나지 않은 면도 있을 것이다. 그러한 시기의 사조를 어떻게 파악할 것인지는 현대 일본인에게 있어서도 여전히 계속해서 중요한 과제라고 할 수 있지 않을까? 그 시기 일본인의 사고방식은 어떻게 해서 만들어졌는가, 또한 이전 시대로부터 무엇을 계승하고 무엇을 바꾸었는가 하는 문제는 앞으로도 숙고해야 할 과제라고 생각한다.

맺음말

'무국'론의 흐름

본서에서는 '무국'론을 중심으로 일본인의 자의식의 역사를 살펴보았다. 서술의 사정상 시대적으로 내려갔다가 되돌아갔다가 한 부분도 적지 않으므로 여기서 그 흐름을 시대순으로 간단히 되돌아보고 정리해 두겠다. 고대부터 존재한 '신국' 의식은 진구 황후 설화에서는 자국 우월의식과 결부되어 있지만, 헤이안시대부터 가마쿠라시대까지는 오히려 속산변토 의식과 한 세트가 되어 자국을 '변경의 약소국이지만 많은 신들이 있어서 늘 지켜주는 나라'라고 의식했다. 일본이 '무'에 뛰어나다는 언설은 가마쿠라시대 초기 무렵부터 보이게 된다. 그렇다고는 해도 당초에 그것은 일본의 활과 화살이 크다는 단순한 사실 인식 정도에 그쳤고, 일본의 자랑이라 할 정도의 것은 아니었다. 몽골 침략 시기의 도간 에안도 일본의 무사는 강하다는 의식을 드러냈지만 그것은 국가에게 있어 반드시 장점은 아니라는 판단을 동반했다. 전쟁을 주된 제재(題材)로 삼는 군기 모노가타리에서도 『헤이케 모노가타리』 등의 단계에서는 국가는 원래 덕에 의해 다스려져야 하는 것이고 '무'는 말세가 되어서 부득이하게 필요해졌다고 여겼다. 무사 혹은 '무'는 아직 의식상 사회의 중심에 자리잡고 있지는 않았던 것이다. 고대, 중세 일본인의 자의식은 기본적으로 '신국'이지 '무국'은 아니었다.

15세기 전반 무렵의 『요시사다 군기』는 군기 모노가타리는 아니지만 무사가 자신의 도로서 '무'를 표방한 책이다. 공가가 시가관현 등의 '문'으로 살아가는 데 반해 무사는 궁마합전의 '무'의 도로 살아가는 것으로 보았다. 현실의 무사가 늘 '문'을 배제했던 것은 아니지만 전국시대 무사 중에는 '문'을 배척하고 순수한 '무'로 살아가려고 하는 자도 있었다. 그와 같이 '문'과 대치되는 '무'는 무사 계급이 국가의 실권을 쥠에 따라 국가 수준의 자의식으로 확대된다. '문=공가' 대 '무=무사'라는 계급간의 구도가 '문국=중국' 대 '무국=일본'이라는 국가간의 구도로 치환되는 것이다. 도요토미 히데요시에게는 그러한 인식이 확인된다. 히데요시의 조선 출병은 실제로는 참담한 실패였지만 후세에는 '무국'의 '무위'를 빛낸 사건으로 이야기된다. 요시쓰네의 이야기 등도 일본인의 '무위'의 우월함을 이야기하며 '무국' 인식을 확산시켰을 것이며, 연극·예능이 서민에게 준 영향도 컸을 것이다. 또 한편으로는 일본이 '무국'이라는 근거가 신화의 개작 등을 거치며 이론적으로 정비되어 '무국' 사관이 형성된다. 에도시대에는 그렇게 해서 '무국'이라는 자의식이 일본인들 사이에 확산되었다. 그리고 에도시대 말기, 존황양이의 사조 속에서

'무국'론은 발전하였고, 그대로 근대로 계승된다. 다만 '무국'론은 에도시대에는 서민에게도 확산되었다고는 하나 모든 일본인이 '무국'을 자랑하는 듯한 의식을 가진 것은 결코 아니다. 그러나 19세기 말부터 20세기 전반에 걸쳐서는 학교 교육에 의해 '무국'론에 바탕을 둔 정신이 모든 국민에게 주입되기에 이르렀다.

전통이란 무엇인가

요컨대 '무국' 의식은 중세에 싹트고 근세를 거치며 성장하여 근대에는 국민 전체에 침투했다. 국민 전체가 그러한 의식에 완전히 물들었다고 할 수 있는 것은 19세기 말기부터 20세기 전반까지인 50년 동안 정도라고 여겨지는데, 16세기 말 무렵부터 20세기 전반까지 약 350년의 시간은 나름 긴 편이다. 일본인은 평화국가라는 자의식을 갖기 이전에 그러한 역사를 갖고 있었다. 그렇지만 일본의 역사 자체는 그보다도 훨씬 길다. '일본'이라는 국호를 사용하기 시작하고 나서 1300년 이상이 경과하고 있으며, '왜 5왕' 시대부터 헤아리면 1500년은 가볍게 넘는다. 히미코(卑彌呼)가[102] 있던 야마타이국(邪馬臺國)을 '일본'이라 부를 수 있는지는 의문이지만 만일 그 시대부터 헤아린다면 1800년에 가깝다. 그러한 긴 역사 속에서 '무국'이라는 자의식을 지니고 있던 시대는 극히 일부에 지

---

102 중국의 정사(正史) 중 하나인 진수(陳壽)의 『삼국지(三國志)』에 등장하는 왜(倭)의 여왕. 왜의 30여 소국들을 거느리는 야마타이국의 왕으로 기재되었다. 238년에 처음으로 위(魏)나라에 사신을 파견했다. 덧붙이자면 『삼국사기』 신라본기에도 그 이름이 보인다.

나지 않는다. 일본인이 자기 나라를 '무'의 나라로 생각하지 않는 시대 쪽이 훨씬 더 길었고, 헤이안시대부터 무로마치시대까지는 오히려 '무'를 부정적으로 보는 문화가 주류였다. 문화나 사람들의 의식은 부단히 변화하고 있으므로 '무국' 의식을 일본의 '변함없는 전통'으로 부를 수는 없다. 물론 일본의 역사 전체 속에서는 상대적으로 짧은 시간이라고 해도, 350년이나 계속된 것은 충분히 하나의 전통이라고 할 수 있다는 의견도 있을 것이다. 참으로 맞는 말이다. 뿐만아니라 '전통'으로 계승할 수 있는 것은 아주 먼 옛날의 문화가 아니라 우리들과 가까운 시대의 문화인 것도 분명하다. 그렇다고 한다면 20세기 후반부터 이미 70년을 넘어온 평화국가로서의 자의식도 이미 전통이라 부를 자격을 갖추었을 것이다. 문제는 오래된 역사가 아니다. 예를 들면 '신국' 의식은 일본인의 자의식으로서 오랜 역사를 갖고 있다 해도, 이제 와서 '신국' 의식을 되찾자는 일본인은 많지 않을 것이다. 물론 필자도 그럴 생각은 추호도 없다. 문제는 '전통'을 어떻게 지킬 것인가를 생각하기 이전에 '전통'이란 무엇인가를 제대로 생각할 필요가 있다는 점이다. '전통'이라 부르는 것 중에는 '먼 옛날부터 이어지고 있다' 또는 '먼 옛날에 기원을 두지만 최근에는 단절되었다'고 하면서도 사실은 새롭게 만들어진 것이 종종 섞여 있다. 그리고 또 '과거의 전통을 되돌린다'면서 행하는 일들이 사실은 과거의 문화에 대한 몰이해에 바탕을 둔 전통 파괴인 것도 드물지 않다. 존재하지도 않는 '무의 황금시대'를 먼 과거에 설정하는 '무국'론 중에서 그러한 사례가 자주 발견되며, 이는 '무국'론에 한정된 문제가 아닐 것이다. 우리들이 '전통'에 대하여 생각할 때 이런 속임수를 간파하는 힘을 지닐 필요가 있다. 그러한 힘을 가진 다음에 진심으로 그 좋은 점을 느끼며 지킬 만한 전통을 판별하여 장래에 계승해 나가는 것이 필요하다. 이를 위해서는 무엇보다도 우리들이 과거의 문화를 깊고 정확하게 이해해야 한다. 그러한 문제를 생각하는 데 본서가 만일 조금이라도 도움이 된다면 다행이겠다.

저자 후기

'속임수를 써서 죽이기'와 '무사도'를 논한 이전 저서 『전장의 정신사』(2004)에서는 니토베 이나조를 중요하게 언급하였는데, 그 문제를 살펴보다가 의외라고 느낀 점은 대부분의 근대 '무사도'론이 니토베와는 입장을 달리하는 내셔널리즘의 논리였다는 것이다. 그리고 그 논리의 근원 혹은 배경에는 일본은 본래 '무국'이라고 하는 근세부터 근대에 걸쳐 많이 보이는 주장이 존재했다. 중세까지의 일본에서는 보이지 않았던 그와 같은 주장이 근세 이후에는 그 정도로 유력했을 줄은 중세의 좁은 분야를 전공해온 필자로서는 생각도 하지 못했던 일이었다. 하지만 잘 생각해 보면 그러한 사고방식은 필자의 전문 분야인 군기 모노가타리의 이해에도 음으로 양으로 영향을 끼치고 있었다.

근세 이후의 일본인이 자국을 '무국'이라고 의식해 왔다는 문제는 마에다 쓰토무 씨 등의 연구를 제외하면 그다지 고찰의 대상이 되지 않은 것 같다. 애초에 자국의식의 통시적 연구가 현대의 세분화된 학문체계 속에서 어느 분야에 속하는지도 잘 알 수 없다. 마에다씨를 비롯한 일본사상사의 여러 연구자들과 역사·문학 분야의 많은 연구로부터 관견(管見)의 범위 안에서 배우면서 내 나름의 고찰을 이어갈 수밖에 없었다. 그러한 고찰을 형상화한 것이 졸고 「일본인의 '무'의 자의식」(와타나베 세쓰오⟨渡邊節夫⟩ 엮음, 『아오야마가쿠인대학 총합연구소총서 근대국가의 형성과 에스니시티』, 게이소쇼보⟨勁草書房⟩, 2014)이며, 이 글이 본서의 원형이 되었다. 이는 아오야마가쿠인대학(靑山學院大學) 총합연구소(總合硏究所)에서 역사학·정치사상사·영문학·불문학 등의 연구자들이 함께한 공동연구의 산물이며 본서와 같은 고찰은 그러한 학문분야를 초월한 공동연구의 장에서 비로소 형태를 갖출 수 있었다. 와타나베씨를 비롯한 공저자 분들과 총합연구소에 다시 한 번 감사 인사를 드리는 바이다.

그 후로 이 주제를 더욱 추구해야겠다는 생각이 깊어져 갔다. 그 원인 중 하나는 요즘 일본의 상황을 보고 있으면 옛날 '무국'론적인 언설과도 비슷한 안이한 자기긍정이 보이기 때문이다. 이는 단순한 과거의 문제가 아니라는 마음이 강해졌기 때문이기도 하다. 그러한 문제의식을 잘 표현할 수 있었는지는 의심스럽기는 하지만 말이다.

헤이본샤(平凡社)의 호시나 다카오(保科孝夫) 씨에게는 이 주제로 책을 쓰고 싶다는 희망사항을 제멋대로 말해놓고도 좀처럼 쓰지 못하고 민폐를 끼쳤다. 끈기 있게 기다려주신 데다 적절한 부제를 생각해 주신 호시나씨에게 진심으로 감사 인사를 드린다.

2018년 8월 1일
사에키 신이치

옮긴이 후기

일본에서 유학을 하던 시절의 일이다. 나이가 지긋한 일본인 연구자 한 사람과 대화를 나누던 중 웃어른을 앞에 두고 술을 마실 때 고개와 술잔을 옆으로 돌려 마시는 한국 풍습에 관한 이야기가 나왔다. 그러자 그 연구자는 나에게 "한국은 유교의 나라라서 과연 연장자를 존중하는 기풍이 있군요"라고 말했다. 이 말을 듣고 나는 엄청난 위화감을 느꼈다. 일본과는 달리 한국에 스승의 날이 있다는 이야기를 들어도 한국이 '유교의 나라'이기 때문에 스승을 숭상하는 것이 아니겠느냐는 말을 듣기도 했고, 어떤 사람은 한국은 유교의 나라이니까 선후배 관계도 엄격하지 않느냐고 물어오기도 했다. 일본 사람들이 생각하는 '유교의 나라'란 무엇인지 궁금하기도 하지만 설령 조선시대 이후의 한국이 '유교의 나라'로서의 측면이 있다 치더라도 그것이 한국을 대표하거나 한국의 모든 것을 설명할 수는 없지 않나? 지난 역사를 되돌아 보더라도 한반도에 있던 나라들은 순전한 유교의 나라가 아니었던 세월이 더 길지 않은가?

그런데 입장을 바꾸어 생각해 보자. 한국 사람들이 일본 하면 떠올리는 이미지로는 여러 가지가 있겠지만, 그 중에서도 일본 갑옷이나 기모노를 입고 칼 두 자루를 찬 '사무라이'의 모습이 일본의 대표적인 이미지 중 하나가 아닐까? 무사도 정신이라든가 비장한 무사의 이미지도 떠오를 것이고 다른 한편으로는 사람을 베는 냉혹하고 무자비한 폭력성도 생각날 것이다. 왜구와 임진왜란, 36년 간의 국권 피탈 등의 역사를 통해 일본의 폭력성이 강렬하게 뇌리에 남았을 한국인에게 있어 사무라이란 그러한 폭력성과 무단(武斷)을 상징하는 존재라 할 수 있다. 게다가 일본은 한국이나 중국과는 달리 막부(바쿠후)라 불리는 무사 정권이 수백 년에 걸쳐 존재해 온 나라가 아닌가? 이처럼 일본이 무력을 주축으로 하는 나라라는 인식이 널리 자리잡고 있다 보니, 선비의 나라 조선과 사무라이의 나라 일본이라는 대조는 한국 사람들에게 너무나도 익숙한 것이다.

물론 한국인만이 그러한 인식을 갖고 있는 것은 아니다. 예를 들면 유럽이나 미국에서도 일본의 무사도(Bushido)라든지 사무라이(Samurai)에 열광하는 사람들이 존재하고, 영화나 애니메이션, 게임 같은 대중 매체에서도 일본적인 요소로서 사무라이가 자주 등장한다. 니토베 이나조의 『무사도』나 루스 베네딕트의 『국화와 칼』 같은 서적을 통해 소개된 일본인의 심성, 구로사와 아키라 감독의 영화들 같은 것도 서양 사람들에게 강렬한 인상을 남겼을 것이다.

그런데 일본 하면 사무라이를 떠올리고 일본을 무사의 나라로 여기는 인식을 단순히 외국인이 갖는 선입견이나 고정관념이라고만 보기는 어렵다. 사실은 일본이라는 나라가 다른 나라에 비해 무력이 뛰어나며, 무사의 존재가 특히 두드러진다고 일본 사람들 스스로 인지하는 경향도 확인되기 때문이다. 야구 일본대표팀의 이름이 사무라이 저팬(Samurai Japan)인 것은 그 단적인 예라 할 수 있다. 무(武)의 나라, 무사의 나라라는 일본의 이미지는 어쩌면 일본인과 외국인이 공유하고 어느 한 쪽이 다른 한 쪽에게 영향을 미치면서 확산되고 양산되는 것인지도 모르겠다.

하지만 일본의 역사를 들여다 보면 일본이 처음부터 무의 나라, 무사의 나라였다고 보기가 매우 어렵다는 것을 알 수 있다. 앞서부터 이야기한 '사무라이'라는 말도 원래는 귀인을 곁에서 모시는 사람이라는 뜻을 가진 단어였고, 나중에는 지배층으로서의 무사를 대상으로 이 말이 사용되면서 무사와 동의어로 간주되기에 이른 것이다. 또 무사에게 요구되는 덕목이나 무사도 정신 역시 후대에 형성된 요소였고, 무사는 고대부터 근대에 이르기까지 계속해서 변천을 거듭한 존재였다. 이처럼 무사도 정신에 입각하여 죽음도 두려워하지 않는 용맹한 무사의 이미지가 역사적 사실과는 동떨어져 있고 일본을 '무사의 나라'라고 보기 어렵다는 점은 다카하시 마사아키(高橋昌明)가 2018년 5월에 낸 저서 『무사의 일본사(武士の日本史)』에서 상세하게 서술되어 있다. 이 책은 박영철에 의해 번역되어 2020년에 『사무라이의 역사』라는 제목으로 한국에서도 번역본이 출간되었다.

다카하시 마사아키의 『무사의 일본사』가 일본사 연구자의 입장에서 역사 서술을 통해 무사의 나라라는 허상을 벗기고 무사의 실상을 드러내려 한 책이었다면, 공교롭게도 같은 해인 2018년 10

월에 출간된 사에키 신이치의 『'무의 나라' 일본 —자국의식과 그 함정(「武國」日本—自國意識とその罠)』은 일본 중세문학을 전공한 문학 연구자의 시각으로 일본인들의 의식 속에 일본을 강한 나라, 무력이 센 나라로 보는 생각이 언제 어떻게 자리잡게 되는지를 살펴보는 책이다. 사에키 신이치는 『헤이케 모노가타리』를 비롯한 군기 (軍記) 문학작품을 주된 연구 대상으로 삼았고, 그 작품들 속에 등장하는 무사들과 그들이 벌이는 전투의 묘사와 서술이야말로 연구의 핵심 소재였다. 그러한 연구의 성과들을 바탕으로 중세 무사들의 행동과 정신이 오늘날 '무사도'의 이름으로 이야기되는 이상적인 무사의 이미지와는 사뭇 달랐음을 알 수 있다. 나아가 무와 무사에 대한 일본 사람들의 인식이 고대에는 결코 두드러지지 않았고, 무는 일본이라는 국가에서 처음부터 큰 비중을 차지하는 요소가 아니었음을 확인하게 된다. 책의 제목 속 '무의 나라'에 작은 따옴표(원제는 홑낫표)가 쳐져 있는 것도 단순히 〈일본=무의 나라〉라는 등식을 확인함이 아니라 '무의 나라'가 어느 시점엔가 창출되고 육성되는 의식으로서 결코 일본의 대명사처럼 쓰일 말이 아님을 분명히 하기 위해서가 아닐까?

이 책은 일본이 처음부터 무사의 나라, 무력이 강한 나라가 아니었고 그러한 자국 인식이 역사의 흐름 속에서 생겨나고 또 변화해 온 것임을 알게 해 준다. 저자는 일본 사람들을 독자로 상정하여 집필하였겠지만, 이 책을 읽는 한국 사람들도 일본에 대한 고정관념과 굳어진 이미지를 상대화하고 일본을 복합적이고 다면적으로 바라보게 되리라 생각한다. 마치 한국의 역사와 사회를 '유교의 나라'라고 단편적으로 이해하지 않도록 하는 것처럼 말이다. 역사적 과정을 통해 형성된 일본 사회를 보다 잘 이해하게 되면 한국과 일본이 서로간의 관계를 개선하고 공존해 나가는 데도 도움이 될 것이다.

한편 이 책은 일본을 연구 대상으로 다루는 연구자들에게도 중요한 화두를 제시해 준다. 저자는 일본 중세문학을 전공하였지만 이 책이 다루는 시대 범위는 고대부터 근현대에까지 이르고 있다. 남기학은 논문 「가마쿠라시대(鎌倉時代)의 '무위(武威)'에 관한 논의에 붙여서 ― 가마쿠라시대 '무위'론의 현황과 쟁점」(『일본역사연구』 58, 2022)의 첫머리에 사에키 신이치의 '주목할 만한 저서'로서 이 책을 소개했다. 먼저 일본이 자국을 무의 나라라고 자부하고 규정하는 의식은 12세기 후반에 전국적인 내란을 겪은 시점부터 싹트기 시작하여 16세기 말 무렵에 성장하여 20세기 전반에 정점에 달했다는 책의 대략적인 내용을 정리한 뒤, 무사의 위세 내지 무력에 의한 위압의 의미를 지니는 '무위'라는 주제가 중세·근세를 아우르는 넓은 관점에서 전체적으로 조명되어야 함을 지적했다. 그는 또 다른 논문 「일본 중세 후기의 군기(軍記)에 보이는 '무위'의 제상(諸相)」(『동양사학연구』 156, 2023)에서도 이 책이 근세의 '무국' 의식에 초점을 맞추고 일본인의 '무'의 자의식이 전개되는 양상을 통시적으로 검토한다고 평했다. 박수철도 이 책을 인용하며 일본이 16세기 말 무렵 '무국'으로 자기를 규정하기 시작했다는 저자의 주장에 대체로 동의를 표하는 한편, 『요시사다 군기』 이후 무가 세력의 자의식이 히데요시 시기에 이르러 국가 차원의 무국으로 전환하는 과정이 고찰되지 않았음을 지적하며 오다 노부나가 시기의 '무국' 관련 개념에 주목하고 있다. (박수철, 「16세기 일본인의 자국 인식과 '무국(武國)'」, 김병준·고일홍 엮음, 『아시아를 상상하다 — 닫힘과 열림』, 진인진, 2023)

아무쪼록 이 책이 특정 시대사나 세분화된 학술 분야의 경계를 뛰어넘어 여러 시대에 걸쳐 통시적으로 일본을 탐구하는 활동으로 이어지기를 기대한다.

2024년 3월
김현경

참고문헌

별표(*)는 본문 중에 저자 이름을 인용한 것이며, 그 외에는 인용을 명시하지는 않았지만 중요한 참고문헌으로 삼은 것이다. 장마다 저자 이름 오십음 순으로 열거했다.[103]

제1장

新井孝重, 『戦争の日本史7 蒙古襲来』, 吉川弘文館, 2007

池内敏, 『大君外交と武威─近世日本の国際秩序と朝鮮観』, 名古屋大学出版会, 2006

鍛代敏雄, 『神国論の系譜』, 法蔵館, 2006

金時徳(김시덕), 『異国征伐戦記の世界─韓半島·琉球列島·蝦夷地』, 笠間書院, 2010 → 김시덕, 『일본의 대외 전쟁: 16~19세기 일본 문헌에 나타난 전쟁 정당화 논리』, 열린책들, 2016

*佐伯真一, 「神功皇后説話の屈折点」, 『日本文学』 2018.1

*佐藤弘夫, 『神国日本』, ちくま新書, 2006 → 사토 히로오 지음, 성해준 옮김, 『신국 일본』, 논형, 2014

杉山正明, 「モンゴル時代のアフロ·ユーラシアと日本」, 近藤成一 編, 『日本の時代史9 モンゴルの襲来』, 吉川弘文館, 2003

直木孝次郎, 『日本古代の氏族と天皇』, 塙書房, 1964

*南基鶴(남기학), 『蒙古襲来と鎌倉幕府』, 臨川書店, 1996

村井章介, 『アジアのなかの中世日本』, 校倉書房, 1988

제2장

*池内敏, 『大君外交と武威─近世日本の国際秩序と朝鮮観』, 名古屋大学出版会, 2006

石川元助, 『毒矢の文化』, 紀伊國屋新書, 1963

*今井正之助, 『『太平記秘伝理尽鈔』研究』, 汲古書院, 2012

*小川剛生, 『武士はなぜ歌を詠むか─鎌倉将軍から戦国大名まで』, 角川学芸出版, 2008

---

103 한국 저자의 경우, 일본어 저자 이름 옆에 괄호를 열고 한글 표기를 추가했다. 아울러 문헌 중에 한국어 번역본이 있는 것은 옆에 화살표를 긋고 소개했다.

近藤好和,『中世的武具の成立と武士』, 吉川弘文館, 2000

*佐伯真一,『戦場の精神史』, 日本放送出版協会, 2004 → 사에키 신이치 지음, 김병두 옮김,『무사도는 없다』, 리빙북스, 2011

*佐伯真一,「「兵の道」・「弓箭の道」考」, 武久堅 編,『中世軍記の展望台』, 和泉書院, 2006

*酒井憲二,『甲陽軍鑑大成』, 汲古書院, 1994;「甲陽軍鑑の伝写に見る中近世移行期の語詞」,『国語と国文学』 2003.2

*佐倉由泰,『軍記物語の機構』, 汲古書院, 2011.2

*鈴木登美恵,「「太平記」の功名譚―「赤松世系覚書」をめぐって」, お茶の水女子大学『国文』 49, 1978.9

*高橋昌明,『武士の成立 武士像の創出』, 東京大学出版会, 1999

永積安明,『軍記物語の世界』, 朝日新聞社, 1978

*萩谷朴,『松浦宮全注釈』, 若草書房, 1997

*樋口芳麻呂,『新編日本古典文学全集 松浦宮物語・無名草子』, 小学館, 1999

*W・マクニール 著, 高橋均 訳,『戦争の世界史』, 刀水書房, 2002 → 윌리엄 맥닐 지음, 신미원 옮김,『전쟁의 세계사』, 이산, 2005

제3장

*朝尾直弘,『将軍権力の創出』, 岩波書店, 1994;『朝尾直弘著作集 五』, 岩波書店, 2004

*阿部一彦,『『太閤記』とその周辺』, 和泉書院, 1997

李元植(이원식),『朝鮮通信使の研究』, 思文閣出版, 1997

北島万次,『豊臣秀吉の朝鮮侵略』, 吉川弘文館, 1995 → 기타지마 만지 지음, 김유성・이민웅 옮김,『도요토미 히데요시의 조선 침략』, 경인문화사, 2008

*金時徳(김시덕),『異国征伐戦記の世界―韓半島・琉球列島・蝦夷地』, 笠間書院, 2010 → 김시덕,『일본의 대외 전쟁: 16~19세기 일본 문헌에 나타난 전쟁 정당화 논리』, 열린책들, 2016

*鈴木彰,「再編される十六世紀の戦場体験―島津氏由緒との関わりから」,『文学』 2012.9;「泗川の戦いにおける奇瑞の演出―島津氏を護る狐のこと」,『国文学研究』 169, 2013.3;「『征韓録』から『征韓武録』へ―読みかえられる泗川の戦いと狐出現の奇瑞」,『アジア遊学 161「偽」なるものの「射程」』, 勉誠出版, 2013

*平重道,『吉川神道の基礎的研究』, 吉川弘文館, 1966;『近世日本思想史研究』, 吉川弘文館, 1969

玉懸博之,「素行歴史思想の核心をなすもの―その神代観をめぐって」,『文芸研究』 137, 1994.9;「山鹿素行の歴史思想―その歴史的世界と日本歴史の像」,『日本思想史研究』

27, 1995.3

*崔官(최관),『文禄・慶長の役―文学に刻まれた戦争』, 講談社, 1994

朝鮮日々記研究会,『朝鮮日々記を読む―真宗僧が見た秀吉の朝鮮侵略』, 法蔵館, 2000

中野等,『戦争の日本史16 文禄・慶長の役』, 吉川弘文館, 2008

*前田勉,「近世日本の「武国」観念」,『日本思想史 その普遍と特殊』, ぺりかん社, 1997;
『兵学と朱子学・蘭学・国学』, 平凡社選書, 2006

*森本あんり,『反知性主義―アメリカが生んだ「熱病」の正体』, 新潮社, 2015 → 모리
모토 안리 지음, 강혜정 옮김,『반지성주의: 미국이 낳은 열병의 정체』, 세종서적,
2016

*柳沢昌紀,「『太閤記』朝鮮陣関連記事の虚構―日付改変の様相をめぐって」,『近世文学』
65, 1997.1

제4장

池内敏,『大君外交と武威―近世日本の国際秩序と朝鮮観』, 名古屋大学出版会, 2006

岩崎克己,『義経入夷渡満説書誌』, 非売品, 1943

*梅溪昇,『軍人勅諭成立史―天皇制国家観の成立〈上〉』, 青史出版, 2000;『教育勅語成
立史―天皇制国家観の成立〈下〉』, 青史出版, 2000

大城実,「『異本義経記』の検討」,『軍記文学研究叢書11 曾我・義経記の世界』, 汲古書院,
1997

菊地勇夫,『幕藩体制と蝦夷地』, 雄山閣, 1984

*金田一京助,「義経入夷伝説考」;「英雄不死伝説の見地から」,『金田一京助全集 一二』,
三省堂, 1993

*斎藤正二,「「やまとだましい」の文化史」,『斎藤正二著作選集 六』, 八坂書房, 2001

*佐伯真一,『戦場の精神史』, 日本放送出版協会, 2004 → 사에키 신이치 지음, 김병두
옮김,『무사도는 없다』, 리빙북스, 2011

*佐伯真一,「「武士道」研究の現在―歴史的語彙と概念をめぐって」, 小島道裕 編,『武士と
騎士』, 思文閣出版, 2010

*島津久基,『義経伝説と文学』, 明治書院, 1935

*辻田真佐憲,『大本営発表―改竄・隠蔽・捏造の太平洋戦争』, 幻冬社新書, 2016

*徳竹由明,「敗将の異国・異域渡航伝説を巡って―朝夷奈三朗義秀・源義経を中心に」,
青山学院大学文学部日本文学科 編,『日本と〈異国〉の合戦と文学』, 笠間書院, 2012

*橋本實,『武士道の史的研究』, 雄山閣, 1934

*原田信男,『義経伝説と為朝伝説―日本史の北と南』, 岩波書店, 2017

春名徹,『にっぽん音吉漂流記』, 晶文社, 1979

*韓京子(한경자),「近松の浄瑠璃に描かれた「武の国」日本」,『日本人は日本をどうみてき

たか』, 笠間書院, 2015

*目黒将史, 「〈薩琉軍記〉の歴史叙述―異国言説の学問的伝承」, 『文学』2015.3 号

*森村宗冬, 『義経伝説と日本人』, 平凡社新書, 2005

高橋文博, 『人と思想144 吉田松陰』, 清水書院, 1998

*渡辺匡一, 「為朝渡琉譚のゆくえ―齟齬する歴史認識と国家、地域、そして人」, 『日本文学』2001.1

인용 텍스트 출처

현대어 번역 등의 형태로 본문을 인용한 작품에 한정한다. 문장 속에 서지사항 등을 기록한 근대 서적에 대해서는 생략했다. 장별로 작품명을 오십음순으로 제시했다.[104]

제1장

『우다 천황 어기(宇多天皇御記, うだてんのうぎょき)』: 증보사료대성(增補史料大成)

『온조시 시마와타리(御曹子島渡, おんぞうししまわたり)』:『오토기조시(御伽草子)』(일본고전문학대계〈日本古典文學大系〉)

『고금저문집(古今著聞集, ここんちょもんじゅう)』: 일본고전문학대계

『금석물어집(今昔物語集, こんじゃくものがたりしゅう)』: 신일본고전문학대계(新日本古典文學大系)

『춘기(春記, しゅんき)』: 증보사료대성

『신황정통기(神皇正統記, じんのうしょうとうき)』: 일본고전문학대계

『대괴비초(大槐秘抄, たいかいひしょう)』: 군서유종(群書類從) 28

『태평기(太平記, たいへいき)』: 일본고전문학대계

『전법륜초(轉法輪抄, てんぽうりんしょう)』:『안고인 창도집(安居院唱導集) 상(上)』(가도가와쇼텐〈角川書店〉)

「도간 에안 원문(東巖慧安願文, とうがんえあんがんもん)」과 그 외 도간 에안 문서:『가마쿠라 유문(鎌倉遺文)』(도쿄도출판〈東京堂出版〉)

『일본서기(日本書紀, にほんしょき)』: 일본고전문학대계

『일본삼대실록(日本三代實錄, にほんさんだいじつろく)』: 국사대계(國史大系)

『하치만 우동훈(八幡愚童訓, はちまんぐどうくん)』갑본(甲本):『사사연기(寺社緣起)』(일본사상대계〈日本思想大系〉)

『병범기(兵範記, ひょうはんき)』: 증보사료대성

『헤이케 모노가타리(平家物語, へいけものがたり)』엔교본(延慶本): 엔교본 주석 모임 엮음,『엔교본 헤이케 모노가타리 전주석(延慶本平家物語全注釋)』(규코쇼인〈汲古書院〉)

『헤이케 모노가타리』가쿠이치본(覺一本): 일본고전문학대계

---

104 한자 표기 옆에 문헌 제목의 일본어 발음을 가나로 표기했다.

『보력간기(保曆間記, ほうりゃくかんき)』: 『교본(校本) 보력간기』(이즈미쇼인〈和泉書院〉, 1999)

『발심집(發心集, ほっしんしゅう)』: 일본고전집성(日本古典集成)

『육대승사기(六代勝事記, ろくだいしょうじき)』: 『육대승사기·오대제왕 모노가타리(五代帝王物語)』(미야이쇼텐〈三彌井書店〉, 중세의 문학〈中世の文學〉)

제2장

『우지 슈이 모노가타리(宇治拾遺物語, うじしゅういものがたり)』: 신일본고전문학대계

『한거우(閑居友, かんきょのとも)』: 신일본고전문학대계

『기요마사기(清正記, きよまさき)』: 속군서유종(續群書類從) 23 상

『원평성쇠기(源平盛衰記, げんぺいじょうすいき)』: 『원평성쇠기 1~8』(미야이쇼텐, 중세의 문학〈中世の文學〉)

『갑양군감(甲陽軍鑑, こうようぐんかん)』: 『갑양군감대성(甲陽軍鑑大成)』(규코쇼인)

『집의화서(集義和書, しゅうぎわしょ)』: 『구마자와 반잔(熊澤蕃山)』(일본사상대계)

『쇼토쿠 태자 헌법 겐에 주(聖德太子憲法玄惠注, しょうとくたいしけんぽうげんえちゅう)』: 『쇼토쿠 태자 전집(聖德太子全集) 1』(린센쇼텐〈臨川書店〉 복각판)

『장문기(將門記, しょうもんき)』: 신편일본고전문학전집(新編日本古典文學全集)

『태평기』: 일본고전문학대계

『난태평기(難太平記, なんたいへいき)』: 군서유종 21

『하가쿠레(葉隱, はがくれ)』: 일본사상대계

『헤이케 모노가타리』 엔교본: 엔교본 주석 모임 엮음, 『엔교본 헤이케 모노가타리 전주석』(규코쇼인)

『헤이케 모노가타리』 가쿠이치본: 일본고전문학대계

『헤이지 모노가타리(平治物語, へいじものがたり)』: 신일본고전문학대계

『보물집(寶物集, ほうぶつしゅう)』: 신일본고전문학대계

『발심집』: 일본고전집성

『마쓰라노미야 모노가타리(松浦宮物語, まつらのみやものがたり)』: 신편일본고전문학전집

『명월기(明月記, めいげつき)』: 사료찬집(史料纂集)

『요시사다 군기(義貞軍記, よしさだぐんき)』: 군서유종 23

제3장

『아사쿠라 소테키 화기(朝倉宗滴話記, あさくらそうてきわき)』: 일본교육문고(日本教育文庫)

『아레미 영신 행장 누키가키(視吾靈神行狀拔書, あれみれいしんぎょうじょうぬきがき)』: 다이라 시게미치(平重道), 『요시카와 신도의 기초적 연구[吉川神道の基礎的研究]』

『에혼 태합기(繪本太閤記, えほんたいこうき)』: 판본(아오야마가쿠인대학 소장 메이지판)

『학론(學論, がくろん)』: 일본유림총서(日本儒林叢書)

『원원집(元元集, げんげんしゅう)』: 히라타 도시하루(平田俊春), 『신황정통기의 기초적 연구[神皇正統記の基礎的研究]』(유잔카쿠〈雄山閣〉, 1979)

『광익속설변(廣益俗說辯, こうえきぞくせつべん)』: 헤이본샤(平凡社) 동양문고(東洋文庫)

『강관필담(江關筆談, こうかんひつだん)』: 『아라이 하쿠세키 전집(新井白石全集) 4』

『고사기전(古事記傳, こじきでん)』: 『모토오리 노리나가 전집(本居宣長全集) 9』(지쿠마쇼보〈筑摩書房〉)

『집의화서』: 『구마자와 반잔』(일본사상대계)

『상무론(尙武論, しょうぶろん)』: 일본교육문고

『신도 아마노누보코노키(神道天瓊矛記, しんとうあまのぬぼこのき)』: 『신도총설(神道叢說)』(국서간행회〈國書刊行會〉, 1911)

『신론(新論, しんろん)』: 『미토학(水戶學)』(일본사상대계)

『정한록(征韓錄, せいかんろく)』: 『시마즈 사료집(島津史料集)』(제2기 전국사료총서〈戰國史料叢書〉)

『태합기(太閤記, たいこうき)』: 신일본고전문학대계

『적거수필(謫居隨筆, たっきょずいひつ)』: 『야마가 소코 전집(山鹿素行全集) 사상편(思想篇) 제12권』

『적거동문(謫居童問, たっきょどうもん)』: 『야마가 소코 전집 사상편 제12권』

『중조사실(中朝事實, ちゅうちょうじじつ)』: 『야마가 소코 전집 사상편 제13권』

『조선징비록(朝鮮懲毖錄, ちょうせんちょうひろく)』: 겐로쿠 8년판(국문학연구자료관 소장본)

『조선일일기(朝鮮日日記, ちょうせんにちにちき)』: 조선일일기연구회(朝鮮日々記研究會), 『조선일일기를 읽다: 진종 승려가 본 히데요시의 조선 침략[朝鮮日々記を讀む―眞宗僧が見た秀吉の朝鮮侵略]』(호조칸〈法藏館〉, 2000)

「덴지쿠 도쿠베에 사토카가미(天竺德兵衛鄕鏡, てんじくとくべえさとかがみ)」: 『미번각희곡집(未翻刻戱曲集) 5』(국립극장 조사양성부 예능조사실〈國立劇場調査養成部

藝能調査室〉, 1979)

「도요토미 히데요시 주인장(豊臣秀吉朱印狀, とよとみひでよししゅいんじょう)」: 『대일본고문서(大日本古文書) 이에와케(家わけ) 제8 모리가 문서(毛利家文書)』

『난류인 님께 아레미도가 답변을 아뢴 사항들[南龍院樣え視吾堂御返答申上候條條, なんりゅういんさまえあれみどうごへんとうもうしあげそうろうじょうじょう]』: 다이라 시게미치, 『요시카와 신도의 기초적 연구』

「배소잔필(配所殘筆, はいしょざんぴつ)」: 『야마가 소코 전집 사상편 제12권』

『무가사기(武家事紀, ぶけじき)』: 『야마가 소코 전집 사상편 제13권』

「문무훈(文武訓, ぶんぶくん)」: 일본교육문고

「본조삼국지(本朝三國志, ほんちょうさんごくし)」: 『지카마쓰 전집(近松全集) 11』

「야마가 수필(山鹿隨筆, やまがずいひつ)」: 『야마가 소코 전집 사상편 제11권』

『요시카와 아레미도 선생 행장(吉川視吾堂先生行狀, よしかわあれみどうせんせいぎょうじょう)』: 다이라 시게미치, 『요시카와 신도의 기초적 연구』

『요시노 진고자에몬 각서(吉野甚五左衛門覺書, よしのじんござえもんおぼえがき)』: 속군서유종 20 하

제4장

『에조담필기(蝦夷談筆記, えぞだんひっき)』: 『일본서민생활사료집성(日本庶民生活史料集成) 4』

『온조시 시마와타리』: 『오토키조시』(일본고전문학대계)

「급무책일칙(急務策一則, きゅうむさくいっそく)」: 『요시다 쇼인 전집(吉田松陰全集) 1』(이와나미쇼텐〈岩波書店〉, 전 10권 원전판)

『현대대가무사도총론(現代大家武士道叢論, げんだいたいかぶしどうそうろん)』: 아키야마 고안(秋山梧庵) 엮음, 하쿠분칸(博文館), 1905년

「군인칙유(軍人勅諭, ぐんじんちょくゆ)」: 『군인칙유 및 무신조서 영역[軍人勅諭及戊申詔書英譯]』(문부성, 1913)

『군인칙유연의(軍人勅諭衍義, ぐんじんちょくゆえんぎ)』: 『무사도전서(武士道全書) 1』

『환운문집(幻雲文集, げんうんぶんしゅう)』: 속군서유종 13 상

『국학 와스레가이(國學忘貝, こくがくわすれがい)』: 덴메이(天明) 7년판(국회도서관 소장본)

「국성야후일합전(國姓爺後日合戰, こくせんやごじつかっせん)」: 『지카마쓰 전집 10』

『국민도덕개론(國民道德概論, こくみんどうとくがいろん)』: 『시리즈 일본의 종교학(シリーズ日本の宗教學) 이노우에 데쓰지로 전집(井上哲次郎全集) 2』(크레스출판〈クレス出版〉, 2003)

『시문습유(詩文拾遺, しぶんしゅうい)』: 『요시다 쇼인 전집 4』(이와나미쇼텐, 전 10

권 원전판)

『정구설(征寇說, せいこうせつ)』: 히라노 구니오미 현창회(平野國臣顯彰會), 『히라노 구니오미 전기 및 유고(平野國臣傳記及遺稿)』(도쿄도〈東京堂〉, 1916)

『속본조통감(續本朝通鑑, ぞくほんちょうつがん)』: 국서간행회 간, 『본조통감(本朝通鑑)』

『통속 요시쓰네 에조 군담(通俗義經蝦夷軍談, つうぞくよしつねえぞぐんだん)』: 우메하라 다쓰지(梅原達治), 「〈자료소개〉 통속 요시쓰네 에조 군담」(『삿포로대학총합논총(札幌大學總合論叢)』 3호, 1997.3)

『독사여론(讀史餘論, とくしよろん)』: 『아라이 하쿠세키(新井白石)』(일본사상대계)

『표류기담(漂流記談, ひょうりゅうきだん)』: 모즈미 지쓰오(茂住實男), 「『표류기담』: 에이리키호 승선원 리시치 표류기담의 탈초와 해제[『漂流記談』―榮力丸乘組員·利七漂流記談の翻刻と解題] (1)~(4)」(『오쿠라야마 논집〈大倉山論集〉』 36~43집, 1994.12~1999.3)

『북창쇄담(北窓瑣談, ほくそうさだん)』: 『일본수필대성(日本隨筆大成)』

『무오유실문고(戊午幽室文稿, ぼごゆうしつぶんこう)』: 『요시다 쇼인 전집 4』(이와나미쇼텐, 전 10권 원전판)

「미나모토노 요시쓰네 장기경(源義經將碁經, みなもとのよしつねしょうぎきょう)」: 『지카마쓰 전집 6』

『유수록(幽囚錄, ゆうしゅうろく)』: 『요시다 쇼인 전집 1』(이와나미쇼텐, 전 10권 원전판)

『요시쓰네 재흥기(義經再興記, よしつねさいこうき)』: 우치다 야하치(內田彌八) 역술(譯述), 우에다야(上田屋), 1885년

무武의 나라, 일본

1판 1쇄   2024년 12월 25일
ISBN   979-11-92667-74-4

저자   사에키 신이치
번역   김현경
편집   김효진
교정   이수정
제작   재영 P&B
디자인   우주상자
펴낸곳   마르코폴로
등록   제2021-000005호
주소   세종시 다솜1로9
이메일   laissez@gmail.com
페이스북 www.facebook.com/marco.polo.livre